Angela Frauenkron-Hoffmann

Frei von Hyperaktivität, Verhaltensstörungen und schulischen Blockaden durch Biologisches Dekodieren

AF726771

Frei von Hyperaktivität, Verhaltensstörungen und schulischen Blockaden durch Biologisches Dekodieren

Angela Frauenkron-Hoffmann

SILBERSCHNUR VERLAG

MIX
Papier aus verantwortungsvollen Quellen
FSC® C014138

Alle Rechte vorbehalten.
Außer zum Zwecke kurzer Zitate für Buchrezensionen darf kein Teil dieses Buches ohne schriftliche Genehmigung durch den Verlag nachproduziert, als Daten gespeichert oder in irgendeiner Form oder durch irgendein anderes Medium verwendet bzw. in einer anderen Form der Bindung oder mit einem anderen Titelblatt als dem der Erstveröffentlichung in Umlauf gebracht werden. Auch Wiederverkäufern darf es nicht zu anderen Bedingungen als diesen weitergegeben werden.

Überarbeitete und zusammengefasste Ausgabe der Bücher: "So befreien Sie Ihr Kind von AD(H)S, Hyperaktivität, Hausaufgabenproblemen, Lese-Rechtschreib-Schwäche, Dyskalkulie, Prüfungsangst, Schulangst, Bettnässen, Lispeln, Stottern, Nägelkauen u. a." und "Jetzt befreie ich mein Kind! Die Schritt-für-Schritt-Anleitung zur Auflösung von AD(H)S, Hyperaktivität, Hausaufgabenproblemen, Lese-Rechtschreib-Schwäche, Dyskalkulie, Prüfungsangst, Schulangst, Bettnässen, Lispeln, Stottern, Nägelkauen u. a."; beide erschienen 2013 bei Resonaris, Köln.

Copyright © 2019 Verlag »Die Silberschnur« GmbH

ISBN: 978-3-89845-616-6

1. Auflage 2019 2. Auflage 2023

Gestaltung & Satz: XPresentation, Güllesheim
Umschlaggestaltung: XPresentation, Güllesheim; unter Verwendung verschiedener Motive von © JenkoAtaman und © Cherry-Merry; www.adobestock.com
Druck: Finidr, s.r.o. Cesky Tesin

Verlag »Die Silberschnur« GmbH · Steinstraße 1 · D-56593 Güllesheim
www.silberschnur.de · E-Mail: info@silberschnur.de

Ein wichtiger Hinweis:

Wir möchten Sie mit diesem Buch zu aktiver Selbstverantwortung für die eigene Gesundheit sowie die Ihrer Kinder inspirieren und Ihnen neue Lösungswege aufzeigen. Zur Selbstverantwortung gehört selbstverständlich auch, bei gesundheitlichen Problemen ärztlichen Rat einzuholen und dann in Ruhe über die Art der Therapie zu entscheiden. Im Zusammenhang damit weisen die Autorin und der Verlag darauf hin, dass für eventuelle Nachteile oder unerwünschte Auswirkungen durch die Anwendung der in diesem Buch beschriebenen Hinweise und Vorgehensweise keine Haftung übernommen werden kann. Die Verantwortung für die Folgen des eigenen Handelns liegt allein beim Leser, Rechts- und Schadenersatzansprüche sind daher ausgeschlossen.

Alle Informationen und Aussagen in diesem Buch wurden auf der Basis aktueller wissenschaftlicher Erkenntnisse und praktischer Erfahrungen mit Klienten sorgfältig erarbeitet und stellen den Standpunkt der Autorin dar. Wissenschaft und Medizin sind jedoch in ständiger Entwicklung. Auch wenn der Standpunkt und die Empfehlungen der Autorin teilweise im Kontrast zu ärztlichen Therapieleitlinien und gängigen Lehrmeinungen stehen, decken sich ihre Schlussfolgerungen doch mit den Erkenntnissen vieler ganzheitlich orientierter Ärzte, Heilpraktiker und Therapeuten.

Inhalt

Biologisches Dekodieren – der Schlüssel, mit dem Sie Ihr Kind befreien können

Bio-logisch = im Sinne des Lebens
Bios = Leben, Logos = Sinn

De-kodieren = ent-schlüsseln
Code = Information, Muster, Schlüssel

Liebe Eltern,

mit diesem Buch bekommen Sie einen Universalschlüssel an die Hand, mit dem Sie Ihr Kind von seinem Problem und sich selbst von all dem Stress und den Sorgen befreien können, die Sie plagen.

Sicherlich haben Sie sich schon einmal gefragt, warum Ihr Sohn oder Ihre Tochter Schulprobleme hat oder gerade dieses bestimmte Verhaltensmuster zeigt, z. B. Hyperaktivität, ADS, Aggressivität, Schulverweigerung, Bettnässen, Lispeln, Stottern ... In diesem Buch finden Sie die Antwort.

Sie erfahren,

... dass Lernprobleme, Verhaltensstörungen und Symptome aller Art keine Panne des Organismus sind, sondern Ausdruck eines persönlichen (und familiären) Überlebensmusters.

... wie diese Überlebensmuster entstehen.

... wie Sie die Symptome Ihres Kindes entschlüsseln und ganz einfach selbst auflösen können - für immer.

Sie finden in diesem Buch viele Fallbeispiele aus meiner Praxis sowie aus Zuschriften von Eltern. Ich habe diese Beispiele ausgewählt, damit Sie die biologischen Mechanismen, die am Werk sind, verstehen und auch bei Ihrem Kind erkennen und verändern können.

Die Grundlagen: Entwicklungsbiologie, Hirnforschung und Quantenphysik

In den 1990er Jahren hatten Wissenschaft und Medizin große Hoffnungen in die Entschlüsselung des menschlichen Genoms (Gesamtheit der menschlichen Gene) gesetzt. Man glaubte, die Ursachen für Krankheiten finden und sie somit positiv beeinflussen zu können. Auch wollte man kleine Einsteins und Mozarts kreieren.

Das Ergebnis des Megaprojektes war jedoch ernüchternd: Der Mensch besitzt etwa 30.000 Gene, kaum mehr als ein Fadenwurm (24.000) - ein "kosmischer Scherz", wie der amerikanische Entwicklungsbiologe Bruce Lipton treffend bemerkte. So mussten die Verfechter der Vererbungslehre einräumen, dass es wohl nicht die Gene, sondern hauptsächlich die Umwelt und die Erziehung sind, die unser Verhalten bestimmen. Unsere Verhaltensweisen sind also angelernt. Und dieses Lernen beginnt bereits im Mutterleib, wo das Ungeborene alle Gefühle der Mutter miterlebt: positive Gefühle wie Interesse, Freude, Überraschung. Genauso aber auch die negativen: Sorgen, Angst, Aversion, Ärger, Erschrecken etc.

Jede emotionale Reaktion bewirkt die Ausschüttung eines spezifischen "Hormoncocktails" ins mütterliche Blut; mit dem Blut gelangen diese Hormone in den Mutterkuchen und von dort in den Blutkreislauf des Kindes. Fühlt die Mutter sich entspannt und zufrieden, geht es dem Kind ebenfalls gut. Erlebt die Mutter Stress – wenn sie beispielsweise beim Autofahren plötzlich scharf bremsen muss, wenn sie rennt, um den Bus noch zu kriegen, oder wenn sie sich bei einem Streit mit dem Partner aufregt –, kommt es bei ihr zur Ausschüttung des Stresshormons Adrenalin. Das Kind erlebt nun die gleiche physiologische Wirkung dieses Hormons wie die Mutter: Seine Blutgefäße verengen sich, der Puls geht schneller und es bewegt sich kräftig. Durch ihre Lebenseinstellung, ihre Verhaltensweisen und ihre Reaktionen auf Stresssituationen prägen die Mutter, der Vater und das Umfeld der werdenden Mutter also bereits zu einem frühen Zeitpunkt das spätere Verhalten des Kindes und zukünftigen Erwachsenen.

Während die physiologischen Rahmen- und Existenzbedingungen in der Gebärmutter noch recht ähnlich sind für alle, können die Umweltbedingungen, in denen der Mensch nach seiner Geburt überleben muss, sehr verschieden sein. Daher ist es für das Neugeborene von größter Wichtigkeit, bei der Geburt möglichst flexibel und anpassungsfähig zu sein. Nur dadurch kann es von den Eltern, die ja erwiesenermaßen in dieser Umgebung überlebt haben und noch überleben, genau dies lernen.

Bei der Geburt sind das menschliche Gehirn und das Nervensystem noch nicht voll funktionsfähig; ein menschliches Baby ist sehr unbeholfen im Gegensatz zu manchen Tierbabys. Eine Antilope beispielsweise muss bereits kurz nach der Geburt mit der Herde laufen, um notfalls vor Raubtieren flüchten zu können. Der menschliche Säugling dagegen ist ganz auf seine Mutter angewiesen.

1992 hat der italienische Neurophysiologe Giacomo Rizzolati mit seinem Team Erstaunliches entdeckt: die sogenannten Spiegelneurone. Das Baby spiegelt die Gefühle und die Reaktionen seiner Mutter. Wenn ein neuer Umweltstimulus vom Baby nicht eingeordnet werden kann, das heißt, wenn es zu dieser Situation noch kein erlerntes Verhalten gespeichert hat, orientiert es sich am Ausdruck und am Verhalten seiner Mutter und übernimmt deren Reaktion. Bei den höheren Säugetieren und ganz besonders beim Menschen sind diese Kleinkinderfahrungen sehr wichtig und prägend.

In den letzten zehn bis fünfzehn Jahren wurden außerdem enorme Fortschritte in der Hirnforschung erzielt. Endlich können durch neuartige Untersuchungsmethoden (zum Beispiel die Positronenemissionstomographie, kurz PET) Gehirnaktivitäten sichtbar gemacht und untersucht werden. So verstehen wir heute immer besser, wie die neuronale Informationsverarbeitung funktioniert und wie unsere Emotionen uns beeinflussen.

Sehr faszinierend sind auch die Erkenntnisse der Quantenphysik, die uns zeigen, dass wir tatsächlich über Raum und Zeit hinweg mit unseren Angehörigen verbunden sind und einander durch Fernwirkung beeinflussen.

Im vorliegenden Buch möchte ich - für jedermann verständlich - einen praktischen Bezug herstellen zwischen diesen wegweisenden wissenschaftlichen Erkenntnissen und den Problemen, die wir bei unseren Kindern und Jugendlichen beobachten. Es ist mir ein Anliegen, meine Erkenntnisse aus nunmehr fast 25 Jahren intensiver Forschung und Praxis mit Eltern und Pädagogen zu teilen und so möglichst vielen Kindern, Jugendlichen und ihren Familien zu helfen.

I. Überleben ist alles

Alles, was in unserem Körper geschieht, wird jederzeit vom Gehirn gesteuert, koordiniert und kontrolliert. Wenn ich meinen Arm heben will, um an die Tafel zu schreiben, muss mein Gehirn die dazu nötigen Befehle an die Oberarmmuskulatur geben. Nur diejenigen Muskelfasern werden sich zusammenziehen, die gerade für diese Bewegung zuständig sind.

Ich vergleiche das Gehirn gern mit einem sehr leistungsfähigen Computer. In jeder Situation sammelt es Daten. Über die Sinne, das Nervensystem und das Hormonsystem wird es ständig darüber informiert, was außerhalb und innerhalb des Körpers abläuft. Es wertet all diese Informationen aus (hauptsächlich indem es sie mit den Erfahrungen aus der Vergangenheit vergleicht) und lässt daraufhin die optimale Aktion oder Reaktion ablaufen.

Das Gehirn folgt immer einer einfachen Logik: dem Bedürfnis zu überleben.

Ein Beispiel: Wenn ich vollkommen in Gedanken die Straße überquere und den Bus nicht bemerkt habe, der da hupend auf mich zukommt, lässt mich mein Gehirn augenblicklich und automatisch die richtige – das heißt lebensrettende – Bewegung machen, entweder einen schnellen Rückzieher auf den Bürgersteig oder einen Satz nach vorne, wenn ich schon zu weit vom Straßenrand entfernt bin. In dieser Situation habe ich nicht die Zeit, bewusst zu überlegen oder abzuwägen, welche Reaktion wohl die beste wäre.

Die praktisch einzige Aufgabe des Gehirns ist es, das Überleben des Individuums und seiner Spezies zu sichern; es wird also in jeder Lebenssituation und in jeder Stresssituation die bestmögliche Reaktion oder das erfahrungsgemäß beste Verhalten auslösen. Wir können uns auf unser Gehirn verlassen. Es macht nie einen Fehler, auch wenn seine Lösungsvorschläge uns oft nicht angebracht erscheinen, lästig oder unangenehm sind. Manchmal fällt es uns auf den ersten Blick schwer, ihren Sinn zu verstehen, trotzdem ist er da.

Das Problem Ihres Kindes ist Teil eines lebenserhaltenden Programms.

Wenn ein Kind Schwierigkeiten in der Schule hat, dann hat es diese nicht zufällig, und es ist deshalb auch nicht, wie von Eltern oder Lehrern angenommen wird, weniger intelligent oder talentiert. Es hat vielmehr diese Schwierigkeiten, weil sie Teil seiner lebenserhaltenden Verhaltensmuster sind. Es hat keine andere Wahl. Auch wenn ein Verhalten allem Anschein nach fehlerhaft oder sogar nachteilig ist, so gibt es doch triftige Gründe für diese "Fehlfunktion".

Sie können Ihr Kind von seinem Problem befreien, indem Sie den Ursprung seines lebenserhaltenden Musters finden und ihn Ihrem Kind bewusst machen.

Die therapeutische Arbeit besteht also darin, zunächst das Verhaltensmuster zu beobachten und anschließend die ihm zu Grunde liegende frühere Erfahrung zu finden, die genau ***diesem*** schulischen Problem oder dieser Verhaltensstörung einen Sinn gibt.

Wir finden die Zusammenhänge, indem wir systematisch durchkämmen, was das Gehirn des Kindes von Anbeginn seiner Entwicklung abgespeichert hat. Wenn wir die frühere Erfahrung gefunden haben, in der der problematische Verhaltenscode als Teil einer Überlebensstrategie entstanden ist, können wir dem Kind oder dem Jugendlichen die Zusammenhänge bewusst machen und es ihm ermöglichen, eine neue Erfahrung zu machen. Die bisherige Prägung wird dadurch entkräftet, und der Betroffene erlangt eine neue Handlungsfreiheit.

Es gibt drei Sorten von Informationen, die prägend auf ein Kind wirken:

- Die persönlichen Erfahrungen von der Geburt bis zum heutigen Tag (welche aber bereits auf den familiären Prägungen basieren).
- Die Lebenssituation und das emotionale Empfinden der Eltern während der Zeugung, der Schwangerschaft und der Geburt.
- Die Familiengeschichte - alles, was die Vorfahren erlebt und erfahren haben.

1. Die persönlichen Erfahrungen seit der Geburt bis zum heutigen Tag

Im dem riesigen Archiv des Gehirns sind alle Erlebnisse mit den dazugehörigen Wahrnehmungen und Emotionen gespeichert.

Jede Situation in der Gegenwart wird vom Gehirn mit allen verfügbaren Informationen aus der Vergangenheit verglichen. Kommt dem Gehirn die gegenwärtige Situation bekannt vor, verhalten wir uns so, wie es uns die Vergangenheit, unsere eigene Erfahrung, gelehrt hat.

Von besonderer Bedeutung sind dabei die Gefühle. Sie sind quasi die Essenz unserer Vorerfahrung und helfen uns, in der gegenwärtigen Situation schneller reagieren zu können bzw. schneller entscheiden zu können, wie wir reagieren. Erinnern Sie sich: Es geht dem Gehirn immer um das Überleben.

Ein Beispiel: Lukas hat im Kino den Film "Superman" gesehen, nun will er sich im Superman-Kostüm vom Balkon in der 5. Etage in die Lüfte schwingen. Doch als er fast auf dem Geländer steht, bekommt er Angst. Die Angst stammt aus einer früheren Erfahrung, in der er entweder selbst gefallen oder abgestürzt ist, oder von einer Situation, in der er den Schreck und Schmerz einer anderen Person beim Hinfallen miterlebt hat. Aus Angst entscheidet er sich ganz bewusst, doch nicht zu springen - ein Verhalten, das ihm das Leben rettet.

Allerdings ist es nur ein Bruchteil aller Entscheidungen, der von uns bewusst getroffen wird. In den meisten Fällen entscheidet das Unterbewusstsein autonom auf Grund von Wahrnehmungen und Verknüpfungen mit früheren Erlebnissen, die in dem Moment nicht in unser Bewusstsein gelangen. Dies bedeutet, dass wir in den allermeisten Situationen nicht über Wahlfreiheit verfügen. Wie oben bereits erwähnt, können wir erst Handlungsfreiheit erlangen, wenn wir den ursprünglichen Grund für das Verhalten, die ursprüngliche Situation mit dem dazugehörigen emotionalen Hintergrund, finden und ins Bewusstsein bringen.

Peter war sechs Jahre alt, als seine Mutter mich mit ihm besuchte. Morgens ging er zur Schule, aber nur weil er musste. Den

ganzen Vormittag über war er sehr unruhig, er hatte Angst, dass ihn mittags niemand abholen würde. Jeden Morgen bestand er darauf, dass seine Mutter der Lehrerin mitteilte, wer ihn mittags abholen werde, ob sie es sei oder ihr Vater, Peters Großvater.

Für dieses Verhalten fanden wir folgende Erklärung: Eines Tages – Peter war damals 4 Jahre alt – hatte es ein Missverständnis darüber gegeben, wer ihn mittags abholen sollte, und niemand hatte Peter an diesem Tag an der Vorschule abgeholt. Die Lehrerin, an die er sich dann weinend wandte, wusste auch nichts. Welch ungeheurer Stress für ein Kind!

Es war kein Zufall, dass das Peter passierte. Sein Großvater mütterlicherseits, der ihn von der Schule abholte, wenn seine Mutter arbeitete, hatte selbst mit 3 Jahren seine Mutter verloren. Peter trug also auch von dieser Seite schon eine Information in sich, dass man womöglich von heute auf morgen keine Mutter mehr hat, dass die Mutter einfach einmal nicht mehr wiederkommen könnte.

Hier ist es wichtig festzustellen, dass eine vom Kind selbst gemachte Erfahrung für die Erklärung seines Verhaltens nicht ausschlaggebend ist, denn das, was es erlebt und dabei gefühlt hat, ist in der Regel bereits das Resultat von entsprechenden elterlichen oder familiären Prägungen. Schauen Sie beim Biologischen Dekodieren also nicht nur nach den Erfahrungen Ihres Kindes, sondern schauen Sie tiefer!

Es hat genügt, Peter an das zu erinnern, was einige Jahre zuvor passiert war, und ihm die Geschichte seines Großvaters zu erzählen, um ihn anschließend zu beruhigen, so dass er keine Angst mehr haben musste, dass seine Mutter nicht mehr wiederkommen könnte. Das, was sein Großvater erlebt hatte, würde sich bei ihm nicht wiederholen. Von diesem Tage an ging Peter ganz entspannt zur Schule.

2. Die Lebenssituation und das emotionale Empfinden der Eltern während der Zeugung, der Schwangerschaft und der Geburt

Das Kind registriert alles, was passiert, während es gezeugt, getragen und geboren wird. Es registriert alles, was sich in den Köpfen der Eltern abspielt, alles, was die Eltern denken, fühlen, sagen, sehen, hören, tun, alles, was sie interessiert, alles, was sie ärgert oder bedrückt.

Von der Mutter werden diese Informationen hauptsächlich auf hormonellem Weg übertragen. Jedem emotionalen Zustand der Mutter entspricht praktisch ein eigener "Hormoncocktail", es werden jeweils bestimmte Hormone ins Blut abgegeben, die auch über die Plazenta zum werdenden Kind gelangen. Diese Hormone beeinflussen dann auf gleiche Art und Weise die Physiologie der Mutter und des Kindes. Hormone sind Substanzen, die sich wie Schlüssel in dafür vorgesehene Schlüssellöcher in den Zellmembranen (Zellhäute) setzen. Bei diesen "Schlüssellöchern" handelt es sich um Rezeptorproteine, die (bis auf sehr wenige Ausnahmen) immer nur ein bestimmtes Hormon aufnehmen können. Jedes Rezeptorprotein ist an ein Effektorprotein an der Innenseite der Zellmembran gekoppelt, das gegebenenfalls eine Reaktion der Zelle auslöst.

Nehmen wir einmal an, dass die Mutter während der Schwangerschaft häufig depressiv ist und weint, so gelangen sehr viele "Depressionshormone" zum Kind. Sehr schnell passt sich das Kind an die Hormonlage der Mutter an, indem es die Anzahl der Rezeptoren für diese Hormone erhöht. Wenn das Kind aber dann bei der Geburt abgenabelt wird, kommen keine Hormone mehr von der Mutter, und jetzt hat das Kind ein Problem: Die vielen Rezeptoren werden nicht mehr bedient. Um seine Rezeptoren nun zu befriedigen, bleibt ihm nur die eine Möglichkeit, so bald wie möglich selbst traurig zu sein und zu weinen, um dann selbst diese Hormone auszuschütten. So funktionieren Süchte. Wenn die Mutter während der Schwangerschaft sehr ängstlich und unsicher ist, so stellt sich das Kind auf diese Hormone ein und wird automatisch ein unsicheres und ängstliches Kind sein. Wir sprechen hier von angelernten Wahrnehmungs-, Gefühls- und Verhaltensmustern: Das Kind wird während der Schwangerschaft konditioniert, ja "vorprogrammiert", bei gewissen Reizen nach dem von der Mutter vorgegebenen Muster zu denken, zu fühlen und zu reagieren.

Bereits vor der Zeugung stehen Ei- und Samenzelle unter dem Einfluss der Lebensbedingungen der Eltern und ihrem gefühlsmäßigen Erleben dieser Lebensumstände. Die Gefühle des Vaters werden von der Mutter "gespiegelt", auch wenn er nicht unbedingt über die Probleme, die ihn beschäftigen, redet.

Spiegelneurone: Ihr Kind fühlt, was Sie fühlen – so wie Sie fühlen, was Ihr Kind fühlt.

Wenn Sie sehen, wie Ihr Kind sich über einen Erfolg freut, fühlen Sie seine Freude und seinen Stolz mit. Wenn es mit hängendem Kopf aus der Schule kommt, können Sie seine Niedergeschlagenheit fühlen. Ebenso fühlt auch Ihr Kind Ihren Kummer und Ihre Sorgen mit und empfindet es, genauso wie Sie, als belastend. Ähnliches geschieht, wenn Sie andere Menschen in Aktion sehen, ob im realen Leben oder im Film: Sie empfinden die Gefühle der anderen mit, obwohl Sie nur Zuschauer sind.

Dies ist die Wirkung der sogenannten Spiegelneurone. Die Entdeckung dieses Phänomens verdanken wir dem italienischen Neurophysiologen Giacomo Rizzolati. Durch umfangreiche Studien fand er heraus, dass der Mensch (so wie alle höheren Säugetiere) über einen speziellen neurologischen Aufbau verfügt, der es ihm ermöglicht, den emotionalen Zustand anderer Lebewesen wahrzunehmen. Die wichtigsten Indizien sind der Muskeltonus, die Mimik und der Blick; anhand dieser Informationen kann ein Mensch den Körperzustand seines Gegenübers in sich selbst reproduzieren und fühlen, was der andere fühlt.

Im Spiegelneuronen-System wirken mehrere Teile des Gehirns zusammen:

- Von den Augen gelangen die visuellen Informationen über den Sehnerv zur Sehrinde im hinteren Teil des Gehirns.
- Von dort werden sie in den Schläfenlappen und weiter an diejenigen Nervenzellen geleitet, die zuständig sind für die Vorstellung der Empfindungen.
- Dann geht es weiter zu den Handlungsneuronen. Diese zeigen bei der Beobachtung von Handlungen einer anderen Person unwillkürlich das gleiche Aktivitätsmuster wie bei eigenen Handlungen.

In seinem Buch "Warum ich fühle, was du fühlst" weist der Neurobiologe und Psychiater Prof. Joachim Bauer darauf hin, dass das System der Spiegelneuronen nur dann anspringt, wenn die Sehrinde Bilder von Lebewesen in Aktion empfängt: Ausgewertet und nachempfunden werden Mimik, Körperbewegungen, Mundbewegungen und ganz besonders die Blicke anderer Lebewesen. Aber auch Geräusche können den Effekt auslösen. Wenn wir nämlich das Handeln anderer nicht sehen, sondern nur die betreffenden Geräusche hören können, feuern unsere Handlungsneurone ebenfalls.

Indem wir den Körperzustand des anderen in uns selbst reproduzieren, können wir fühlen, was er fühlt.

Wie wir gerade gesehen haben, findet dieses Phänomen ganz unbewusst und automatisch statt, und man hat herausgefunden, dass die Kommunikation der Gefühle umso stärker ist, je näher sich zwei Individuen stehen. So nimmt auch das werdende Kind im Bauch der Mutter am Gefühlsleben seines Vaters teil: Das Kind fühlt die Emotionen der Mutter mit, während diese ihren Partner spiegelt.

Die Quantenphysik liefert uns eine weitere Erklärung, warum Kinder so stark von den Erfahrungen ihrer Eltern und Vorfahren beeinflusst werden. In einem Versuch, den der Autor Gregg Braden in seinem Buch "Im Einklang mit der göttlichen Matrix" beschreibt, wurden einer Versuchsperson Gewebeproben und DNS (chemische Substanz, aus der die Gene bestehen) aus dem Mund entnommen, in Nährlösung gelegt und anschließend in ein einige Hundert Kilometer entferntes Labor gebracht. Dann setzte man die Versuchsperson mit Hilfe von Fotos und Filmen heftigen Emotionen aus (Kriegsszenen, erotische Aufnahmen, komödiantische Darstellungen), parallel dazu beobachtete man ihre DNS-Probe. Während der Spender die wechselnden Emotionen durchlebte, war an seiner DNS eine deutliche elektrische Reaktion zu messen, und trotz der Entfernung verhielt sich seine DNS-Probe so, als wäre sie noch mit seinem Körper verbunden. Es wurde festgestellt, dass die DNS-Probe gleichzeitig (Zeitmessung mit Atomuhr) mit der Versuchsperson reagierte - das heißt, es brauchte noch nicht einmal eine gewisse Zeit, damit die Information von A nach B gelangte. Dieses Phänomen nennt die Physik Quantenverschränkung: Sind Teilchen - durch welchen Umstand auch immer - miteinander verschränkt, reagieren sie nicht mehr als einzelne Teilchen, sondern nur noch als Gesamtsystem, und zwar auch dann, wenn sie weit voneinander entfernt sind. Die daraus abgeleitete Regel: Was einmal vereint war, bleibt für immer (emotional) verbunden.

Das Kind entsteht aus einer Eizelle der Mutter und einer Samenzelle des Vaters, in jeder seiner Zellen leben die Bestandteile der Samenzelle (Gene - DNS) weiter. Ausgehend vom Phänomen der Quantenverschränkung können wir also ebenfalls folgern, dass das Kind während der Schwangerschaft mit dem Vater und dessen Gefühlsleben in Verbindung bleibt.

Den Kindern erkläre ich dieses Phänomen bildlich und auf eine für sie leicht verständliche Art und Weise: Das Kind erlebt die äußere Welt über die Mutter und mit der Mutter. Es fühlt auch, was der Vater fühlt. Das Kind packt alles, was es über die Lebensumstände und Emotionen seiner Eltern mitbekommt, in seinen Rucksack, so als würde es sich auf eine große Wanderung vorbereiten - sein Leben. Es muss also möglichst viel über dieses Leben wissen, das da draußen auf ihn zukommt. Jedes Mal wenn ein Elternteil eine Stresssituation erlebt, hält das Kind seinen Rucksack weit geöffnet und nimmt alles auf, es muss sich ja besonders gut merken, wie man mit Stress umgeht, sei es ein körperlicher Stress (wie zum Beispiel Schmerz, großer Durst, totale Überanstrengung) oder sei es ein seelischer Stress (wie zum Beispiel Wut, Trauer, Angst). Das Kind lernt also schon während der Schwangerschaft am Beispiel der Eltern, wie es sich in Stresssituationen am besten verhält.

Wie Sie auf die Umstände Ihres Lebens reagieren, nimmt Ihr Kind auf und speichert es als Handlungsvorbild in seinem Lebensrucksack.

Hier verstehen wir auch gleich die Bedeutung der Geburt, bei der oft körperlicher und seelischer Stress herrschen, beim Kind selbst, bei den Eltern, eventuell beim Geburtshelfer. Die Umstände unserer Geburt werden uns unser ganzes Leben lang sehr stark beeinflussen. Darauf kommen wir aber später noch ausführlich zurück. Bei der Geburt könnte man das Kind mit einem Fallschirmspringer vergleichen, der aus einem Flugzeug abspringt. Genau wie dieser hat das Kind praktisch nur seinen Rucksack, um sich durchzuschlagen, ja um zu überleben.

Zum besseren Verständnis einige Beispiele, zunächst die Geschichte einer Frau:

Susanne, 37 Jahre alt. Susanne kam zu mir mit einem gesundheitlichen Problem, sie hatte einen Hörsturz erlitten.

Bei dieser Gelegenheit erzählte sie mir aus ihrem Leben: "Wir haben jung geheiratet, zwei Söhne bekommen, dann ging mein Mann mehr und mehr in die Wirtshäuser und kam immer später nach Hause. Ich war meistens schon zu Bett gegangen. Wenn er dann mit mir schlafen wollte, hat mich das angeekelt. Er stank nach Zigaretten und Alkohol. Wir haben noch einmal zusammen geschlafen, etwa sechs Wochen nach der Geburt des letzten Kindes, und von da an nie mehr. Sieben Jahre lang haben wir nebeneinander im selben Bett geschlafen, Rücken an Rücken wie Bruder und Schwester.

Nach sieben Jahren bin ich dann auf einem Fest meiner Jugendliebe wieder über den Weg gelaufen. (Ich hatte damals die Beziehung mit ihm beendet, weil ich mich für meinen Mann entschieden hatte.) Da er aber in seiner Ehe auch nicht glücklich war, haben wir wieder eine Beziehung angefangen. Das Problem war, dass er 150 Kilometer von mir entfernt wohnte, er konnte mir nicht jederzeit einen Besuch abstatten, das hätte ihn mindestens einen halben Tag gekostet. Wir haben dann fast jeden Tag miteinander telefoniert und uns im Laufe eines Jahres vielleicht viermal getroffen, waren aber nie allein unter vier Augen, weil wir die Treffen 'rein zufällig' zustandekommen lassen mussten, entweder war eines seiner oder meiner Kinder oder sogar der andere Partner dabei.

Nach einem Jahr hat mein Mann etwas geahnt und mich zur Rede gestellt; ich habe die Beziehung zugegeben, bin mit den Kindern ausgezogen und habe die Scheidung eingereicht.

Inzwischen sind wir geschieden. Mein Mann hat damals die Frau meines Geliebten angerufen, um sie darüber zu informieren, dass ihr Mann ein Verhältnis mit mir hat. Seitdem haben wir uns überhaupt nicht mehr sehen können, da seine Frau höllisch aufpasst und ihn nicht aus den Augen lässt, wir telefonieren nur noch. Das geht jetzt schon ein ganzes Jahr so, und ich bin sehr unglücklich. Ich hätte liebend gern einen Mann, der da ist, der zärtlich ist ..."

Ich habe ihr dann erklärt, dass es ganz bestimmt kein Zufall ist, dass sie diese Situation erlebt, dass es einen ganz plausiblen Grund dafür geben muss, dass sie nunmehr seit neun Jahren nicht mehr mit einem Mann geschlafen hat. Ich habe ihr auch erklärt, dass die entscheidenden Verhaltensmuster und Programme während der Schwangerschaft von den Eltern geprägt werden und dass das Kind alles registriert ...

Nachdem sie dann ihren Vater befragt hatte - ihre Mutter lebte nicht mehr -, kam sie wieder und wiederholte, was ihr Vater ihr erzählt hatte: "Vor mir hatte meine Mutter damals drei Kinder durch Kaiserschnitt zur Welt gebracht. Danach hätte sie eigentlich keine Kinder mehr bekommen dürfen, war aber nicht sterilisiert worden. Deswegen haben meine Eltern sehr gut aufgepasst, aber nach fünf Jahren war ich dann doch noch unterwegs. Da hat meine Mutter in ihrem ersten Schock gesagt: 'Man dürfte eigentlich überhaupt nicht mehr mit einem Mann schlafen, wenn man kein Kind mehr will.' Mein Vater konnte sich noch sehr gut an diesen Satz erinnern." (Auch wenn die Mutter das Ganze nur gedacht hätte, ohne es auszusprechen, so hätte es dieselbe Wirkung gehabt.)

Da versteht Susanne, was in ihrem Leben abläuft. Nach dem zweiten Kind hatte sie sich mit 28 Jahren sterilisieren lassen, sie war sich absolut sicher, dass sie kein Kind mehr wollte. In diesem

Moment erinnerte sich ihr Gehirn an das, was während der Schwangerschaft registriert wurde: Wenn man kein Kind mehr will, schläft man am besten nicht mehr mit (s)einem Mann. – Seit neun Jahren lebte Susanne also die Lösung des Problems ihrer Mutter, obschon sie selbst so oft mit einem Mann hätte schlafen können, wie sie Lust dazu gehabt hätte, sie konnte ja nie mehr schwanger werden. Das, was der Mutter zugestoßen war, hätte ihr nie mehr passieren können. Man könnte symbolisch auch sagen, das Symptom (das Problem) gehört gar nicht dem Kind, es hat es nur durch Vollmacht von seinen Eltern übernommen. Mit Vollmacht meine ich, dass Susanne im Nachhinein das Problem für ihre Mutter löst, sie tut es an ihrer Stelle, so wie wir für jemand anderen eine Geldüberweisung unterschreiben, wenn wir eine Bankvollmacht von ihm bekommen haben. Tatsächlich hatte die Mutter aber nach ihrem vierten Kaiserschnitt, bei dem man sie nicht sterilisiert hatte, weiterhin mit ihrem Mann geschlafen.

Susanne fragte mich dann: "Was muss ich denn tun, damit sich etwas daran ändert?" Meine Antwort: "Gar nichts, Sie brauchen nur den Sinn des Ganzen zu verstehen, dann entpuppt es sich augenblicklich als Unsinn. Das Programm, das sich unbewusst eingeschaltet hat, lässt sich bewusst abschalten, nachdem es für Sie heute absolut keinen Sinn mehr ergibt."

Susanne: "Wird mein Geliebter dann seine Frau verlassen und zu mir ziehen?"

Ich: "Das kann ich Ihnen nicht sagen, was ich aber ganz sicher weiß, ist: Es wird ein Mann kommen, der auch mit Ihnen schlafen wird, aber ob es nun Ihr jetziger Geliebter sein wird oder ein anderer Mann, vermag ich nicht zu sagen."

Unmittelbar danach hat Susanne einen geschiedenen Mann kennengelernt, den sie kurze Zeit später auch geheiratet hat und mit dem sie sichtlich glücklich geworden ist. Dieser Mann hatte drei Kinder aus erster Ehe und wollte wahrscheinlich keine weiteren Kinder mehr. Dies war natürlich eine Bedingung ihres Glückes, da sie ja sterilisiert war.

Sie hatte sich natürlich auch gerade ihren früheren Ehemann aussuchen müssen. Ich glaube, dass es nicht sehr viele Männer gibt, die sieben Jahre neben ihrer Frau schlafen, ohne diese auch nur einmal anzurühren. Aber gerade so einen Mann brauchte sie, um ihr Programm erfüllen zu können. Ich kenne auch mehr oder weniger den Inhalt seines "Rucksacks", da seine Schwester mich aufgesucht hatte, weil sie keine Kinder bekommen konnte, und mir einiges erzählt hat, was bei ihren Eltern auf sexueller Ebene abgelaufen war. Die beiden "Rucksäcke" des Paares waren absolut kompatibel. Bei ihm, beziehungsweise bei seinem Vater, hieß es: "Man zeugt zwei Kinder und dann macht man sich einen Knoten rein! Dann darf im Bett nichts mehr laufen!"

Stellen wir es uns einmal bildlich vor: Susanne besucht mit ihrem damaligen Freund (ihr späterer Liebhaber) eine Tanzveranstaltung. Alle Besucher dieser Tanzveranstaltung tragen natürlich ihren Rucksack (vollgepackt mit den familiären Prägungen) auf dem Rücken, sie sind sich dessen nur nicht bewusst. Man spürt ihn nicht, man sieht ihn nicht (so wie Sie, liebe Leserin, lieber Leser, auch jetzt Ihren Rucksack auf dem Rücken tragen, ohne es zu merken). Susanne steht in einer Ecke mit ihrem damaligen Freund, plötzlich erscheint ihr zukünftiger Mann auf der Bildfläche. Die Rucksäcke der beiden ziehen sich an wie zwei Magnete, so bleibt ihnen am Ende nur, sich ineinander zu verlieben und zu heiraten. Später wählt sie wieder einen Mann, der aufgrund der Umstände nicht mit ihr schlafen kann; er ist verheiratet und wohnt zu weit von ihr entfernt. Vielleicht hätte sie diese Beziehung noch ein Jahr fortgesetzt, bevor sie einen anderen Mann kennengelernt hätte, der aber auch mit Sicherheit nicht mit ihr geschlafen hätte, vielleicht weil er impotent gewesen wäre oder aus irgendeinem anderen Grund.

Dieses Beispiel zeigt sehr gut, wie das Kind im Bauch der Mutter alles aufnimmt und es wortwörtlich befolgt; dabei unterscheidet die "Schaltzentrale" Gehirn nicht zwischen gut oder nützlich und schlecht oder nachteilig. Die Eltern hingegen sind sich dessen überhaupt nicht bewusst. Es ist deshalb an dieser Stelle wichtig zu verstehen, dass es weder Schuldige noch Opfer gibt.

Es gibt weder Schuldige noch Opfer. Alles läuft nur nach biologischen Gesetzen ab.

Eine Möglichkeit, nicht "gesund" zu werden, ist die anzufangen, die Eltern zu beschuldigen oder sich als Eltern schuldig zu fühlen für das, was man den Kindern während der Schwangerschaft unabsichtlich mitgegeben hat, obwohl man im Grunde ja nur das Beste für sie wollte.

Kommen wir noch einmal auf diesen Mechanismus zurück, dass das Kind alles aufnimmt - alles, was gefühlt, gedacht oder ausgedrückt wird seitens der Eltern oder den Eltern gegenüber. Dazu möchte ich einige Beispiele anführen:

Gregory, fast sieben Jahre alt. Zum Ende des ersten Schuljahres hatte er einen enormen Rückstand im Lesen. Es war ihm unmöglich, auch nur zwei oder drei Buchstaben hintereinander zu lesen. Im Diktat schnitt er zum Erstaunen aller sehr gut ab, er kannte und erkannte alle Buchstaben, konnte aber nicht lesen, was er gerade geschrieben hatte. Er sollte nicht ins zweite Schuljahr versetzt werden (die logopädische Behandlung hatte auch keine Früchte getragen.)

Eine große Besserung stellte sich innerhalb von Tagen ein, nachdem er und seine Mutter sich bewusst gemacht hatten, welches "Programm" Gregory bei seiner Geburt mit auf den Weg bekommen hatte:

Die Mutter lag in starken Wehen und wartete darauf, in den Entbindungssaal gebracht zu werden. Da fiel ihr ein, dass sie vergessen hatte, ein altes Gebet zu lesen, ein traditionelles Gebet, das ihr schnell und auf angenehme Weise zu Mutterfreuden verhelfen sollte. Sie zog das Faltblättchen aus ihrer Handtasche und wollte lesen.

Die Mutter erzählt: "Ich habe versucht, das Gebet zu lesen, ich sah die Buchstabenreihen, aber ich bekam es einfach nicht gelesen, es kam wieder eine Wehe und ich war einfach zu aufgeregt und zu gestresst. Ich habe das Blatt wieder zusammengefaltet und in meine Handtasche zurückgesteckt." In dieser physischen und psychischen Stresssituation registriert Gregory: Ich sehe die Buchstabenreihen, aber ich kann sie nicht lesen. Später, sobald man ihm vorschlägt, etwas zu lesen, immer wenn seine Augen Buchstabenreihen erkennen, wird sich sein Gehirn daran "erinnern", und obwohl er alle Buchstaben kennt (wie die Mutter), wird er nicht fähig sein zu lesen. Sobald er verstand, warum er nicht lesen konnte, hörte er damit auf, weil es heute keinen Sinn mehr ergibt. Gregory fand es sogar lustig, dass seine Mutter diejenige war, die nicht lesen konnte, und nicht er.

Hierzu ist etwas sehr Wichtiges und Grundlegendes zu bemerken: Gregorys Mutter konnte während der neun Schwangerschaftsmonate lesen. Sie hatte Bücher, Zeitschriften und alles Mögliche gelesen, gerne und gut gelesen, auch eine Stunde nach der Geburt hat sie ein Faltblatt für die jungen Mütter wieder lesen können. Aber das, was bei der Geburt unter Stress registriert wurde – auch wenn es nur 20 Sekunden dauerte –, wurde durch die positive Erfahrung, die unmittelbar folgte, nicht aufgehoben oder gelöscht. Das Gehirn bleibt in der negativen Information "blockiert". Wenn die Mutter in diesem Moment nicht versucht hätte zu lesen, hätte Gregory später keine Leseschwierigkeiten gehabt, er hätte wie alle anderen Kinder problemlos lesen gelernt.

Achtung: bitte keine Schuldgefühle!
Es war ja keine Absicht!

Klara, 4 Jahre alt. Klaras Kindergärtnerin war sehr beunruhigt, weil sie nie mit den anderen Kindern zusammen singen und tanzen wollte, sie stellte sich dann abseits (sozialer Rückzug). Bei anderen Aktivitäten (zum Beispiel Basteln oder Spazierengehen) gab es kein Problem.

Die Mutter: "Ich verstehe ihr Verhalten nicht. Wenn sie zu Hause mit ihren Puppen spielt, singt sie den ganzen Tag allein in ihrer Ecke oder in ihrem Zimmer, aber in der Schule will sie nicht singen!"

Während der Schwangerschaft hatte Klara Folgendes registriert: Ihr Vater ist Fernfahrer und verbringt den ganzen Tag allein in seinem Sattelschlepper. Das Radio hat er meistens eingeschaltet, und sobald er das gespielte Lied kennt - und er kennt fast alle Lieder, weil das Radio ständig läuft -, singt er lauthals mit, weil er gerne singt. Er hat dann natürlich auch die Tendenz, das zu Hause ebenfalls zu tun. Während der Schwangerschaft, der Vater erinnerte sich, hatte seine Frau darauf einmal gereizt reagiert: "Du würdest besser den Mund halten, lass die mal lieber alleine singen! Du 'verschandelst' das ganze Lied ..." Klara nimmt diese Aufforderung persönlich und hält sich später daran. Wie ihr Vater wird sie, wenn sie allein ist, den ganzen Tag singen, sobald sie aber in der Schule in der Gruppe mitsingen soll, befolgt sie die Anordnung der Mutter.

Nachdem ihr Programm gefunden und korrigiert wurde, hat Klara ihr Verhalten komplett zum Positiven hin verändert und singt nun gern mit den anderen.

Willem, damals 10 Jahre alt. Willem hatte Schwierigkeiten beim Rechnen mit Dezimalzahlen. Besonders schwer war es für ihn, in die verschiedenen Maßeinheiten umzuwandeln, er wusste nie, wohin er das Komma setzen sollte. Ansonsten hatte er im Rechnen keine Probleme.

Willem ist unser ältester Sohn und in Anbetracht seines Problems hatte ich damals zunächst gedacht, dass die Lehrerin die Vorgehensweise wahrscheinlich einfach schlecht erklärt hatte. Ich erklärte es ihm dann noch einmal "ordentlich" und dachte, dass er es nun verstanden hätte. Bei der nächsten Klassenarbeit war das Resultat aber immer noch sehr enttäuschend; darum dachte ich nach mehreren Erklärungsversuchen tatsächlich, dass er einfach kein Talent für Mathe hat. (Das ist schon lange her und ich begann damals erst, mit Kindern an ihren schulischen Problemen zu arbeiten.) Doch dann haben mein Mann und ich uns daran erinnert, was während der Schwangerschaft geschehen war, und wir fanden die Ursache für seine Schwierigkeiten.

Auch hier zeigte sich eine schnelle Besserung, nachdem wir verstanden hatten, wie er zu diesem Problem gekommen war: Während dieser Schwangerschaft hatten wir unseren Hausbau geplant, und unser Architekt hatte Lastenhefte angefertigt, u. a. für alle Holzarbeiten. Diese Lastenhefte hatten wir fünf Schreinern gegeben. Als die Kostenvoranschläge eingingen, stellten wir fest, dass einer im Preis deutlich höher lag als die anderen. Als wir dann die verschiedenen Posten verglichen, fiel uns auf, dass der Architekt bei einer Maßangabe den Dachstuhl betreffend das Komma um zwei Stellen zu weit nach hinten gesetzt hatte. Vier der fünf Schreiner hatten das bemerkt und verbessert, und über den fünften haben wir gelästert: "Mensch, muss der aber blöd sein, dass ihm dieser Irrtum nicht aufgefallen ist, dass er nicht merkt, wenn das Komma an der falschen Stelle steht. Ihm würden wir das Dach unseres Hauses nie anvertrauen!"

Willem hatte auf sich bezogen, was wir über diesen Schreiner gedacht und gesagt hatten, und war inzwischen der "Blöde". Nachdem ich ihm die Geschichte erzählt hatte, setzte er die Kommas spontan an die richtige Stelle.

**ICH, DU, ER, SIE, MAN, WIR, IHR, SIE, ALLE ...
In jedem Fall "fühlt sich das Kind angesprochen", und es wird sich identifizieren mit dem, der spricht und/oder mit der Person, von der gesprochen wird.**

Dies kann manchmal zu sehr sonderbaren Verhaltensweisen führen:

Isabelle, 8 Jahre alt, verhielt sich sehr aggressiv ihren Eltern und ihrer kleinen Schwester gegenüber. Sie war niemals zufrieden mit dem, was sie bekam (z. B. an Geschenken). Sie war sehr verschlossen und redete zu Hause überhaupt nicht.

Sie fühlte sich zu Hause nicht geliebt, oft warf sie den Eltern vor: "Euch wäre es sowieso lieber, wenn ich gar nicht da wäre!" Dies tat der Mutter besonders weh, da sie zehn Jahre sehnlichst auf die erste Schwangerschaft gewartet hatte. In der Schule waren ihre Beziehungen, ihr Verhalten und ihre Leistungen absolut in Ordnung. Sie war eine vorbildliche Schülerin.

Als Isabelle gezeugt wurde, hatten die Eltern gerade ein Haus gekauft, konnten aber dort nicht einziehen, weil eine Tante des Vaters noch in dem Haus wohnte. Die Tante war dazu verpflichtet worden, eine Miete von 400 Euro zu bezahlen, und sollte sich möglichst schnell eine andere Bleibe suchen. Dies tat sie aber nicht; sie wohnte weiter in dem Haus, ohne Miete zu zahlen. Sie klagte, dass sie kein Geld habe, und Isabelles Vater setzte die notariell festgelegte Miete freiwillig auf 250 Euro herab. Aber auch diese Summe bezahlte die Tante nicht und suchte sich auch keine neue Wohnung. Das Ganze führte zu immer mehr Ärger und Wut bei den Eltern. Der Vater bemerkte: “Da es jemand aus der Familie war, konnten wir nichts sagen. Wenn es ein Fremder gewesen wäre, hätten wir uns das nicht gefallen lassen, den hätten wir schnell aus dem Haus gehabt.” Erst zwei Wochen vor der Geburt konnten die Eltern in ihr Haus einziehen, nachdem sie einen Anwalt eingeschaltet hatten, der die Sache letztendlich regelte.

Isabelle hatte also übernommen:

1. Die Wut der Eltern, die Isabelle durch ihr aggressives Verhalten an den Menschen auslässt, die in ihrem Haus wohnen, das heißt an der Familie. Diese Wut konnte von den Eltern nicht ausgelebt werden, dies übernimmt ganz einfach Isabelle für sie (Vollmacht).
2. In der Familie oder vor Familienmitgliedern sagt man nichts. Sie ist äußerst verschlossen und antwortet nicht, wenn sie gefragt wird, was denn los sei.
3. Sie ist nie zufrieden, mit dem, was sie bekommt, genau wie die Eltern nicht zufrieden waren mit der Miete, die sie (nicht) bekamen.
4. Die Gefühle, welche die Eltern der Tante (die ja störte) entgegenbrachten. So erlebt Isabelle sich als diejenige, die die Eltern lieber nicht (mehr) im Haus hätten.

Einige Tage nach unserer Unterhaltung rief mich die Mutter an: “Unsere Tochter ist nicht mehr wiederzuerkennen, es geht ihr sehr gut und das Zusammenleben zu Hause ist angenehm geworden.”

Pia, 12 Jahre alt. Dieses Beispiel hat mir eine Seminarteilnehmerin erzählt: Pia hatte im Weihnachtszeugnis (Gymnasium) in etlichen Unterrichtsfächern nicht die Hälfte der möglichen Punkte erreicht. In Belgien haben wir ein Benotungssystem, nach dem das Erreichen der Hälfte der maximal möglichen Punktzahl (am Ende des Schuljahres) für ein Weiterkommen ins nächste Schuljahr erforderlich ist. Sie wünschte sich, dass im Osterzeugnis alle ihre Resultate "über der Hälfte" sein sollten.

Während der Schwangerschaft hatte Pias Mutter - eine sehr zierliche Frau - 24 Kilogramm zugenommen. Sie wollte sich erst gar nicht mehr beim Frauenarzt auf die Waage stellen. Die Arbeitskolleginnen machten ebenfalls ständig Bemerkungen, die die Mutter nervten: "Man sollte doch nur 9 Kilogramm zunehmen, für jeden Monat 1 Kilogramm! Die Hälfte (12 Kilogramm) wäre noch zu viel gewesen!" - So kam es, dass die Hälfte zu viel war - für Pia. Das Programm kam erst zur vollen Wirkung, als Pia 12 Jahre alt war.

Diese Erkenntnisse erstaunten Pia und ihre Mutter, gleichzeitig wurde dieses Programm gelöscht, da es natürlich jetzt überhaupt keinen Sinn mehr ergab. Im Osterzeugnis waren dann wie erwartet die Resultate in allen Fächern über der Hälfte.

David, 11 Jahre alt. Davids Mutter kam mit ihm zu mir und beklagte sich, dass er die familiäre Atmosphäre zu Hause zerstöre. Er streite mit seinen Geschwistern (er ist das erste von vier Kindern), er nerve ständig seine Eltern, er verhalte sich einfach unmöglich, immer "müssen wir ihn nur anschreien, ihn bestrafen" ... "Es ist nicht schön mit ihm zu Hause."

Davids Fall hat mir zuerst einige Schwierigkeiten bereitet, ich hatte zunächst zu eng gedacht. Es dämmerte mir erst allmählich, worin Davids unbewusstes Programm bestand: Die Eltern lebten vor Davids Zeugung in einem alten, feuchten Haus zur Miete.

Dort gab es sogar Ratten. Die Mutter hatte Angst vor diesen ekligen Tieren. Sie versuchten mit allen Mitteln, die Ratten loszuwerden, sie stellten vergiftetes Futter hin, der Vater versuchte, sie zu erschlagen, sie schrieen auf die Ratten ein, damit sie die Flucht ergreifen sollten ... Alle Bemühungen fruchteten aber letztendlich nicht. Davids Mutter wollte nicht länger in dem Haus leben. Unter diesen Umständen wollte sie kein Kind in die Welt setzen. Die Eltern zogen aus und waren letztendlich auf diese Art und Weise die Ratten losgeworden.

David kam mit einer Stenose des Pylorus (Verschluss des Magenausgangs) zur Welt. Er musste operiert werden. Dieses Symptom hat mir zu verstehen gegeben, dass David, vollkommen unbewusst, sich quasi als Ratte im Hause seiner Eltern erlebte. Die Pylorusstenose war die Lösung für den Fall, dass die Nahrung Gift enthielte, so würde das Gift nicht bis in den Dünndarm gelangen, um dort seine verheerende Wirkung zu entfalten.

Folgerichtig musste David also auch Angst haben, dass man ihn im Stich lässt, dass man ihn allein zurücklässt, da die Eltern sich letztendlich nur auf diese Art und Weise der Ratten entledigen konnten. Seine latent vorhandene Angst, alleingelassen zu werden, bestätigte er sofort. (Als ältestes Kind war er doch tatsächlich der Einzige, der in die Kinderkrippe abgegeben worden war. Seit der Geburt des zweiten Kindes war die Mutter nicht mehr berufstätig.)

Wenn man die Wahl hat zwischen Gift, Hieben, im Stich gelassen werden oder sich anschreien lassen, dann ist die letzte Lösung noch die beste und die glimpflichere! So habe ich ihm also erklärt, dass er sich von nun an zu Hause nicht mehr wie eine Ratte fühlen sollte, dass dies eine alte Geschichte war, die er nur unbewusst für sein Leben mitbekommen hatte. David verließ die Praxis unglaublich erleichtert. Die Mutter meldete sich kurze Zeit später, sie hatte nun einen sehr liebenswerten Jungen zu Hause. Der häusliche Frieden war eingekehrt.

Nach unserer therapeutischen Sitzung bekam David eine Hirnhautentzündung, die wir aber sofort dadurch entschärfen und bessern konnten, dass wir den Bezug herstellten: Die Hirnhautentzündung war das sichtbare Zeichen dafür, dass er nun keine Angst mehr vor den Stockhieben seines Vaters hatte (versuchte der doch, die Ratten auf den Kopf zu schlagen). Die Angst vor den Schlägen hatte praktisch eine Verdickung oder eine Verstärkung seiner Hirnhäute (Schutzhäute) als Reaktion mit sich gebracht. Nun war diese Verstärkung nicht mehr nötig, und die überzähligen Zellen wurden unter Entzündung abgebaut. - Seien wir also offen für die Geschichte eines jeden Kindes!

3. Die Familiengeschichte – alles, was die Vorfahren erlebt und erfahren haben

Hier sprechen wir auch von einer unsichtbaren Loyalität (Treue) den Vorfahren gegenüber. Das Leben und die Erfahrungen unserer Vorfahren beeinflussen uns jeden Tag in unseren Symptomen und Verhaltensweisen.

Die Erinnerungen, die bewusst oder unbewusst in der Familie weitergegeben werden, erlauben es uns, eine gegenwärtige Stresssituation als die wiederzuerkennen, die von einem Vorfahren bereits (sehr ähnlich) erlebt wurde, und so können wir schneller und angepasster reagieren, indem wir der Erfahrung unserer Vorfahren Rechnung tragen. Bemerkung: Während der Schwangerschaft werden auf hormonalem Weg Informationen und Verhaltensweisen weitergegeben über Zellerinnerungen, die hauptsächlich in den Zellmembranen gespeichert sind (Bruce Lipton).

Eine andere Art, die Erinnerung an dramatische Ereignisse in der Familie aufrechtzuerhalten, besteht im System der Spiegelneurone (bereits erwähnt), auch tonisch-emotionale Kommunikation (Jean Lerminiaux) genannt. So ist es auch leicht zu verstehen, dass die Eltern ihren emotionalen Zustand durch ihren Tonus (allgemeine Körperspannung), ihre Gesten, ihre Haltung und Ähnliches an ihre Kinder weitergeben, auch wenn über gewisse Dinge, ihr gefühlsmäßiges Erleben, nicht gesprochen wird. So sickern die Gefühle zu den Kindern durch, durch Momente der Stille, Mimik, Gesten, Verbote, ja selbst durch das Ungesagte. Die Eltern geben somit weiter, wie sie das Leben erleben und was es für sie an Sinn und Werten enthält.

Dank ihrer Spiegelneurone kommt alles, was die Eltern fühlen, handeln und denken, beim Kind an und prägt es.

Auf diesem Mechanismus beruht - wie bereits angedeutet - auch die Beziehung zwischen Mutter und Säugling. Dieser spiegelt den emotionalen Ausdruck der Mutter. Genauso spiegelt die Mutter während der Schwangerschaft das emotionale Empfinden ihres Mannes, des Vaters ihres Kindes. Indirekt erlebt das werdende Kind also auch die Gefühle seines Vaters mit.

Kevin (10 Jahre) lügt immer und gibt vor allen Dingen nicht zu, was er angestellt hat, auch wenn die Mutter ihm versichert, dass sie ihn nicht bestrafen wird, wenn er zumindest die Wahrheit sagt. Er streitet weiterhin alles ab, obschon alle (und er auch) wissen, dass er es gewesen ist.

Man versteht jedoch sehr schnell sein Verhalten, wenn man erfährt, dass während des Zweiten Weltkrieges seinem Großvater im Verhör derart zugesetzt worden ist, dass er letztendlich alles zugegeben und die Namen seiner Mitstreiter genannt hat. Obwohl man ihm zugesichert hatte, ihn am Leben zu lassen, wenn er gestehen und Namen nennen würde, hatte man ihn anschließend doch erschossen. Es ist so, als ob der Großvater Kevin ins Ohr flüsterte: "Wenn du am Leben bleiben willst, darfst du auf keinen

Fall zugeben, was du getan hast. Auch wenn man dir verspricht, dass man dir nichts antut, da darfst du schon gar nichts drauf geben ..."

Vergessen wir nicht: Unser Gehirn hat nur die eine Aufgabe, uns am Leben zu erhalten bzw. den Tod zu vermeiden. Und im Unterbewusstsein eines jeden haben die Todesursachen der Vorfahren einen besonderen Stellenwert. Es gilt also, diese Todesursachen auf jeden Fall zu vermeiden. Um dieses Programm zu löschen, muss man (und das genügt) im Computer-Gehirn eine Korrektur anbringen: "Hör mal, Kevin, du musst nicht weiterhin abstreiten, was du gemacht hast, nur weil es deinem Großvater damals im Krieg so ergangen ist, nur weil *er* gestorben ist, nachdem er seine Taten zugegeben hatte. Das, was ihm widerfahren ist, wird dir heute definitiv nicht passieren. Wir sind nicht mehr im Krieg, niemand wird dich erschießen, wenn du zugibst, was du getan hast. Und wenn deine Mutter dir versichert, dass sie dich nicht bestraft, dann wird sie dich auch nicht bestrafen (was die Mutter dann auch beteuert)."

Kevin verspürte eine große Erleichterung und sein Verhalten änderte sich. Bis dahin hatte er die Geschichte von seinem Großvater nicht gekannt, verspürte aber trotzdem einen großen Stress in ähnlichen Situationen, er wusste nur nicht, warum und woher dieser stammte.

Philippe (7 Jahre) hatte Probleme mit dem Schreiben. Philippe ist ein kleiner Patient einer Kollegin aus Brüssel. Als er sie aufsuchte, hatte er das erste Schuljahr hinter sich, seine Schrift war katastrophal. Seine Hand, seine Finger waren beim Schreiben so verkrampft, dass er ständig die Spitze des Bleistifts abbrach. Er durfte noch nicht mit dem Füllfederhalter schreiben wie die anderen Kinder. Ein ganzes Jahr lang war er in der Schreibmotorik gefördert worden, ohne Resultat.

Die Therapeutin stieß mit den Eltern auf folgende ursächlichen Zusammenhänge: Philippes Urgroßvater war von Beruf Notar gewesen und hatte damals eine Gefängnisstrafe wegen Urkundenfälschung (frz. "un faux en écriture", was wörtlich übersetzt bedeutet "etwas Falsches oder ein Fehler in der Schrift") absitzen müssen.

In Philippes Gehirn war die Information gespeichert: Ich darf nichts Falsches (keinen Fehler) schreiben, sonst muss ich ins Gefängnis.

Nachdem man ihm die Geschichte vom Urgroßvater für ihn verständlich erklärt und ihn dahingehend beruhigt hatte, dass er durchaus den einen oder anderen Fehler schreiben dürfe, ohne dass ihm dafür eine Gefängnisstrafe drohe, entspannte sich seine Hand augenblicklich - und sofort schrieb er schön und sauber.

In jeder Familie zirkulieren die Erinnerungen an Begebenheiten, die "beeindruckend" waren.

Meist sind das alle heftigen Erlebnisse, die als negativ empfunden wurden, die in Angst oder Kummer erlebt wurden (in der ganzen Palette dieser beiden Emotionen) und die emotional nicht zur Genüge verarbeitet und akzeptiert werden konnten. Daraufhin werden alle Handlungen, alle Ereignisse des Lebens bis ins kleinste Detail (z. B. Hochzeiten, Scheidungen, Krankheiten, Unfälle, Verhaltensprobleme, schulische oder berufliche Erfolge oder Misserfolge, Studien, Berufe, Geschmäcker, Sport, Hobbys) der Ausdruck dieser Erinnerungen sein, wenn die persönliche Situation sie in der Gegenwart zum Tragen bringt. Ansonsten zirkulieren diese Erinnerungen heimlich weiter in der Nachkommenschaft, um sich dann bemerkbar zu machen, wenn sich die Situation ergibt.

Die Geschichte der achtzehnjährigen Françoise lässt uns all diese Zusammenhänge noch einmal klar erkennen: Françoise war bis zum Abitur eine brillante Schülerin, war immer Klassenbeste.

Sie hatte ihr Abitur mit großer Auszeichnung bestanden, das heißt mit mehr als 16 von 20 möglichen Punkten (in Frankreich werden die Noten immer auf 20 berechnet). Dadurch hatte sie es geschafft, in eine der besten Ingenieurschulen Frankreichs aufgenommen zu werden, mit strengem Numerus clausus und einigen Aufnahmeprüfungen. Dort begann sie im September 2000 ihr Studium, hatte aber seitdem (bis Anfang Dezember) nicht eine Note über 9/20. Sie war vollkommen blockiert. Sie erlebte dies als ganz furchtbar, da sie solche Noten absolut nicht gewohnt war, sie hatte dadurch ihr Selbstvertrauen total verloren.

Ich traf ihre Mutter, Brigitte, in Frankreich in einem Seminar, und in der letzten Nachmittagspause überlegten wir, wie es bei Françoise zu diesem plötzlichen und unerwarteten Versagen kommen konnte. Zunächst fragte ich Brigitte, wie Françoises Geburt verlaufen sei. Da erzählte sie mir, dass Françoise morgens um 7:09 Uhr geboren worden sei. Und sie sagte mir, dass sie irgendwie immer Wert darauf lege zu sagen, dass sie um 7 Uhr 09 geboren sei. Gleich wies ich sie darauf hin, dass sie Françoise dadurch vielleicht irgendwie (ganz unbewusst) daran hinderte, die 10 zu erreichen, und dass dieses Programm erst in Kraft trat oder ausgelöst wurde, als sie das Ingenieurstudium antrat.

Die französische Sprache eignet sich sehr gut zu solchen Wortspielchen. Ingénieur: In génie heure – in (verneinende Vorsilbe), génie (Genie), heure (Stunde): durch die (Geburts-)Stunde kein Genie.

Dann fragte ich Brigitte, welche Studien sie und ihr Mann absolviert hatten. Und beide hatten sie nicht länger als drei

Jahre studiert. Ich gab ihr zu verstehen, dass sich das Kind auf unbewusster Ebene oft nicht erlaubt, das Niveau der Eltern zu übersteigen. Das Studium, das Françoise in Angriff genommen hatte, würde mindestens sechs Jahre dauern. Es schien so, als ob sie sich dieses Studium nicht erlauben dürfe, aus Treue zur Familientradition, aber auch um ihre Eltern unbewusst nicht zu beschämen, indem sie das schaffte, was die beiden damals nicht geschafft hatten: höhere und gut angesehene Studiendiplome.

Françoises Großvater mütterlicherseits (Brigittes Vater) war Italiener. Er hatte drei Jahre seines Ingenieurstudiums absolviert, als der Krieg ihn zwang, das Studium abzubrechen. Als Kriegsgefangener hatte er nur überlebt, weil ein Soldat sich verzählt hatte. Er hatte den Befehl, jeden Zweiten (in der aufgestellten Reihe) zu erschießen. Der Großvater hatte bereits ausgemacht, dass er erschossen werden würde, dann war der Soldat in seinem Tun gestört worden und fuhr danach falsch wieder fort, so dass der Großvater überlebte, während links und rechts von ihm seine Nebenmänner erschossen wurden. Hier sehen wir schon einen Bezug zu der Tatsache, dass Françoise immer die Nummer eins in ihrer Klasse sein musste, als Zweite hätte sie (unbewusst) erschossen werden können, das konnte das Gehirn nicht zulassen.

Nach dem Krieg landete der Großvater in Frankreich und nannte sich "Industriezeichner", obschon er keinerlei Diplom vorweisen konnte. Er arbeitete sich hoch, machte Karriere und brachte es bis zum Vizedirektor seiner Firma. Hier verstehen wir auch, warum Françoise ihre beste Note von 9/20 in dem Fach Industriezeichnen erreichen konnte. In den anderen Fächern hatte sie im Schnitt 4-6/20.

Als Brigitte im dritten Monat schwanger war (mit Françoise), verlor sie einen der Zwillinge, die sie erwartete. Zuvor hatte sie einen großen Streit mit ihrem Mann, der sie angeschrien hatte, sie dürfe seiner Mutter nicht durch ihr Verhalten wehtun. Françoise hatte dadurch also übernommen, dass sie der Mutter nicht wehtun darf. Wir erinnern uns: Das Kind bezieht alles auf sich, was es in der Schwangerschaft an Informationen aufnimmt.

Ihr Vater seinerseits hatte seiner Mutter (um die es ja eigentlich ging) vor allen Dingen wehgetan, als er sie verließ, um zu studieren. Das Studium war teuer und seine Eltern hatten Mühe, es zu bezahlen. Aus diesem Grund musste er auch mit dem Kurzstudium vorliebnehmen, obwohl er gerne Arzt geworden wäre. Das bedeutet für Françoise: um der Mutter nicht wehzutun, ist es besser, wenn man das lange Studium (in ihrem Fall auch weit von zu Hause weg) nicht schafft und somit wieder zu ihr zurückkehrt.

Dadurch, dass Brigitte einen der Zwillinge verloren hatte, wurde auch hier das Programm bestätigt, dass man absolut Nummer eins sein muss, um zu überleben. Dies wird besonders klar, wenn man berücksichtigt, dass in der Geschwisterreihenfolge der zuletzt geborene Zwilling (laut Dr. Sabbah) der ältere ist. Dies ist eine sehr "elegante" Art, die Reihenfolge zu tauschen. So ist Françoise als älteste Tochter tatsächlich eine Nummer eins, und die Nummer zwei (der zweite, der im Grunde bei der Fehlgeburt zuerst rausgekommen ist) ist neben ihr (ab-)gestorben, wie es auch schon im Krieg vom Großvater erlebt wurde. Er war auch zunächst auf der Position einer Zwei, gelangte aber dann durch einen für ihn glücklichen Umstand auf die Position der Eins.

Nach Françoises Geburt - wie gesagt um 7:09 Uhr - fuhr ihr Vater sofort weg, um seine Heilpraktikerpraxis wie gewohnt um 8 Uhr zu öffnen. Brigitte, und sicherlich auch Françoise, hatte(n) das Gefühl, für ihn überhaupt nicht zu zählen, überhaupt nicht wichtig zu sein. Das heißt: Um in den Augen des Vaters zu zählen, um zu erreichen, dass er stolz auf sie war, musste Françoise immer Klassenbeste sein. Als Mädchen kann man (damals in Frankreich) den Namen des Vaters nur unehrenhaft weitergeben, nämlich als ledige Mutter. (In Deutschland ist es nun möglich, dem Kind den Familiennamen der Mutter zu geben.) Wenn dies aber nicht möglich ist, so muss man dem Namen des Vaters zu Ruhm und Ehren verhelfen, solange man ihn trägt.

Diese Konsultation fand wie gesagt gegen 17 Uhr in der letzten Nachmittagspause (eines Seminars mit Dr. Claude Sabbah in Montpellier) statt. Abends rief Brigitte ihre Tochter von dort aus an, und bevor sie ihr etwas erklären konnte, sagte Françoise zu ihrer Mutter: "Sag nichts, ich habe es gespürt, um 17 Uhr 30 habe ich mein Selbstvertrauen wiedergefunden."

Nachdem Brigitte an diesem Sonntagabend gegen 22 Uhr zu Hause angekommen war, rief sie Françoise nochmals an und erklärte ihr die Einzelheiten, wie ich es ihr aufgetragen hatte. Françoise fühlte sich sehr angesprochen, weinte sehr heftig, hatte aber das Gefühl, dass "alles wieder an seinen Platz kommt". Dann schlief sie sehr müde und mit Kopfschmerzen (in diesem Fall ein gutes Zeichen) ein. Am nächsten Tag (montags) war Françoise nicht gut drauf, am Dienstag bestand sie einen Test mit 12/20. Selten kam es an dieser Eliteschule vor, dass ein Student mehr als 13 oder 14 von 20 möglichen Punkten erreichte. Bis Weihnachten hatte Françoise noch weitere drei Tests, die sie allesamt bestand.

Brigitte: "Sie fand ihr Lächeln und ihre Lebensfreude wieder!" Sie war aus dieser völlig unbewussten Todesgefahr als "Nicht-Nummer-eins" befreit. Ihr ist nun bewusst, dass, wenn sie auch einmal nicht die Erste ist, ihr keine Gefahr (mehr) droht. Ich weiß von Brigitte, dass ihre Tochter von diesem Moment an (Dezember 2000) ihr Studium mit Bravour geschafft und inzwischen auch beendet hat.

Jedes Symptom
(ein schulisches Problem oder ein Fehlverhalten)
hat einen ganz präzisen Sinn.

Es ist eine biologische Lösung, die ein präzises Programm ausführt, auf biologischer Ebene wie auf Familienebene. Wenn es gelingt, die Programmierung (den Verhaltenscode) im Gehirn zu löschen, verschwindet das Symptom. Wenn dies nicht gelingt, bleibt diese Erinnerung präsent und wird an die Nachkommen weitergegeben.

Die schulische Blockade eines Kindes ist also nur der exakte Ausdruck des konfliktgeladenen Geschehens, das auf ihm lastet und auf ihn einwirkt, sei es auf persönlicher oder familiärer Ebene.

II. Einige Regeln und Mechanismen

Das Kind unter dem Einfluss seiner Vorfahren

Wir finden die Erklärung und die Bestätigung für unser Verhalten und das unserer Kinder, wenn wir die dramatischen Erlebnisse unserer Vorfahren in Erfahrung bringen und genauer betrachten. Denn wir alle stehen unter dem Einfluss unserer Vorfahren. Wir nutzen ihre Erfahrungen und leiten aus sorgfältigen Beobachtungen unsere Regeln daraus ab.

Ganz wichtig - besonders auf körperlicher Ebene - sind für Sie die negativen Erlebnisse der Personen, die der Generation Ihrer Urgroßeltern angehören. Wir folgen dabei dem sogenannten "Generationenwalzer" (Dreivierteltakt: 123, 123).

Sehen wir uns das sich daraus ergebende vertikale, generationsübergreifende Schema an:

1	2	3
UGE	GE	E
4	5	6
ICH	Ki	EKi
7	8	9
UEKi	...	...

UGE: Urgroßeltern
GE: Großeltern
E: Eltern
ICH: die Person, die das Symptom zeigt
Ki: Kinder der Person, die das Symptom zeigt
EKi: Enkelkinder
UEKi: Urenkelkinder usw.

Wenn wir dem Dreivierteltakt des Walzerrhythmus folgen (einszweidrei, vierfünfsechs, einszweidrei, vierfünfsechs), dann ist es bei eins und bei vier, wenn die Musik wieder anfängt und ein neuer Takt beginnt. Die Vier ist auch das Symbol der Realität. Dieser rhythmische Zusammenhang bedeutet für uns, dass wir unbewusst befürchten, dass das, was den Urgroßeltern passiert ist, uns auch wieder passieren könnte. Daraus folgt die Notwendigkeit, (unbewusste) Vorkehrungen oder Vorsichtsmaßnahmen zu treffen.

Laura (5 Jahre) wollte sich absolut nicht von ihrer Mutter trennen, zum Beispiel um in den Kindergarten zu gehen. Sie blieb nicht bei der Großmutter, während die Mutter Einkäufe erledigte. Sie wollte auch auf niemanden zugehen, den sie nicht kannte.

Wir erkannten, welche Information (Stresssituation aus der Vergangenheit) dahinter steckte: Ihre Urgroßmutter, die Mutter der Großmutter mütterlicherseits, war ein Adoptivkind. Sie war unehelich geboren, und ihre leibliche Mutter brachte sie, als sie ein Jahr alt war, zu einer Familie, die etwa hundert Kilometer entfernt wohnte, ließ sie dort und kam nie mehr zurück, um sie zu holen. Laura folgt ihr in der vierten Generation, und so ist unbewusst sehr stark "in ihr drin", dass sich dieses Szenario wiederholen könnte. Sie konnte also ihre Mutter nicht loslassen und wollte nirgendwo bleiben - aus Angst, die Mutter könnte sie nicht wieder abholen kommen. Sie näherte sich keinem Unbekannten - aus Angst, die Mutter könnte sich jeden Moment umdrehen und sie alleine bei Fremden zurücklassen.

Nachdem ich ihr die Geschichte erzählt hatte und ihr mit Hilfe der Mutter versichert hatte, dass das, was der Urgroßmutter geschehen war, ihr ganz bestimmt nicht widerfahren würde, war es für sie am anderen Morgen absolut kein Problem mehr, in den Kindergarten zu gehen. Seit diesem Tag geht Laura sogar sehr gern in die Schule.

Andreas (7 Jahre) war ein "sehr ängstlicher Junge, der sich nicht wehrte". Ihm war es sehr wichtig, dass gewisse Rituale sich ständig wiederholten, z. B. die Art und Weise, in der er zu Bett gebracht wurde. Eine Woche musste genauso ablaufen wie die vorherige abgelaufen war. Alles musste so weitergehen, wie es angefangen hatte. Der Vater: "Wenn wir z. B. einmal zu viert zum Einkaufen sind, dann ist es für ihn ein großer Stress und praktisch unmöglich, wenn wir beim nächsten Mal nur zu dritt (ohne seine kleine Schwester) zum Einkaufen fahren wollen ..."

Ein furchtbares Drama war die Ursache für sein Verhalten: Einer seiner Urgroßväter (Belgier) war als deutscher Zwangssoldat

1945 nach einem Heimaturlaub nicht mehr an die Front zurückgekehrt, da er geglaubt hatte, der Krieg wäre nun praktisch vorbei, nachdem die amerikanischen Truppen einmarschiert waren. Deutsche Soldaten hatten ihn daraufhin zu Hause aufgesucht, ihn aus dem Haus abgeführt, ihn im Nachbardorf als Deserteur erschossen und in den Fluss geworfen. Er hatte sich nicht gewehrt, da er befürchtete, dass sonst seiner Frau und seiner kleinen Tochter (sechs Monate alt, Andreas' spätere Großmutter) auch ein Leid geschehen könnte. So erzählte es die noch lebende Urgroßmutter.

Daraus können wir ableiten, dass Andreas nie der Überzeugung sein darf, dass etwas vorbei ist, für ihn muss alles immer weitergehen (zumindest muss er das denken oder glauben), da er sonst unbewusst in Lebensgefahr wäre. Und er darf sich nicht wehren, da er sonst seine Familie in Gefahr brächte ...

Es durfte auch niemand fehlen, wenn irgendwohin gefahren wurde. Es war also durchaus kein Zufall, wenn der Vater dieses Beispiel gab, denn es handelte sich um seinen Großvater, der besser wieder mit den anderen, die dann vollzählig gewesen wären, an die Front zurückgekehrt wäre.

Da unser Gehirn ausschließlich darauf programmiert ist, uns am Leben zu erhalten, sind die Todesursachen unserer Vorfahren für uns natürlich von besonderem Interesse. Das Gehirn greift dazu in erster Linie auf die Erfahrungen (den Tod betreffend) zurück, die von den Vorfahren gemacht wurden. So gehen wir einem Tod unter ähnlichen Umständen möglichst aus dem Weg.

Das Kind "übernimmt" oder "nutzt" besonders Informationen derjenigen Vorfahren, die dieselbe Nummer in der Geschwisterfolge haben wie es selbst.

Eine andere Regel klärt darüber auf, warum nicht alle Urenkel dieses Urgroßvaters dasselbe Symptom, das heißt dasselbe Verhalten an den Tag legen: Wenn es zum Beispiel Kind Nummer 3 ist, werden die Erlebnisse aller Vorfahren, die in ihrer Familie auch das dritte Kind waren, besonders stark in ihm nachwirken und somit sein Leben stark beeinflussen.

Dabei müssen auch alle Totgeburten, Fehlgeburten und Abtreibungen berücksichtigt werden. Wenn das Kind also das erste lebende Kind ist, aber vor ihm eine Abtreibung stattgefunden hat, so trägt es nicht die Nummer eins, sondern die Nummer zwei und muss sich in der Familie an den Vorfahren, die gleichfalls die Nummer zwei sind, orientieren.

1 Ki 1	2 Ki 2	3 Ki 3
4 Ki 4	5 Ki 5	6 Ki 6
7 Ki 7	8 Ki 8	9 Ki 9

Auch hier kommt der Walzerrhythmus zur Anwendung, wenn diesmal auch auf andere Art und Weise. Kind 1, Kind 4 und Kind 7 sind sehr "verwandt". Gab es in den vorherigen Generationen oft kinderreiche Familien, so haben wir heute selten noch sieben oder mehr Kinder. So kommt es, dass das Kind 7 in der Generation der Großeltern seine Informationen bevorzugt den Kindern 1 und 4 in den nachfolgenden Generationen zukommen lässt, wenn es kein Kind 7 in der jungen Generation gibt.

Peter, damals 19 Monate alt, wich keinen Schritt von seiner Mutter, hing ihr ständig am Rockzipfel. Die Mutter kannte dieses Verhalten von ihren beiden älteren Söhnen überhaupt nicht.

Auch Peter änderte sein Verhalten ganz, nachdem wir verstanden hatten, was in den vorhergehenden Generationen geschehen war. Seit diesem Tag sprach er von sich in der ersten Person und wandte sich an seine Mutter in der zweiten Person. Er unterschied "ich" und "du", was in seinem Alter bemerkenswert war. Er hatte somit verstanden, dass er kein Anhängsel seiner Mutter mehr war.

Peter war Kind 4 der Mutter, und Kind 3 des Vaters, nachdem die Mutter ihre erste Schwangerschaft abgebrochen hatte. Dieses erste Kind hatte sie mit einem vorherigen Partner gezeugt. Für Peter bedeutete dies, dass in der Familie seiner Mutter besonders die Vorfahren, die Kind 4 sind, für ihn wichtig sind, aber auch die, die Kind 1 sind, da Kind 1 in der Geschwisterfolge seiner Generation nicht existiert, nicht lebt. (In der Familie seines Vaters wird er sich mehr an den Vorfahren orientieren, die Kind 3, 6 oder 9 waren oder noch sind.) Im Schema:

UGV UGM (Ki3) = Generation der Urgroßeltern
GVm (Ki1) Baby (Ki2) = Generation der Großeltern
Mutter (Ki3) = Generation der Eltern
1. Ki + 2. Ki 3. Ki 4. Ki: Peter

Peters Großvater mütterlicherseits ist ein Kind 1, seine Mutter starb bei der Geburt des zweiten Kindes - das Kind starb auch -, als er 15 Monate alt war. Diese Urgroßmutter, die bei der Geburt ihres zweiten Kindes starb, war Kind 3, genau wie Peters Mutter, und hatte selbst ihre eigene Mutter im Alter von vier Jahren verloren. Auf Peter vereinigen sich diese Informationen des Großvaters (Kind 1, in Peters Geschwisterreihenfolge existiert das Kind 1 ja nicht, da es abgetrieben worden ist) und seiner Urgroßmutter (Kind 3) hier noch verstärkt, da seine Mutter auch eine Nummer 3 ist, so als ob die Mutter mit der Nummer 3 für ihn das gleiche Risiko darstellt, nämlich sie bei einer nächsten Geburt zu verlieren.

In Peter kam also ganz stark die Information zum Tragen, dass die Mutter plötzlich nicht mehr da sein könnte, dass sie irgendwann weggehen könnte, dass man sie irgendwann aus den Augen verlieren könnte und sie dann nie mehr wiedergekommen würde.

Die beiden anderen Söhne (Kind 2 und Kind 3) wurden in dieser Hinsicht nicht beeinflusst.

Steven, 7 Jahre alt, konnte absolut nicht rechnen. Er hatte das erste Schuljahr hinter sich und hätte nicht versetzt werden können, wenn wir nicht seine Blockade gefunden und aufgelöst hätten. Bis dahin bekam er zweimal pro Woche Nachhilfe, ohne den geringsten Erfolg.

Steven hatte die Information, die zu seinem Rechenproblem führte, von seinem Vater. Dieser war das fünfte von sieben Kindern. Mit 25 Jahren hatte er die elterliche Firma übernommen. Dabei musste er dem Vater eine gewisse Summe bezahlen, und seine sechs Geschwister wollten auch nicht auf ihr Stück vom Kuchen verzichten. Um nicht einen ungeheuer hohen Bankkredit aufnehmen zu müssen, hatte er sich mit seinen Geschwistern darauf geeinigt, jedem am Ende eines jeden Monats eine bestimmte Summe zu überweisen. Stevens Mutter berichtete, dass ihr Mann nur immer wiederholte, dass er sich auf diesen Deal besser nicht eingelassen hätte. Er hatte sich verkalkuliert, er hatte den Umsatz und den Gewinn des Unternehmens zu hoch eingeschätzt.

Steven war Kind 2, der Vater war Kind 5. So erklärte sich, dass – im Gegensatz zu seinen Geschwistern – nur Steven von diesem Rechenproblem betroffen war. Zahlen waren für ihn (in seinem Gehirn) an Stress gekoppelt, so dass er sie nicht verstehen konnte und nicht mit Zahlen umgehen konnte. Jedes Mal, wenn er rechnen sollte, wurde er (vollkommen unbewusst) an die Fehlkalkulation seines Vaters "erinnert". Wir erklärten Steven den Sachverhalt und versicherten ihm, dass er nicht weiterhin nicht gut rechnen können muss, nur weil sein Vater damals nicht gut gerechnet hatte. (Diese Formulierung ist zwar sehr umständlich, aber die doppelte Negation ist sehr wirkungsvoll und wird als Technik zum Löschen von Programmierungen oft gebraucht.)

Zwei Tage nachdem Steven und seine Mutter bei mir waren – drei Wochen vor Schulbeginn –, war die nächste Nachhilfestunde angesagt. Nach einer Viertelstunde kam die Nachhilfelehrerin zur Mutter und sagte: "Ich glaube, es ist ein Wunder geschehen! Er kann ja rechnen!" Natürlich war es kein Wunder, und so konnte Steven doch noch versetzt werden.

Dieses Kind war eines der ersten, mit denen ich gearbeitet habe. Es zeigte mir ganz klar, dass ein Kind nach dem Aufheben der Blockade augenblicklich alles nutzen und anwenden kann, was es bis dahin gelernt hat.

Außerdem werden wir auch bevorzugt von den Vorfahren (und ihrem Leben) geprägt, deren Vornamen wir tragen, sei es als ersten Vornamen oder als weiteren Vornamen. Auch das Schicksal desjenigen, der zu der Zeit starb, als wir geboren wurden, beeinflusst uns maßgeblich.

Das Leben der Paten ist ebenfalls zu beleuchten. Sie sind eigentlich die Ersatzeltern, von den Eltern ausgesucht.

Oder auch das Leben des Vorfahren, mit dem man schon nach der Geburt verglichen wird. "Er hat genau Opas Nase!"

Die Helden und Vorbilder in der Familie hinterlassen ebenfalls ihre Spuren in uns. Bevorzugt eifern wir ihnen nach, und unbewusst wiederholen wir oft ihre Symptome oder Verhaltensweisen ...

In manchen Familien gibt es "schwarze Schafe", von denen niemand redet. Je mehr sie totschwiegen werden, umso stärker machen sie sich unbewusst bemerkbar.

Das Kind versucht, die alten Geschichten seiner Eltern und Vorfahren zu lösen.

Ja, so könnte man es ausdrücken. Aus dem bisher Gesagten folgt die Erkenntnis, dass das Symptom des Kindes oft ganz einfach ein nachträglicher Lösungsversuch einer Stresssituation ist, die die Eltern (oder ein Elternteil) erlebt haben. Das Kind registriert den Wunsch der Eltern, und in der geeigneten Situation (von den Eltern definiert) erfüllt es ihn.

Die Kinder führen aus, was die Eltern nicht in die Tat umsetzen konnten.

Hier möchte ich die Geschichte zweier Mädchen erzählen:

Véronique, 12, litt seit frühester Kindheit, seit sie sich erinnern konnte, unter allmorgendlicher Übelkeit. Sehr oft musste sie sich bereits übergeben, bevor sie zur Schule ging. Im Laufe des Vormittags ging es ihr dann schnell besser. Sie hatte bis dahin alle möglichen medizinischen Untersuchungen über sich ergehen lassen müssen, alle ohne Befund. Es hieß dann immer: "Sie ist eben nervös, das ist psychisch bedingt." Alle Behandlungen hatten keinen Erfolg gebracht.

Ihre Mutter begleitete ihren eigenen Bruder zu einem Termin bei mir, hier verstand sie, wie das Kind während der Schwangerschaft "konditioniert" wird. Am Ende dieser Sitzung erzählte sie von dem Problem ihrer Tochter Véronique und meinte, dass ihr

Folgendes bewusst geworden sei: Nach zwei Fehlgeburten erwartete sie Véronique. Damals erwarteten gleichzeitig ihre Cousine und zwei ihrer Freundinnen auch ein Kind, und allen war morgens sehr übel. Sie war die Einzige, die morgens gut drauf war. Und irgendwie dachte sie, dass vielleicht wieder etwas nicht in Ordnung sein könnte mit ihrer Schwangerschaft (Angst vor der dritten Fehlgeburt). "Nein, wie blöd war ich doch! Ich erinnere mich genau, dass ich mir des Öfteren auch gewünscht habe, dass mir morgens übel wäre und ich auch erbrechen müsste, als ob das ein Zeichen einer 'normalen' Schwangerschaft gewesen wäre, ein Zeichen dafür, dass mit Sicherheit alles in Ordnung ist ..."

Sie erklärte anschließend ihrer Tochter die Sache und entband sie davon, ihr immer noch, fast 13 Jahre später, diesen Wunsch zu erfüllen. Veronique hatte registriert: Damit alles in Ordnung ist, um sich selbst nicht gefährdet zu fühlen, musste ihr morgens hundeelend sein ... Sie brauchte jetzt also auch keine Angst mehr um sich selbst zu haben, wenn ihr nicht (mehr) übel war.

Linda, 7 Jahre alt, litt unter Übelkeit und Brechreiz, immer wenn sie "irgendwo" in ein Gebäude hineingehen musste, zum Beispiel zunächst in den Kindergarten, dann in die Kirche, die Schwimmhalle, eine auswärtige Turnhalle, wenn sie mit dem Turnverein unterwegs war ... Sie musste immer Ersatzkleidung dabeihaben, da sie sich tatsächlich ständig erbrach. Dies führte dazu, dass Linda immer häufiger lieber zu Hause blieb.

Das Problem war verschwunden nach der Sitzung, in der wir ihr Programm verstanden hatten. ("Sie hat sich in ihrem Wesen ganz geändert, endlich haben wir ein fröhliches Mädchen, sie ist wie befreit.")

Ganz zu Beginn der Schwangerschaft (es war die erste Schwangerschaft der Mutter) arbeiteten die Eltern jedes Wochenende auf der Baustelle, ihr Haus wurde gerade gebaut. Ihre zukünftigen

Nachbarn, auch ein junges Ehepaar, machten dasselbe. So kam es, dass am Sonntagabend meist gegrillt wurde, mal bei ihnen, mal bei den Nachbarn. An besagtem Wochenende hatten die Nachbarn den Grill in ihrem Haus (Rohbau) aufgebaut, das Fleisch war schon gar, als Lindas Eltern hinzukamen. Plötzlich, als ihr der Fleischgeruch in die Nase stieg, wurde es Lindas Mutter ganz übel. Sie hatte das Gefühl, sich übergeben zu müssen, konnte aber nicht, denn es gab noch keine Toilette. Sie wollte auch nicht, dass die Nachbarn etwas merkten, es wusste nämlich noch niemand von ihrer Schwangerschaft. Sie entfernte sich vom Grill, ihr Mann aß schnell etwas, um die Nachbarn nicht vor den Kopf zu stoßen. Zu Hause angekommen fühlte sie sich wieder gut und hatte natürlich auch keinen Brechreiz mehr.

Linda löste also auch nachträglich immer noch das Problem für ihre Mutter: Sie erbrach sich, wenn sie ein Gebäude betrat. Das Ganze ergab nun - einmal bewusst - keinen Sinn mehr.

Auch wenn das nächste Beispiel - wie die beiden vorherigen - kein direktes schulisches Problem betrifft, so könnte man durch eine Fehlinterpretation des Symptoms leicht auf eine Entwicklungsstörung schließen.

Guy, 3 Jahre alt, sabberte furchtbar. Die Mutter: "Ich muss ihn 4-5 Mal am Tag umziehen, trotz Latz. Dabei hat er doch schon alle Zähne! Wenn ich ihn beobachte, so ist es, als ob er einfach nicht schluckt, er hat immer nur den Mund offen stehen und schluckt seinen Speichel nicht, der ihm dann aus dem Mund rinnt."

Die Unterhaltung mit Guys Mutter fand bei ihr zu Hause statt, Guy hielt gerade seinen Mittagsschlaf. Ich sagte zu ihr: "Überlegen wir einmal! Es muss irgendeine Information in seinem Gehirn geben, die besagt, dass man besser nicht schluckt.

Die Information kommt wahrscheinlich von Vater oder Mutter während der Schwangerschaft. Was könnte das sein?"

Die Mutter antwortet sofort: "Dann kommt sie von mir. Ich bin Alkoholikerin und eigentlich trocken, ich habe Entziehungskuren hinter mir, aber manchmal - so alle 2-3 Monate - packt es mich und ich betrinke mich, und dann ist es wieder vorbei für eine gewisse Zeit. Als ich schwanger war, habe ich auch diese Lust verspürt, dann habe ich Wein in den Mund genommen, den Mund damit ausgespült und dann wieder ausgespuckt. Ich wollte den Wein auf keinen Fall schlucken, da das dem Kind geschadet hätte." Hier bekommt Guy also tatsächlich mit, dass es für ihn besser ist, nicht zu schlucken ...

Die Mutter fragte mich: "Was muss ich denn jetzt tun?"

Ich: "Nichts. Jetzt, da es Ihnen bewusst geworden ist, können Sie ihn einfach davon entbinden, Sie können die Information wieder löschen, da sie nun keinen Sinn mehr ergibt. Nur weil Sie während der Schwangerschaft keinen Wein schlucken wollten, ist es ja nicht so, dass auch Guy jetzt (noch immer) nicht schlucken darf!" In dem Augenblick wachte Guy auf, sie holte ihn aus dem Kinderzimmer und meinte, dann könne ich ja nun selbst beobachten, wie er sabbere. Aber Guy sabberte nicht mehr!

Sechs Monate lang hatte er nicht mehr gesabbert, dann traf ich seinen Vater, der mir berichtete, dass Guy nun doch wieder sabbere, "lange nicht so stark wie vorher und hauptsächlich abends. Zunächst dachten wir, es sei die Müdigkeit, aber er ist doch jetzt schon dreieinhalb Jahre alt." Da fuhr ich natürlich wieder hin und war begierig darauf zu hören, was vorgefallen war, damit Guy einen "Rückfall" erleiden konnte. Ich fragte die Mutter, was zu dem Zeitpunkt - das bekannte Thema betreffend - gewesen sein könnte. Da fiel ihr ein, dass tatsächlich der Nachbar seinen 80. Geburtstag gefeiert hatte. Alle Gäste hatten ordentlich getrunken und sich amüsiert, nur sie hatte ganz allein in einer Ecke gesessen und mit sich selbst gehadert, dass sie nicht einen Tropfen Alkohol trinken (schlucken) durfte. Das war's!

**Das Kind spiegelt die Mutter.
Es reagiert automatisch mit der Mutter mit, und dies in abnehmender Weise bis zum Alter von sechs Jahren.**

Da sagte sie, dass sie sich einschärfen muss, ja nichts zu trinken. (Ein Alkoholiker "schluckt".) Und ich entgegnete, dass sie dann bewusst immer ihren Jungen da heraushalten muss, er hat ja eigentlich nichts mit ihrem Alkoholproblem zu tun. Seitdem hat Guy definitiv nicht mehr gesabbert.

Jean-Louis, 9 Jahre, hatte keine Lust zu lernen, zum großen Verdruss der Eltern. Seine schulischen Resultate waren dementsprechend. Alle meinten aber, dass er könne, wenn er nur wolle.

Jean-Louis ist das dritte Kind seiner Eltern, er folgt acht Jahre nach dem zweiten Kind. Er ist ein Wunschkind. Geschwister der Eltern versuchten seit geraumer Zeit auch (noch), ein Kind zu bekommen, es klappte aber nicht. Sie wollten, konnten aber nicht. Gleichzeitig erfüllte sich Jean-Louis' Vater einen alten Traum, er leistete sich eine Harley-Davidson. (Als Kind bekam er kein Fahrrad mit zehn Gängen. Seine Eltern hatten fünf Kinder und nicht das nötige Geld. So ein Fahrrad war einfach "nicht nötig". Aber damals beneidete er seinen Freund, der ein solches Fahrrad besaß, doch sehr.) Dieses Motorrad und auch die Schwangerschaft überhaupt riefen Neider auf den Plan, die ihren Neid auch sehr unangenehm spüren ließen. Die Neider waren Leute, die ihnen sehr nahe standen, Geschwister und Freunde. Dies zu erkennen war für die Eltern sehr schmerzhaft. Hinzu kommt: In der Grundschulzeit war die Mutter eine sehr gute Schülerin gewesen, sogar zu gut, besser als der Sohn des Lehrers, der in derselben Klasse war. Das hatte dieser nicht ertragen können und ihr übel mitgespielt.

Jean-Louis hatte das perfekte Verhalten, das niemanden neidisch machte. Er hätte der Beste sein können, wenn er nur wollte. Aber er wollte nicht, so gab es keine Neider. Er verglich sich oder seine Resultate auch nie mit denen seiner Klassenkameraden, so konnte er auch nicht neidisch sein. Er verstand zunächst auch diesen Begriff "Neid" gar nicht. So lange er also keine Lust hatte zu lernen, so lange er nicht wollte, konnte auch niemand auf ihn neidisch werden. Der Neid war es, den die Eltern so schmerzhaft erfahren mussten. Die Eltern mochten keine neidischen Menschen.

Interessant auch: Lust = envie (im Französischen). Neidisch sein = envier (im Französischen). Jean-Louis hatte einfach keine Lust zu lernen. Ebenfalls: Sich etwas leisten und etwas leisten, zum Beispiel in der Schule, auch hier haben wir dieselbe Etymologie.

Das Verhalten des Kindes stellt also oft eine Lösung für eine Problemsituation dar, die von einem Elternteil (in seiner Kindheit) erlebt wurde. Dabei kann es sich um ein familiäres oder schulisches Problem handeln.

Ein Vater schrieb mir folgenden Brief:

Unser Sohn Dieter, 12 Jahre alt, log systematisch und ganz offensichtlich. Alle Kinder lügen schon mal, aber er log ständig. Es war, als ob er nicht anders gekonnt hätte.

1. Beispiel: "Hast du dir die Füße abgetreten?" "Ja!" Dabei steht er mit total verdreckten Schuhen im Wohnzimmer.
2. Beispiel: "Hast du dir die Hände gewaschen, nachdem du die Katze gestreichelt hast?" "Ja!" Dabei habe ich ihn die ganze Zeit im Auge gehabt.

3. Beispiel: Ich bin im ersten Stock und Dieter kommt die Treppe herauf. "Hast du die Schuhe ausgezogen?" "Ja!" Ich sehe jedoch, dass er die Schuhe noch anhat.

Natürlich gefiel sein Verhalten meiner Frau und mir nicht, und eines Tages wollte ich der Sache auf den Grund gehen. Ich fand bei Dieter selbst kein Erlebnis, das dieses Verhalten hätte erklären können. Also suchte ich in meiner eigenen Vergangenheit ... und da verstand ich.

Ich hatte eine schwere Kindheit, und auch in meiner Jugend hatte ich es nicht einfach. Im Alter zwischen 10 und 23 Jahren gab es für mich nur eine Möglichkeit zu bekommen, was ich wollte: die Lüge. Wenn ich z. B. mit meinen Freunden ins Kino gehen wollte, gab ich ein Fußballspiel vor, da ich wusste, dass mein Vater mir den Kinobesuch verboten hätte.

Ich ging also zu Dieter: "Ich würde gern mit dir reden." "Ach Papa, lass mich!" "Warte, ich werde dir erklären, warum du nichts dafür kannst, dass du so oft lügst." In dem Moment war Dieter bereit, mir zuzuhören. Ich nahm mir viel Zeit, ihm im Detail von meiner Kindheit und Jugend zu erzählen. "Es ist so, als ob du - so viele Jahre später - noch meine Lösung anwenden würdest, als ob du mir noch nachträglich versuchtest zu helfen. Vielen Dank dafür! Aber jetzt geht es mir gut, das macht jetzt keinen Sinn mehr." Dieter war gerührt, eine kleine Träne rann über seine Wange und ich habe ihn in den Arm genommen.

Zwei Wochen später fragte ich meine Frau, ob Dieter noch gelogen habe und die Antwort war "nein". Dann habe ich auch ihr erzählt, wie wir das Problem gelöst hatten.

Klara, 16 Jahre alt, war sehr intelligent, aber sie arbeitete sehr schlecht in der Schule. Sie hatte auch einen "schlechten Umgang". Nachdem die Mutter ihr ein Ultimatum gestellt hatte - das Weihnachtszeugnis war wiederum sehr schlecht

ausgefallen –, sollte Klara nicht mit in die Wintersportferien fahren. Die Mutter fühlte sich gar nicht wohl nach dieser Entscheidung, und die Tochter bettelte sie an, doch mitfahren zu dürfen.

Frage: "Wie waren Sie, als Sie so alt waren wie Klara?" "Ich war eine vorbildliche Tochter, gehorsam und fleißig!" "Und wie war das für Sie? Ging es Ihnen gut dabei?" "Nein, meine Haltung wurde von den Eltern nicht gewürdigt, sie beachteten mich nicht. Oft habe ich mir gedacht, dass es vielleicht besser wäre, schlechte Resultate zu haben und nicht so perfekt zu sein. Dann hätte ich vielleicht mehr Aufmerksamkeit und Liebe bekommen."

Klara wandte die von ihrer Mutter erwogene Lösung an. Als die Mutter den Zusammenhang erkannte, wurden ihre Augen feucht. Sie erzählte ihrer Tochter alles noch ausführlicher, bedankte sich bei ihr und sagte ihr aber auch, dass sie nun nicht weiter schlecht in der Schule sein müsse, um Aufmerksamkeit zu bekommen.

Einige Wochen später hatte Klara bereits drei Klausuren gut bestanden, und man sah einem sehr korrekten Zeugnis entgegen.

Willem, damals 12 Jahre, hat für mich eine Rechnung mit der Französischlehrerin beglichen.

Wenn ich Seminare gebe und ein Buch über schulische Probleme schreibe, dann mache ich das, weil ich selbst auch ein großes Trauma in der Schule erlebt habe. In der Grundschule war ich eine brillante Schülerin, ich habe das 4. Schuljahr übersprungen. Da ich Ende des Jahres geboren worden bin, kam ich dann mit zehneinhalb Jahren auf das Gymnasium, die meisten meiner Klassenkameradinnen waren schon 12 Jahre alt. Ich war also die Kleinste, und ich hatte die Sektion Latein gewählt. Meine Klassenlehrerin, eine sehr junge Frau, gab den Französischunterricht, sie konnte mich nicht leiden.

Lange Zeit habe ich diese Erlebnisse verdrängt, erst viel später bin ich wieder an meine damaligen Emotionen herangekommen. Ich habe nie richtig verstanden, warum, aber zum Ende des Schuljahres waren meine Resultate im Französischen ungenügend (erste Fremdsprache). Dann gab es ein Komplott, ja, so muss ich es wohl nennen. Die Klassenlehrerin und die Direktorin haben meine Eltern einbestellt und sie überredet, ich solle doch diese Klasse wiederholen, um wieder mit Gleichaltrigen zusammen in einer Klasse zu sein. Ich bin mir heute nicht mehr sicher, ob ich bei dieser Unterredung dabei war, die Erinnerung ist doch noch nicht ganz klar. Auf jeden Fall waren meine Eltern einverstanden.

Während der Sommerferien habe ich dann aber entschieden, diese Klasse doch nicht zu wiederholen, ich wollte mit dieser Lehrerin auf keinen Fall noch ein Jahr zu tun haben. Ich habe also wochenlang Französisch gebüffelt, um mich Ende August zur Nachprüfung zu präsentieren. Die Lehrerin war erstaunt, mich zu sehen. Ich habe diese Prüfung gemacht, ich wusste alle richtigen Antworten, ich hatte alles so perfekt gelernt.

Am 1. September war Schulanfang, und für mich war klar, dass ich ins zweite Jahr des Gymnasiums kommen würde. Die Direktorin las die Namen der Schüler jeder Klasse vor, und ich war wie gelähmt, total geschockt, als ich meinen Namen hörte. Ich musste das erste Jahr wiederholen! Den ganzen Tag über saß ich hinten in der Klasse, ohne zu weinen, obwohl ich am liebsten losgeheult hätte. Ich habe mit niemandem gesprochen, ich kannte die Mädchen aus meiner Klasse gar nicht. Erst als ich nachmittags aus dem Schulbus gestiegen bin, konnte ich mich nicht mehr halten, ich habe furchtbar geweint und geschluchzt. Als ich dann zu Hause angekommen bin, hat mich meine Mutter gefragt, warum ich so weine. Ich konnte kaum sprechen. Als ich es ihr erklärt habe, hat sie mich nicht verstanden, hat gemeint, das sei doch nicht so schlimm.

Meine Eltern haben diese Lehrerin niemals aufgesucht, um für mich einzutreten und die Dinge richtigzustellen. Ich habe dieses erste Jahr wiederholt, seit diesem Tag habe ich nie wieder richtig gelernt. Ich hatte keinen Ehrgeiz mehr. Klar, ich habe immer gut bestanden, aber nur mit 75 Prozent der Punkte statt mit 90 Prozent! Als ich dann nach dem Abitur mein Studium begonnen habe, wusste ich nicht, wie man lernt. Ich habe lernen müssen zu lernen, wenn ich nun nicht versagen wollte. Und ich habe nie wieder ein Jahr nicht geschafft. Erst viele Jahre später (in meiner psychotherapeutischen Ausbildung) habe ich erkannt, dass es ein unglaublicher Schock für mich gewesen war. Es war sogar schlimmer als die große Liebesenttäuschung, die ich irgendwann später erlebt habe. Diese Lehrerin hat später mit anderen Schülerinnen dasselbe wie mit mir gemacht, dies hat mir eine ihrer Kolleginnen bei Gelegenheit erzählt. Erst vor einigen Jahren hat sie aufgehört zu unterrichten.

Ich bedanke mich bei unserem ältesten Sohn Willem für das, was er dreißig Jahre später "für mich" getan hat: Willem war im ersten Jahr des Gymnasiums. Eines Tages, es war freitags um 16.15 Uhr, rief mich die Französischlehrerin unseres Sohnes an. Sie war außer sich, sie hatte an diesem Nachmittag in der letzten Unterrichtsstunde Französisch in der Klasse unseres Sohnes unterrichtet. Etwas in ihren Augen sehr Schlimmes war passiert: Willem war an die Tafel gerufen worden, und nachdem er an seinen Platz zurückgekehrt ist, hat er sich gebückt, um etwas aus seiner Schultasche zu nehmen; dabei hat er ihr den Rücken zugewandt. Unter Jungen war es Mode, die Hosen sehr tief zu tragen, der Hosenboden auf halber Höhe der Oberschenkel. Beim Bücken hat er der Lehrerin seinen Hintern gezeigt! Ich antwortete ihr, dass ich Willem jeden Morgen bäte, die Hose hochzuziehen, er jedoch nicht auf mich höre. So dachte sie wohl, dass ich mit ihr einer Meinung wäre, dass es auf dem Schulgelände verboten werden sollte, die Hosen tief zu tragen. Sie schlug mir vor, mit ihr zusammen den Direktor aufzusuchen, um dieses Verbot zu erwirken. Daraufhin habe ich ihr gesagt, es tue mir leid, sie könne in ihrem Vorhaben nicht auf mich zählen, denn ich würde sie doch nicht beim Direktor unterstützen, damit dieser praktisch gegen meinen Sohn vorgeht. Ich habe das Komplott abgelehnt!

Etliche Jahre später erst habe ich verstanden, was Willem da für mich getan hat: der Französischlehrerin den blanken Hintern gezeigt - auch wenn es nicht dieselbe Lehrerin war. Dies war übrigens der einzige Telefonanruf, den ich je von einer Lehrperson bekommen habe!

Erwartungshaltung der Eltern und Lehrer

Es ist hinlänglich bekannt, dass die Erwartung eines gewissen Resultats dieses auch dahingehend beeinflusst. Es handelt sich praktisch um eine Prophezeiung, die sich selbst erfüllt (Rupert Sheldrake). Wenn Eltern oder Lehrer in ihrem Sohn/Schüler einen Versager sehen, verhalten sie sich ihm gegenüber so, dass sein Versagen wahrscheinlich wird, auch wenn sie in Worten das Gegenteil ausdrücken: "Du wirst schon sehen, das wird klappen mit deiner Prüfung!" Diese Aussage macht man nämlich nur dann, wenn man denkt, es könnte nicht klappen. Dieser Mechanismus ist sehr subtil.

Sheldrake: Das sogenannte "Pygmalion-Experiment" von Robert Rosenthal, durchgeführt an einer Grundschule in San Francisco, lieferte das Lehrbuchbeispiel: Der Wissenschaftler erzeugte in den Lehrern die Erwartung, dass bestimmte Schüler bald intellektuell aufblühen und noch im laufenden Schuljahr merklich gesteigerte Leistungen zeigen würden. Dazu führten sie mit allen Kindern der

Schule einen Test durch. Sie gaben ihm den klangvollen Namen "Harvard-Leistungsschwellen-Test" und sagten, er stelle eine neue Methode dar, "intellektuelle Wachstumsschübe" vorauszusagen. Die Lehrer jeder Klasse erhielten dann die Namen jener zwanzig Prozent ihrer Schüler, die bei dem Test am besten abgeschnitten hatten - angeblich. Tatsächlich handelte es sich um einen gewöhnlichen nichtverbalen Intelligenztest, der nicht ausgewertet wurde; die Namen der Schüler wurden nach dem Zufallsprinzip ausgewählt. Am Ende des Schuljahres wurden die Schüler wieder demselben Intelligenztest unterzogen. Im ersten Schuljahr zeigten die "vielversprechenden" Kinder einen im Durchschnitt um 15,4 Punkte höheren Intelligenzquotienten als ihre Mitschüler (Kontrollkinder). Die Lehrer bezeichneten sie auch eher als sympathisch, gut integriert, positiv, neugierig und fröhlich. Im 2. Schuljahr war die Differenz noch 9,5 Punkte, von der dritten Klasse aufwärts war dieser Effekt viel schwächer, vermutlich deshalb, weil die Lehrer sich hier schon auf eigene Erwartungen festgelegt hatten. Viele nachfolgende Studien haben diese Ergebnisse bestätigt und vertieft.

Ich kann mir vorstellen, dass ein Lehrer, der bereits erlebt hat, dass ein älteres Geschwister seines Schülers nur schlechte Resultate in Mathe erzielte, dasselbe nun auch vom jüngeren erwartet. Eltern erwarten manchmal, dass ihr Kind in Rechtschreibung große Probleme haben wird, weil sie selbst hier ihre Schwierigkeiten hatten. Einmal habe ich mit einem Kind an seinen Leseschwierigkeiten gearbeitet. Nachdem wir die Ursachen gefunden und besprochen hatten, las das Kind bereits bei mir in der Praxis sehr gut. Zwei Wochen später rief mich die Mutter an und sagte mir, dass ihr Kind zwar zu Hause sehr gut lesen könne, aber nicht in der Schule, wenn die Lehrerin es dazu auffordere. Es stellte sich heraus, dass die Lehrerin meinte - als die Mutter ihr erklärt hatte, dass das Mädchen einen Nachmittag den Unterricht versäumen werde, da sie eine Therapiestunde bei mir habe, um ihr Leseproblem zu lösen -, dass so etwas doch nichts bringen kann. Die Tochter kam ans Telefon und ich erklärte ihr, dass die negative Erwartungshaltung der Lehrerin ihr gegenüber sehr stark sei, so dass sie sich praktisch nicht dagegen habe wehren können. "Nun weißt du aber tief in dir drinnen, dass du gut lesen kannst, und jetzt kannst du dich ganz bewusst dem Einfluss der Lehrerin entziehen." Das Problem war dadurch behoben.

Manchmal sind auch Eltern während der Therapiesitzung sehr skeptisch und haben es schwer, sich vorzustellen, dass auf diese einfache Art und Weise das Problem des Kindes behoben sein soll. Wenn die Eltern das nicht für möglich halten, kann dies dazu führen, dass das Problem dann tatsächlich nicht behoben ist. Das gilt auch für Sie, liebe Leserinnen und Leser. Hier passt das Zitat eines mir unbekannten Autors, das ich sehr mag: "Alle sagten: 'Es geht nicht'. Da kam einer, der das nicht wusste, und tat es einfach."

Die Zeugung – Beginn unserer physischen Existenz

Das Leben beginnt mit der Geburt, aber unsere physische Existenz beginnt bereits mit der Zeugung. Im Augenblick der Zeugung wird unsere physische Existenz begründet. Die Umstände oder die Rahmenbedingungen unserer Zeugung werden registriert als die Bedingungen oder Umstände, unter denen wir existieren (können). Diese Informationen nutzen wir ständig, um uns unserer Existenz zu versichern.

Wenn das Kind zum Beispiel gezeugt wurde, weil die Mutter nicht nein sagen konnte, wird das Kind es später auch sehr schwer haben, nein zu sagen. Es wird die Spiele mitspielen, die von anderen vorgeschlagen werden, auch wenn es keine Lust hat.

Wenn die Pille vergessen wurde, ist es wichtig für das Kind, immer wieder Dinge zu vergessen (zum Beispiel das Pausenbrot, die Turnsachen ...).

Wenn wir aber im Laufe unseres Lebens in Existenznöte geraten, das heißt in eine finanzielle Stresssituation, die unsere Existenz bedroht, wird das Gehirn wieder stärker die Umstände unserer Zeugung in Szene setzen, nach dem Motto: "Was mir einmal zu meiner Existenz verholfen hat, hilft mir vielleicht auch jetzt."

Vergessen wir hierbei nicht, dass die Schule dem Kind ja auch helfen soll, seine spätere Existenz aufzubauen! Es geht einfach schon jetzt um seine spätere Existenz.

Die Zeugungsbedingungen sind natürlich besonders wichtig, wenn das Kind eigentlich nicht gewollt gezeugt wurde. In dem Fall ist es äußerst interessant herauszufinden, welchem Umstand das Kind oder der Erwachsene seine Existenz (doch noch) verdankt. Diese Information wird im Gehirn einen großen Stellenwert haben. Auch hier einige Beispiele zum besseren Verständnis:

Leila, 11 Jahre, verstand alles, was im Rechenunterricht erklärt wurde, aber sie fand anschließend den Rechenweg nicht, sie konnte die Regeln einfach nicht anwenden.

Leila war eigentlich ungewollt gezeugt worden. Die Mutter hatte sich in ihren Berechnungen geirrt, Berechnungen zur Monatsblutung (Regel). Der Vater hatte Zweifel in diesem gewissen Augenblick, hat sich aber von seiner Frau überzeugen lassen, dass keine Gefahr bestünde, ein Kind zu zeugen. Er konnte sich auch nicht aufrappeln, um sich zu vergewissern, denn seine Frau führte Buch über ihren Zyklus. Damit Leila entstehen konnte, durften die Berechnungen (laut Regel) nicht angewendet werden beziehungsweise nicht stimmen. Hätten die Eltern sich vergewissert und nach der Regel gehandelt, wäre Leila an diesem Tag nicht gezeugt worden.

Es war für sie daher existenziell wichtig, nicht nach den Regeln zu rechnen. Und wiederum gilt es, ihr (und ihren Eltern) zu erklären, dass sie nunmehr die richtigen Berechnungen (laut Regel) anstellen kann, ohne dabei Gefahr zu laufen, ihre Existenz zu verlieren oder sich einfach in Luft aufzulösen. Damals bei ihrer Zeugung waren diese Bedingungen (die Nichtberücksichtigung der korrekten Berechnungen laut Regel) für ihre Existenz erforderlich, aber heute ergibt es keinen Sinn mehr.

Alexander, 17 Jahre, hatte kein Ziel, keine Motivation zum Lernen. Irgendwie dachte er, die Prüfungen würden schon klappen, aber er tat nichts dafür. Da er nicht lernte, waren seine Resultate natürlich nicht berauschend. Es war ihm unmöglich zu lernen. Er schaffte es nicht, sich auch nur fünf Minuten auf seinen Lernstoff und seine Bücher zu konzentrieren. Er konnte seine Gedanken nicht darauf fixieren. Er amüsierte sich lieber mit Freunden oder vor dem Computer.

Die Mutter hatte damals Probleme, schwanger zu werden. Zwei Jahre lang hatten die Eltern ohne Erfolg versucht, ein Kind zu zeugen. Beide ließen sich untersuchen und bei beiden war medizinisch alles in Ordnung. Die Mutter war sehr darauf fixiert, schwanger zu werden, und weinte jeden Monat, wenn die Regel doch wieder einsetzte. In ihrem Kopf drehte sich alles nur noch um die Zeugung eines Kindes. Ihrem Gynäkologen klagte sie ihr Leid, dieser meinte dann, sie dürfe sich nicht so darauf versteifen, nicht so darauf fixiert sein, sie solle sich doch auch mal all die Vorteile bewusst machen, die die Kinderlosigkeit mit sich bringt: Sorglosigkeit, Freiheit (ausgehen, reisen ...), unbeschränkter Lebensgenuss ... Sie solle sich einfach mal mit dem Gedanken anfreunden, keine Kinder zu haben.

Und so folgte sie diesem Rat. Sie redete sich allerhand Positives ein, zum Beispiel dass man ohne Kinder tatsächlich viel ungebundener ist; man kann tun und lassen, was man will, man schläft ungestört ... Sie begann, das Leben ohne Kinder anzunehmen. "Ich hatte gerade begonnen, mich wirklich mit diesem Gedanken anzufreunden, da war ich auch schon schwanger! Es tat mir im ersten Moment schon fast leid." Programm: Nicht mehr dran denken, sich ja nicht zu sehr auf die Sache oder auf das Ziel fixieren, dann klappt es.

Damals in der Zeugungsphase war es tatsächlich notwendig gewesen, dass die Mutter nicht ständig an ihren Kinderwunsch dachte, damit Alexander gezeugt werden konnte. Jetzt aber war diese Strategie denkbar unangebracht, da er sich nun eher seine Existenz zu vermasseln drohte, wenn er die wichtige Hürde Abitur nicht schaffte. Es ist also in diesen Fällen angebracht, demjenigen zu versichern, dass in der Gegenwart seine Existenz nicht mehr gefährdet ist, wenn er nun seinen Existenzbedingungen entgegengesetzt handeln wird. Und: Die Besserung folgte auf dem Fuß. Alexander fuhr nach Hause und konnte sich hinsetzen, ein Heft nehmen und mit Ausdauer lernen. Entgegen allen Erwartungen hat er sein Schuljahr bestanden.

Wenn die Schwangerschaft ein Problem darstellt, das heißt, wenn das Kind nicht gewollt war und nur unter bestimmten Bedingungen oder Umständen weiter existieren kann und nicht abgestoßen oder abgetrieben wird, dann werden diese Bedingungen natürlich auch tunlichst respektiert und beibehalten. Es genügt nicht, gezeugt zu werden, die Geburt muss erreicht werden.

Saskia, 8 Jahre, rechnete "auf ungefähr". Ihre Rechnungen waren immer um einen Zähler falsch. Wenn sie z. B. 7 x 8 rechnen sollte, dann konnte die Antwort zwar 56 sein, aber genauso gut auch 57 oder 55.

Auch ihr Problem war nach unserer Sitzung behoben. Wenn es möglich und machbar ist, wird am Ende der Sitzung sofort nachgeprüft bzw. bestätigt, dass nun keine Blockade mehr vorhanden ist, indem das Kind sofort an Ort und Stelle beispielsweise Rechenaufgaben löst. So lässt man dem Kind (und besonders seinen Eltern) keine Zeit, wieder Zweifel an der Richtigkeit der Interpretation oder an dem Erfolg aufkommen zu lassen.

Saskia ist das dritte Kind ihrer Eltern. Ihre Mutter war glücklich, so schnell ihr drittes Kind zu erwarten. Sie wollten drei Kinder in geringem Zeitabstand. Als aber Saskias Mutter ihrer Mutter eröffnete, dass sie ihr drittes Kind erwartete, reagierte diese sehr negativ: "Ja seid ihr denn verrückt, drei Kinder in diese Welt zu setzen! So kommst du ja nie aus den Windeln raus! Ihr schlaft doch schon jahrelang nachts nicht mehr richtig ..." Saskias Mutter war verärgert über die Reaktion ihrer Mutter, und um sie spüren zu lassen, wie deplatziert ihre Bemerkungen waren, entgegnete sie ihr: "Soll ich das Kind denn abtreiben?!" "Nein, nein um Gottes willen, so war das nicht gemeint, auf eins mehr oder weniger kommt es im Grunde ja auch nicht an."

Saskia hatte also registriert: Solange eins mehr oder weniger egal ist, kann ich weiter existieren und man bringt mich nicht um. Also würde es für sie gefährlich, wenn es nicht mehr egal wäre. Dieses Programm drückte sich natürlich so bald wie möglich erst einmal im Rechnen aus.

Es ging dann darum, Saskia auf kindgerechte Weise zu erklären, wie es zu dieser Information in ihrem Gehirn gekommen war. Dass ihre Mutter sie in Wirklichkeit auf jeden Fall behalten wollte. Dass sie nicht mehr weiter aus Angst, sonst nicht leben zu können, falsch rechnen muss, das heißt "eins mehr oder weniger" auch nicht mehr egal sein muss, sondern dass sie absolut in Sicherheit ist, wenn sie jetzt richtig rechnet.

Egon, 7 Jahre, war extrem langsam, in der Schule, im Schreiben, im Lesen, in seinen Überlegungen, in seinen Bewegungen, einfach in allem.

Egon wird von seinen Eltern zu einem Zeitpunkt gezeugt, zu dem die Ehe schon nur noch eine einzige Katastrophe war. Zunächst dachte die Mutter, das Kind würde wohl die Beziehung irgendwie kitten können. Das war aber ein großer Irrtum, wie ihr dann nach einigen Wochen klar wurde.

Um die 14. Schwangerschaftswoche herum hatte die Mutter einen Termin bei ihrem Frauenarzt, wo sie sich ausweinte. Darauf die Antwort des Arztes (praktischer Lösungsvorschlag): "Wenn Sie etwas tun (unternehmen) wollen, dann müssen Sie sich aber beeilen!" Damit meinte er natürlich die Abtreibung. Sie hat aber dann ihr Baby doch nicht abgetrieben.

Egon registriert in diesem Augenblick in seinem Computer-Gehirn: Es darf sich auf keinen Fall beeilt werden, etwas zu tun, da ich sonst nicht mehr weiterexistieren (und folglich auch nicht leben) würde. Oder auch: Solange alles langsam getan wird, solange ich alles langsam tue, bin ich meiner Existenz sicher. Dieses Programm blieb in Kraft, auch wenn die Mutter sich dann letztendlich doch für ihn entschieden hatte.

Auch hier erklärte ich Egon, dass er sich durchaus beeilen darf, da dadurch jetzt seine weitere Existenz nicht mehr gefährdet ist. Nach unserer Sitzung ist Egon auf dem Parkplatz zum Wagen gerannt, so etwas wäre vorher undenkbar gewesen. Seine Mutter kam aus dem Staunen nicht heraus.

Die Geburt – Beginn unseres Lebens

Wir sind daran gewöhnt, den Tod als Gegenteil des Lebens zu betrachten. Doch das ist ein Irrtum: Das Gegenteil des Todes ist die Geburt. Die Geburt ist der Beginn des Lebens, der Tod ist das Ende des Lebens. Das Leben liegt also zwischen diesen beiden Augenblicken. Wenn wir zum Beispiel wissen möchten, wann ein bestimmter berühmter Dichter gelebt hat, schlagen wir das Lexikon auf und finden dort sein Geburtsdatum und sein Sterbedatum.

In meiner Arbeit habe ich dann verstanden, dass das Gehirn die Umstände oder Bedingungen, unter denen wir geboren wurden, als die Umstände oder Bedingungen registriert, unter denen wir leben, folglich auch als die Umstände oder Bedingungen, unter denen wir so weit wie möglich vom Tod entfernt sind (zwei Antipoden). Und wenn wir uns daran erinnern, dass die Aufgabe unseres Gehirns darin besteht, uns (unseren Körper) am Leben zu erhalten, so ist klar, dass die Informationen über die Geburt und deren Umstände einen besonderen Stellenwert haben.

Werden wir im Laufe unseres Lebens mit dem Tod konfrontiert, versucht das Gehirn, die Umstände der Geburt wieder stärker in Szene zu setzen, praktisch um uns zu versichern, dass wir noch leben und möglichst weit vom Tod entfernt sind.

Dies kann beim Kind ausgelöst werden, wenn zum Beispiel der Hamster gestorben ist oder die Katze überfahren wurde - natürlich auch, wenn die Großmutter oder der Nachbar verstorben ist. Über das Fernsehen kann das Kind auch mit dem Tod konfrontiert werden.

Die Bedingungen der eigenen Geburt können aber auch heraufbeschworen werden, wenn man das Alter erreicht, in dem ein Vorfahr, dessen Geschichte besonders in einem lebt, gestorben ist oder in großer Lebensgefahr war.

Anhand der Beispiele verstehen Sie, lieber Leser, dass dieses Phänomen natürlich absolut unbewusst abläuft:

Ben, 10 Jahre alt, veranstaltete bei den Mahlzeiten immer eine "furchtbare Schweinerei" um sich herum. Nicht selten kippte er seinen Becher um, sein Essen konnte man teilweise vom Boden aufwischen.

Nachdem seine Mutter meine Erklärungen in einem Seminar gehört hatte, verstand sie gleich, wo das problematische Verhalten ihres Sohnes herrührte. Später erzählte sie es mir: "Ben ist unter sehr dramatischen Umständen geboren worden. Ich hatte eine Placenta praevia." (Dabei liegt der Mutterkuchen zwischen Babykopf und Gebärmuttermund.) Dies wurde anscheinend nicht sofort erkannt, die Mutter bekam Blutungen und der Arzt hat sich in diesem brenzligen Moment zum Kaiserschnitt entschlossen. Er musste durch die Plazenta hindurch, um das Kind zu fassen und zur Welt zu bringen. Dies war mit einer unglaublichen "Schweinerei" (Originalzitat des Gynäkologen) verbunden. Es war Blut durch den gesamten Entbindungssaal gespritzt. Es brauchte praktisch diese Schweinerei, damit Ben und seine Mutter überleben konnten.

Solange Ben also immer eine große Schweinerei um sich machte, war er (und aus seiner Sicht auch seine Mutter) sicher, am Leben zu sein. Als ihm seine Mutter erklärte, dass er das so jetzt nicht mehr inszenieren musste, fragte er nur: "Ja, wie soll ich denn jetzt essen?!" Die Mutter: "Du schaust uns einfach zu, und dann machst du es wie wir." Seit diesem Tag blieb es beim Essen um seinen Platz herum sauber.

Oliver, 16 Jahre alt. Seine Mutter rief mich an, sie weinte am Telefon und war in einer furchtbaren Panik, dass ihr Sohn Oliver in der darauf folgenden Woche - wir waren im Juni - seine Mathematikprüfung in den Sand setzen könnte und dadurch nicht versetzt werden würde. Die Angst war die, dass er nicht "durchkommen" könnte.

Ich habe Oliver dann als "Notfall" (von seiner Mutter begleitet) am nächsten Abend kommen lassen. Nach fünf Minuten war klar, dass diese furchtbare Angst, das Schuljahr nicht zu bestehen, völlig unbegründet war. Auf meine Frage hin erzählte Oliver: "In der Weihnachtsprüfung hatte ich 24 von 30 möglichen Punkten erreicht, in der Osterprüfung hatte ich 13/20 und jetzt werde ich alles vermasseln. Mathe ist mein schlechtestes Schulfach, ansonsten bin ich einer der besten Schüler in meiner Klasse."

Ich: "Du könntest also jetzt rein rechnerisch sogar eine Note von 0/20 in der Prüfung verkraften, du hättest dann doch noch immer insgesamt 37/70, also genügend! Woher kommt denn jetzt diese Panik, du könntest alles vermasseln?"

Oliver: "Zu Beginn des Schuljahres hatten wir einen anderen Mathelehrer, das war ein junger Lehrer, er gestaltete den Unterricht sehr interessant, das machte Spaß und ich hatte gute Noten. Aber nach den Weihnachtsferien war unsere alte Mathelehrerin, diese alte Schachtel, dieser Drachen, wieder aus der Kur zurück und mit ihr ging es dann bergab. Und ich befürchte, dass es mit ihr zur Katastrophe kommt."

Ich bitte dann Olivers Mutter, mir seine Geburt in allen Einzelheiten zu schildern, denn bei der Geburt geht es für das Kind ein erstes Mal darum "durchzukommen".

"Es lief alles wunderbar, es war mein zweites Kind, das ich zur Welt brachte. In der Austreibungsphase hatte ich aber dann Mühe, ich presste und presste, plötzlich überkam mich eine furchtbare Panik, er würde nicht *durch* das Becken *kommen*. Der Gynäkologe hatte mich bei jeder Ultraschalluntersuchung darauf vorbereitet, dass es ein schweres Kind sein würde, und da dachte ich nun, er würde eingeklemmt sein und festsitzen, eben nicht durchkommen. Die Hebamme, diese alte Schachtel, der alte Drachen, unternahm auch nichts, um mir die Sache zu erleichtern. Da dachte ich wirklich, es würde nicht gut ausgehen."

Erst als ich sie darauf hinwies, merkte sie, dass sie die Hebamme mit genau denselben Worten beschrieb, mit denen Oliver kurz vorher seine Mathelehrerin bedacht hatte. (An dieser Stelle möchte ich eine wichtige Information einfügen: In der Natur gibt es keinen Kaiserschnitt, keine Saugglocke und keine Zange. Es gibt keine Hilfe, die einem Tier bei der Geburt seiner Jungen helfen könnte. In der Natur - und unser Gehirn ist naturgemäß programmiert und berücksichtigt nicht den medizinischen Fortschritt - stürbe das Junge und auch die Mutter, wenn diese es nicht schaffte, ihren Nachwuchs zur Welt zu bringen. Ich denke, dass es diese ganz alte natürliche Todesangst gewesen ist, die Olivers Mutter in diesem Augenblick ergriff.)

Wir stellten die Verbindung her zwischen der Panik, die die Mutter bei der Geburt gehabt hatte, nämlich die Panik, er käme nicht durch, und der Panik, die ihn (und auch seine Mutter) jetzt völlig grundlos ergriffen hatte, nämlich auch hier die Panik, dass er nicht durchkommen (das Jahr nicht schaffen) würde.

Oliver stellt mir dann die sehr kluge Frage: "Wieso kam die Panik denn gerade jetzt in diesem Schuljahr zum Vorschein? Ich hatte immer ein bisschen Stress vor den Prüfungen, aber nie so dramatisch wie jetzt in diesem Augenblick."

Da das Gehirn alles nur zum Zwecke des Überlebens auslöst, war meine Frage an Olivers Mutter: "Gibt es vielleicht jemanden in der Familie, der im Alter von sechzehn Jahren gestorben ist?"

Die Mutter: “Ja, und zwar der Bruder meines Schwiegervaters! Er wurde im Alter von sechzehn Jahren von einem Zug erfasst und getötet. Er war das zweite Kind der Familie.”

Oliver, auch das zweite Kind in der Familie, war also in Resonanz mit diesem Großonkel, der bei dem Versuch, die Schienen zu überqueren, bei der Passage umgekommen war. (Bemerkung: Im Französischen spricht man bei der Geburt von einer Passage, und man nennt auch den Übergang von einem Schuljahr in das andere eine Passage, “un passage”.)

Olivers Gehirn “las” ständig die Informationen, die besagter Großonkel ihm bezüglich seines Lebens und Todes übertragen hatte. Als Oliver das Alter von sechzehn Jahren erreichte, war er unbewusst mit der Möglichkeit zu sterben konfrontiert und sein Computer-Gehirn vergegenwärtigte sich dann die Umstände, unter denen er geboren wurde, um sich praktisch seines Lebens zu versichern und nicht zu sterben wie sein Großonkel: Geburt > < Tod. Bei Oliver war es aber nun so, dass er auch bei der Geburt diese Angst, die Passage nicht zu schaffen, gespeichert hatte, die sein Gehirn dann praktisch in die Panik trieb, da er in jedem Fall also riskierte nicht durchzukommen, nicht zu überleben. Durchkommen bedeutet ja auch überleben.

Nachdem ihnen diese Zusammenhänge nun klar waren, konnten Oliver und seine Mutter beruhigt nach Hause gehen. Er hat seine Mathematikprüfung natürlich sehr wohl bestanden, und ich glaube, dass er Prüfungen, bei denen es ja immer darum geht durchzukommen, in Zukunft entspannter angehen kann. (Bemerkung: In Frankreich wird das Abitur “baccalauréat” genannt, kurz auch “bacc.”. Das Wort “bac” (gleiche Aussprache) bedeutet auch Bassin, Becken. Die bei der Geburt (Passage des Beckens, das Durchkommen durch das Becken) gespeicherten Programme werden also ihre “Wirkung” stärker entfalten, je mehr es auf das Abitur zugeht.)

Julia, die "Nachtwächterin", 5 Jahre alt. Julia schlief schlecht, stand zehnmal in der Nacht auf, jedes Mal, um etwas zu trinken. Sie war dann natürlich morgens nicht ausgeruht und total müde. Das Licht musste die ganze Nacht in ihrem Zimmer und auch im Flur brennen.

Julia hat seit dem Tag, an dem wir ihr Programm verstanden und gestoppt haben, durchgeschlafen. Was war geschehen?

Ihre Mutter erzählte mir, dass Julias Geburt eigentlich wunderbar verlaufen war und dass sie morgens gegen sechs Uhr zur Welt kam. Daraufhin ich: "Dann haben Sie bestimmt nicht viel geschlafen in dieser Nacht?" Sie: "Nein, ich war sehr müde, aber sobald ich etwas eingeschlummert war, riss mich die nächste Wehe wieder aus dem Schlaf." "Und die ganze Wochenstation war bestimmt auch hell erleuchtet?" "Aber natürlich, in dem Raum, in dem ich lag, aber auch auf dem Flur brannte Licht." "Und Sie hatten bestimmt Durst, durften aber nichts trinken?" "Jaaa!!! Niemand wollte mir etwas zu trinken geben, ich hatte einen furchtbar trockenen Mund und habe in dieser Nacht meinen Feuchtigkeitslippenstift ganz aufgebraucht." "Das ist es!"

Der Tod der Großmutter hatte bei Julia dieses nächtliche Verhalten ausgelöst, wodurch sie sich unbewusst ständig versicherte, vom Tod so weit wie möglich entfernt zu sein (im Gegensatz zur Großmutter). Es genügte dann vollkommen, ihr zu erklären, dass diese nächtliche Aktivität sie in Wirklichkeit nicht eher oder sicherer am Leben erhält als ein gesunder und ungestörter Schlaf - natürlich mussten wir auch mit ihr über den Tod reden ...

Des Weiteren genügt es wiederum nicht, geboren zu werden, zu leben, es geht ab jetzt darum zu ***überleben***. Nach der Geburt geht es für das Baby darum, die Mutter dazu zu bewegen, es zu stillen, es zu ernähren. Ohne die Aufmerksamkeit und Fürsorge der Mutter überlebt das Neugeborene nicht.

Zuwendung – Bedingung zum Überleben

Wir Menschen sind Säugetiere, die nach der Geburt gesäugt, gestillt werden müssen. Es genügt also nicht, wenn wir es geschafft haben, gezeugt, getragen und geboren zu werden. Nach der Geburt geht es um das Überleben, dazu muss die Mutter sich um uns kümmern, sie muss sich uns zuwenden, uns im wahrsten Sinne des Wortes "Zuwendung" geben. Sie muss uns schützen, uns wärmen und uns ernähren. Der Normalfall fürs Kind ist, dass die eigene Mutter da ist, sich über ihr Kind freut, es in den Arm nimmt und liebevoll auf seine Bedürfnisse eingeht.

Ob das Neugeborene sich in Sicherheit fühlen kann oder nicht hängt davon ab, wie sicher und zugewandt die Eltern sind.

In unserer Gesellschaft fühlen sich viele Frauen während der Schwangerschaft unsicher. Sie vertrauen ihrem Mutterinstinkt nicht: Sie trauen es sich nicht zu, das Kind ganz natürlich zu gebären, und danach vermeiden sie es, ihr Baby Tag für Tag am Körper zu tragen. So fehlt es vielen Kindern an dieser natürlichen Zuwendung.

Was kann ein Kind, dem es an Zuwendung fehlt, also tun, damit die Mutter sein natürliches Bedürfnis nach körperlicher Nähe und Geborgenheit erfüllt? Es muss eine Strategie entwickeln, die die Mutter dazu bringt, sich um es zu kümmern.

Von all den Verhaltensweisen, die das Kind ausprobiert hat, wird es genau das Verhalten beibehalten, das ihm die lebenswichtige Zuwendung (doch noch) eingebracht hat.

Die natürlichste Methode, die Mutter herbeizurufen (wenn sie das Baby nicht auf dem Bauch oder auf dem Rücken mit sich herumträgt), ist das Schreien. Später funktioniert das meist auch noch. Das Kleinkind stürzt und schlägt sich das Knie auf. Nehmen wir an, die Mutter kümmert sich in übertriebenem Maße um das Kind, eine Stunde lang. Als ihr Mann nach Hause kommt, fragt sie ihn, ob es nicht besser sei, zum Arzt zu gehen und eine Röntgenaufnahme machen zu lassen, beide sorgen sich ...

Das Kind registriert in dem Fall zwei Dinge: Erstens, ich habe Schmerzen. Zweitens, meine Mutter kümmert sich und sorgt sich um mich. Dann fügt es beides zusammen: Wenn ich Schmerzen habe, bekomme ich Aufmerksamkeit und Zuwendung von meiner Mutter. Ich werde umarmt und spüre, dass Mama mich lieb hat, dass ich ihr wichtig bin. Wenn das Kind die Erfahrung macht, dass die Mutter sich nur dann um einen kümmert, so muss es sich immer neu verletzen, Schmerzen haben und schreien, damit die Mutter sich ihm zuwendet. Es kann aber nicht nur Schmerz vortäuschen. Der Schmerz muss echt sein, damit die Mutter reagiert!

Das Kind erreicht dabei gleich ein doppeltes Ziel: Die Mutter kümmert sich um es, und es sieht in den Augen der Mutter, dass es ihr nicht ganz egal ist, dass es doch von seiner Mutter geliebt wird. Geliebt auch dafür, dass es ihr die Gelegenheit gibt, eine gute Mutter zu sein, die sich (doch) um einen kümmert, sich sorgt und alles für ihr Kind tut. Ein Grund mehr, sich immer weiter (und sogar schlimmer) zu verletzen oder Unfälle zu haben.

Mathilde, 7 Jahre alt, klagte nachts über Schmerzen in den Beinen. Mit drei Jahren hatte sie zum ersten Mal diese Schmerzen, zunächst reichte es, wenn die Mutter nachts zu ihr kam, die Knie (Beine) massierte und ihr gut zuredete. Die Mutter blieb dann bei ihr, legte sich zu ihr ins Bett, bis sie wieder eingeschlafen war. Diese Schmerzen wurden aber in der letzten Zeit immer heftiger, so dass die Mutter sich nicht anders zu helfen wusste, als ihr Medikamente zu verabreichen, die inner-

halb einer Viertelstunde wirkten. Es war einmal das linke und ein anderes Mal das rechte Bein, das schmerzte.

Mathilde war mit einer Nierenproblematik zur Welt gekommen, als Baby musste sie bereits sehr früh operiert werden, damit sie überlebte. Sie war ein kleines Sorgenkind, ein Kind, um das man sich sorgte. Sie hatte die ganz spezielle Zuwendung, auch der Großeltern, die sie verwöhnten, sie war einfach die kleine Prinzessin.

Mit drei Jahren ging sie in den Kindergarten, ihre Mutter (dort Kindergärtnerin) nahm sie mit. Dort musste sie sehen, dass ihre Mutter sich auch um andere Kinder kümmerte, besonders wenn die sich wehgetan hatten oder Schmerzen hatten, dann nahm sie sie auf den Schoß ... In der Folgezeit litt Mathilde unter Schmerzen an den Beinen und die Mutter kümmerte sich somit nachts exklusiv um sie. Im Gegensatz zu den anderen Kindern hatte sie ihre Mutter nachts ganz für sich allein.

Als sie 5 Jahre alt war, kamen Zwillingsbrüder zur Welt. Jetzt musste die Mutter sich nachts auch um diese beiden kümmern, was zur Folge hatte, dass Mathildes Schmerzen stark zunahmen.

Interessant ist in diesem Zusammenhang auch, dass die Mutter in ihrer Jugend Knieprobleme und auch eine Operation am Knie hatte; in der Zeit hatte sie die Mutter ganz für sich in der Klinik. Sie hatte 5 Geschwister und war die Jüngste, die oft glaubte, zu kurz zu kommen.

Mathildes Vater war auch das jüngste von 5 Kindern. Er und sein Bruder (11 Monate älter als er) waren die beiden letzten Kinder, die etliche Jahre nach den anderen geboren worden waren. Sie waren die kleinen Verwöhnten, sie waren wie Zwillinge. Die älteren Geschwister sahen nur mit Eifersucht auf diese beiden Kleinen herab.

Mathilde verstand, wozu sie diese Schmerzen brauchte. Sie hatte geweint, als ihr klar wurde, wie wichtig die ausschließliche

Zuneigung ihrer Mutter für sie war. Dann konnte sie aber spüren, dass ihre Mutter sie nicht weniger liebte, wenn sie sich auch um andere Kinder kümmerte. Sie selbst wollte später auch mehrere Kinder haben, so konnte sie sich vorstellen, dass auch sie sich einmal mehr um das eine und einmal mehr um das andere kümmern würde, je nach Bedarf, und dass das nicht bedeutet, dass sie eines weniger liebt als das andere. Sie konnte aufatmen und entschied sich dann, diese Schmerzen nicht mehr nötig zu haben, um sich der Liebe ihrer Mutter zu vergewissern.

Stellen wir uns einen Zweijährigen vor, dessen Vater im Gefängnis ist und dessen Mutter den ganzen Tag an der Weinflasche hängt! Was kann er tun, damit seine Mutter nach ihm sieht, auf ihn aufmerksam wird und sich um ihn kümmert? Irgendwann merkt er, dass die Mutter von ihrem Sofa hochkommt, wenn er zum Beispiel eine Vase zu Fall gebracht hat. Die Mutter wendet sich ihm zu, schimpft und schlägt ihn. Aber immerhin! Diese Art von Zuwendung ist besser als gar keine Zuwendung. Dieses Verhalten (etwas kaputt machen) bekommt das Kind bei jeder Gelegenheit bestätigt als das Verhalten, das ihm Zuwendung von der Mutter einbringt. Es hat es geschafft, dass sie sich ihm zugewendet hat.

Wenn das Kind in den Kindergarten kommt, wo die Kindergärtnerin eigentlich ganz lieb ist, möchte er, dass sie sich ihm mehr zuwendet. Was wird es tun? Richtig, es wird etwas zerbrechen, vielleicht ihre Brille. Und siehe da, die Kindergärtnerin bestätigt ihm sein Verhaltensmuster. Das Kind bringt sie dazu, dass sie sich um es kümmert! Es wird die Erfahrung immer öfter machen, und es wird keine andere Möglichkeit kennenlernen, Zuwendung zu bekommen. Es kennt nur diese Sorte von Liebe.

Wenn der Junge also später eine Frau liebt, wird er notgedrungen, um ihre Aufmerksamkeit und Liebe zu bekommen, zunächst etwas bei ihr oder von ihr kaputt machen müssen, im wahrsten

Sinne des Wortes oder auch im übertragenen Sinne. Und damit er ihr seine Liebe zeigen kann, muss sie bei ihm auch etwas zerbrechen. Er kann nur auf die Art und Weise lieben, in der er selbst geliebt wurde. Eine sehr zerstörerische Liebe, die aber nicht selten zu beobachten ist.

Auch wenn dies ein krasses Beispiel war, so ist dieser Mechanismus bei jedem Kind vorhanden. Wenn es in der Kindheit (Babyzeit) mal schwer war, so hat das Kind sich gemerkt, wie es zu der überlebensnotwendigen Zuwendung gekommen ist. Und für jedes Kind gab es auch schon mal schwierige Momente, ich glaube nicht, dass es da viele Ausnahmen gibt.

Die Lehrerin kann das "schwierige Kind" in der Klasse beobachten und ihm ganz gezielt helfen, von diesem Verhaltensmuster loszukommen.

Dazu ist es erforderlich, ihm nicht mehr das zu geben, was es mit seinem Verhalten erreichen möchte und was sichtlich bis hierhin (wahrscheinlich auch schon mit anderen Lehrpersonen) funktioniert hat. Sie sagt oder signalisiert ihm, dass das vielleicht bei anderen funktioniert, aber nicht bei ihr! Wenn das Kind "seine Tour" versucht, gibt sie sich dann natürlich vollkommen teilnahmslos, gibt ihm keine Zuwendung und es funktioniert. Das Kind hört auf, da es sein Ziel nicht mehr erreicht. Dann kann man ihm langsam eine andere Möglichkeit zeigen, wie es (auf positive Art und Weise) Zuneigung bekommt.

Ein Verhalten, das nicht funktioniert, das dem Kind keine Zuwendung einbringt, wird aufgegeben.

Eine Lehrerin, die als zusätzliche Lehrkraft in verschiedene Klassen geht, erzählte mir vor Kurzem, dass sie sich genau in der

Weise einem sehr schwierigen und anstrengenden Jungen gegenüber verhalten habe. Der Junge änderte sich schnell, aber nur wenn sie sich in der Klasse aufhielt. In der Unterrichtsstunde mit der Kollegin wandte er immer noch die alte Strategie an, weil sie da (noch oder wieder) funktionierte.

Ich drücke es immer folgendermaßen aus: Solange die Leute lachen, wenn ich Witze erzähle, fallen mir immer neue Witze ein. Wenn aber keiner lacht, höre ich sehr schnell auf damit. Ich erreiche nicht, was ich will, und es macht einfach keinen Spaß! Manche haben als Baby oder Kleinkind erfahren, dass das Lachen mit Zuwendung verbunden ist. Die Eltern liebten es, wenn es lachte oder wenn es sie zum Lachen brachte. Das sind womöglich die Clowns in der Klasse oder auch die notorischen (längst erwachsenen) Witzeerzähler.

Wenn ich nur geliebt werde, wenn ich (in der Schule) versage ... Dazu kann es kommen, wenn meine Eltern jedes Mal, wenn ich gute Noten schreibe, an die Eifersucht erinnert werden, die sie selbst in ihrer Kindheit erlebten, oder wenn sie so sehr unter dem Konkurs ihrer Firma leiden, dass sie es nicht ertragen, wenn ich Erfolg habe. Erfolg haben bedeutet für sie im Endeffekt scheitern. Wenn sie mich lieben, tun sie dann alles, damit ich keinen Erfolg habe. Als Kind will ich meine Eltern zufriedenstellen, um von ihnen geliebt werden, und dazu muss ich am besten scheitern. Immer wenn ich gute Noten habe, sind sie erschrocken und belohnen mich nicht. Immer wenn die Noten schlecht sind, belohnen sie mich mit Aufmerksamkeit und Zuwendung – wie auch immer diese Zuwendung aussieht. Im tiefsten Inneren weiß ich also, dass ich, um geliebt zu werden, keinen Erfolg haben darf. Weil ich meine Eltern liebe, werde ich alles tun, um zu scheitern, in der Schule, im Beruf, in der Ehe ... Jetzt können wir langsam kombinieren!

Ein Kind, das keine Hausaufgaben machen will und alleine keine Hausaufgaben macht, bringt seine Eltern dazu, sich um es zu kümmern. Das Kind weint, die Eltern strengen sich an, es zu motivieren ... Dieses Verhalten ist nicht verwunderlich, wenn die Mutter während der Schwangerschaft unter Depressionen gelitten hat. Der Vater hat sich, so gut er konnte, um sie gekümmert. Sie weinte viel, hatte zu gar nichts Lust, er musste sie ständig motivieren. Das Kind lernt also bereits während der Schwangerschaft von der Mutter, wie man diese Zuwendung erreicht und glaubt unbewusst, dass man es auf andere Weise gar nicht lieben kann. Für das Kind gibt es nur diese Strategie!

Zusammenfassend: Wenn man klein ist, erlebt man vieles, und man wählt zwischen allen Möglichkeiten, die man erprobt hat, diejenige aus, die es einem erlaubt zu überleben (Zuwendung zu bekommen). Das erfahrungsgemäß beste Verhalten wird beibehalten.

Vergnügen – die Motivation weiterzuleben

Wenn das Kind kein Vergnügen im/am Leben findet, stirbt es. Hier sprechen wir von einem biologischen Mechanismus. Auch bei Tieren ist das erlebte Vergnügen die Voraussetzung und die Motivation für das Weiterleben überhaupt. Ein Tier, das kein Vergnügen hätte (zum Beispiel beim Fressen, beim Sichbewegen), würde sterben. Das Leben lohnt sich dann einfach nicht.

Wir Menschen spüren auch ein Vergnügen, wenn wir etwas essen, manchmal ist dieses Vergnügen sogar bewusst, wenn wir etwas Schmackhaftes zu uns nehmen. Schon das Gefühl satt zu sein, ist ein biologisches Vergnügen im Sinne eines physiologischen Wohlbefindens. Es lässt uns Mal für Mal das Gleiche tun, immer wieder von Neuem. (Wenn jemand nicht isst, kann das nur bedeuten, dass er durch das Hungern ein größeres Vergnügen erlangt, zum

Beispiel bei der Magersucht. Aber das ist nicht das Thema hier, es würde den Rahmen dieses Buches sprengen.)

Gleich welches Verhalten - es wird nur beibehalten, wenn es ein Vergnügen bringt. Ich sagte schon: Wenn ich Witze erzähle und keiner lacht, höre ich sehr bald damit auf, es macht einfach keinen Spaß ...

Ein Beispiel zum Thema Vergnügen: Nach einigen Erfahrungen hat das Kind verstanden, was es tun muss, um eine Ohrfeige zu bekommen, und es weiß genauso, was es tun muss, um keine zu bekommen. Drücken wir es einmal schematisch aus: Wenn es die rechte Hand hebt, gibt es eine Ohrfeige, wenn es die linke Hand hebt, gibt es einen Kuss. Wenn das Kind also weiterhin nur die rechte Hand hebt, so kann das nur bedeuten, dass es Ohrfeigen will (es weiß, was es tun müsste, um keine Ohrfeige zu bekommen). Es hat also ein Vergnügen daran, eine Ohrfeige zu bekommen! Was kann das Vergnügen daran sein? Die Macht, die es zum Beispiel über seinen Vater ausübt! Ihn so zu ärgern, dass er sich nicht mehr anders zu helfen weiß als mit einer Ohrfeige! Ihn dazu zu bringen, alle guten Vorsätze in der Erziehung über Bord zu werfen und sein Kind zu schlagen! Ihn anschließend von Schuldgefühlen geplagt zu sehen!

Die Eltern in Schuldgefühle zu stürzen, ist ein großes Vergnügen und öffnet Kindern das Tor zur Manipulation.

Manchen mag die Bezeichnung "Vergnügen" übertrieben erscheinen, aber die Wortwahl ist genau richtig. Wenn ich dem Kind sein Vergnügen aufzeige und ihm auch die Erlaubnis gebe, dieses Vergnügen zu haben, kann es nicht anders, als es zu bestätigen. Das Kind zeigt dann tatsächlich ein deutliches Vergnügen, d. h. es lacht und strahlt, wenn ich von dem Vergnügen spreche, das ihm sein Verhalten einbringt. Wenn aber nun über dieses Vergnügen offen gesprochen worden ist, weiß der Vater, was er tun muss: dem Kind das Vergnügen der Ohrfeige nicht mehr geben. Wenn keiner mehr lacht, wenn ich Witze erzähle, muss ich eine andere Strategie finden, um Interesse zu bekommen.

Wie bringe ich also das Kind dazu, sein Verhalten zu ändern? Ein etwas krasser Vergleich sei mir hier erlaubt: Wenn mein Hund immer vor Freude an mir hochspringt, wenn ich nach Hause komme, was kann ich tun, damit er damit aufhört? Ich muss ihn ignorieren, ihn nicht anschauen, so tun, als ob er nicht da wäre (sobald ich schimpfe, gebe ich ihm Zuwendung, also das, was er will). Wenn er dann in seinen Korb zurückkehrt oder sich ruhig verhält, gehe ich zu ihm, begrüße und streichele ihn. Nach einigen Malen hat der Hund verstanden und wird ruhig darauf warten, dass ich ihn begrüße. Theoretisch ist das sehr einfach, aber als Mutter oder Vater hat man es da etwas schwerer, sein Kind zu ignorieren, d. h. sich nicht so zu verhalten, wie das Kind es von einem gewohnt ist.

Achtung! Manche denken, dass es damit getan ist, das Kind zu ignorieren, sie vergessen dann aber, ihm Zuwendung zu geben, wenn es sich positiv verhält. Bisher war es ja so, dass man froh war, seine Ruhe zu haben, wenn das Kind mal nicht nervte, und man kümmerte sich dann nicht um es. Denken Sie also daran, Ihrem Kind genau dann etwas Nähe und positive Aufmerksamkeit zu geben, wenn es Sie in Ruhe lässt oder sich wunschgemäß verhält. So bewegen Sie Ihr Kind zu einem neuen Verhalten.

Genauso ist vorzugehen, wenn die Kinder sich zum Beispiel ständig untereinander streiten. Meist greifen die Eltern ein. Wenn man aber nicht mehr eingreift, müssen die Kinder das unter sich ausmachen, und das Kind, das diesen Streit provoziert – in der Regel das jüngere –, wird nicht mehr in den Genuss kommen, dass die Eltern es in Schutz nehmen und womöglich das ältere Kind beschimpfen oder bestrafen. Wenn das Kind dieses Vergnügen nicht mehr bekommt, hört es damit auf. Vorher wird es aber mit aller Macht versuchen, die Eltern doch noch dazu zu bringen einzugreifen, es wird provozieren, damit das ältere Kind ihm noch mehr wehtut. Wenn die Eltern trotzdem nicht mehr eingreifen, wird es verstehen, dass es das besser lässt. – In der Praxis erfasst man diese Dynamiken sehr schnell. Die Eltern schaffen es ohne Hilfe allerdings nur sehr schwer, diese Manipulation klar zu erkennen, geschweige denn sich davon zu befreien. Sie haben schließlich auch einen großen Nutzen davon: das Gefühl, ihr Kind zu lieben ...

Im letzten Kapitel sprachen wir über Mathilde, die ständig Schmerzen hatte, damit die Mutter sich ausschließlich um sie kümmerte. Das funktionierte und wurde immer wieder bestätigt. So ist klar, was es in der Zukunft zu tun gilt. Mathilde hat jedes Mal ein (lebenswichtiges) Vergnügen, wenn man sich um sie kümmert, sie fühlt, dass man sie liebt. Sie gibt ihrer Mutter aber gleichzeitig auch das Gefühl, ihr Kind zu lieben und somit eine gute Mutter zu sein. Das Kind bereitet also auch seinen Eltern auf diese Art und Weise Vergnügen mit dem Gefühl, gute Eltern zu sein. Es leidet, es hat Schmerzen – **aus Liebe** zu seinen Eltern!

Manche Kinder und Jugendliche haben auch ein großes Vergnügen daran, sich an ihren Eltern zu rächen, indem sie verhindern, dass ihre Eltern stolz auf sie sein können (siehe Kapitel "Rache an den Eltern" ab Seite 191).

Einige allgemeine Beobachtungen

Die Wehen*arbeit* bestimmt meist durch ihren Verlauf und durch die Art und Weise, in der sie von der Mutter (aber auch vom Vater) erlebt wurde, das Verhalten des Kindes bei der Arbeit. Die erste Arbeit des Kindes ist die Schularbeit, der erste Arbeitsplatz des Kindes ist die Schule. So überträgt das Kind die Informationen über Verhaltensweisen bei der Arbeit, die es in der Wochenstation speichert, auf die Arbeit in der Klasse.

Ich möchte an dieser Stelle darauf hinweisen, dass man nicht von der Art und Weise, wie ein Kind geboren wurde, zwangsläufig auf sein Arbeitsverhalten schließen darf.

Was wirkt, sind nicht die objektiven Geschehnisse oder Fakten, sondern die Gefühle, Gedanken und Reaktionen der Beteiligten vor, während und nach der Geburt.

Sehr oft werden mir in Seminaren Fragen gestellt wie zum Beispiel: "Unsere Tochter ist durch einen Kaiserschnitt zur Welt gekommen, weil sie die Nabelschnur um den Hals hatte, was kann das als Folge haben?" Aus Erfahrung könnte man z. B. schlussfolgern: Dieses Kind wird später gern zögern, bevor es eine Entscheidung trifft oder eine Richtung einschlägt, weil es eine sehr negative Erfahrung (Todesgefahr) gemacht hat, als es sich zum ersten Mal für eine Richtung entschieden hat, die sich dann als falsch und sehr gefährlich herausstellte. Oder: Sie könnte festgehalten haben, dass es immer eines besonderen Eingriffs bedarf, damit sie "es schafft". Beides wären Hypothesen, die aber nicht für alle zutreffen müssen, die diese oder eine ähnliche Erfahrung bei der Geburt gemacht haben.

Eine andere Frage: "Ich hatte die Nase so voll von den Wehen, ich habe alle verflucht, sogar meinen Mann, der das Kind unbedingt wollte. Was hat unser Sohn da für ein Programm?" Wenn der Junge noch klein ist, kann man ihm zwar vorbeugend einige Dinge erklären und so vielleicht spätere Probleme vermeiden (zum Beispiel Sterilität) – aber was genau programmiert worden ist, erkennt man erst in dem Moment, in dem sich das Problem zeigt. Dann können Sie immer noch eingreifen!

Hier einige allgemeine Beobachtungen aus meiner Arbeit mit Kindern:

- Die Rolle der Hebamme bzw. des Geburtshelfers wird später gerne von den Lehrpersonen "übernommen" (siehe Beispiel von Oliver, S. 75), denn **die Lehrpersonen sind diejenigen, die dem Kind helfen sollen durchzukommen.** Auch geschlechtsspezifische Unterschiede werden beobachtet, je nach positiv oder negativ erlebtem Eingreifen einer weiblichen (meist der Hebamme) oder männlichen Person (oft des Gynäkologen).
- Die Dauer und die Intensität der Geburtsarbeit (hier zählt nur das subjektive Erleben der Mutter!) beeinflusst **das Arbeitsempfinden des Kindes**, zum Beispiel denkt es nur daran, mit der Arbeit schnell fertig zu sein, wird aber ständig dazu angehalten, gründlich weiterzuarbeiten.
- Die eingeleitete Geburt bzw. die beschleunigte Geburt, wenn keine spontane (oder nur unzulängliche) Wehenarbeit stattfindet, kann beim Kind bewirken, **dass man es auch später immer wieder stimulieren und antreiben muss, damit es arbeitet.** Natürlich ist diese Lösung (dieses Verhalten) auch schon in der Familiengeschichte als sinnvoll festgehalten worden. Wir sollten versuchen, uns immer ein möglichst komplettes Bild zu machen.
- Die Angst der Mutter vor oder während der Wehenarbeit zeigt sich später gern in einer manchmal übersteigerten **Angst vor Prüfungen.**

- Die Art der Vorbereitung der Mutter auf die Geburt kann ein Hinweis sein auf **die Art und Weise, in der sich das Kind später auf Prüfungen vorbereitet.** Da wird man schließlich sehen, ob das Kind "durchkommt".

Geburt und Wochenstation - Arbeit und Schule
Schwangerschaft - Vorbereitung auf Prüfungen

Probleme mit den Hausaufgaben

Schauen wir uns die individuelle Prägung bei einigen Kindern an, die Probleme mit der Erledigung der Hausaufgaben hatten:

Annick, 7 Jahre, wollte zu Hause die Aufgaben nicht erledigen. Zu Hause und auch in der Schule machte sie nie eine Arbeit fertig, hörte einfach mittendrin auf und tat nichts mehr, zum Beispiel wenn ein Text von der Tafel abgeschrieben werden sollte.

Annicks Mutter war kurz vor der Schwangerschaft im Abstand von 11 Monaten zwei Mal am Rücken operiert worden. Man hatte ihr Metallstifte und Schrauben eingesetzt. Sie war ziemlich übergewichtig und hätte nach diesen Eingriffen auf keinen Fall so schnell schwanger werden dürfen. So klagte sie über Rückenschmerzen, jegliche Hausarbeit (putzen, bügeln ...) war ihr verboten worden. Sie hatte aber niemanden, der es an ihrer Stelle erledigte. Daher wischte sie doch alle 2 bis 3 Wochen einmal durch die Wohnung, mit Rückenschmerzen als Resultat. So wurde ihr jeweils bestätigt, dass man doch besser die Finger von der Hausarbeit (Aufgaben zu Hause) lässt.

Der Gynäkologe sah einen Kaiserschnitt vor, er wollte wegen des Rückens kein Risiko eingehen. Die Mutter wollte ihr Kind aber auf natürlichem Weg zur Welt bringen. Der Gynäkologe schickte sie, um dessen Rat einzuholen, zu ihrem Chirurgen zurück, von dem er dachte, dass er mit ihm einer Meinung sein würde. Doch für diesen gab es keine Bedenken, was eine normale Geburt anging. Ganz erleichtert kam sie zu ihrem Frauenarzt zurück und berichtete ihm davon; doch der bestand auf dem Kaiserschnitt mit dem Argument, schließlich trage er die ganze Verantwortung für sie und das Kind. Daraufhin beschloss Annicks Mutter: "Dann machen wir den Kaiserschnitt sofort!" Sie war körperlich am Ende, fuhr nach Hause, holte ihre Zahnbürste und alles Notwendige.

Annick wird also fast 4 Wochen zu früh auf die Welt geholt! Die Schwangerschaft wurde abrupt beendet. So beendet sie auch ganz abrupt ihre Arbeit, bevor diese vollständig erledigt ist.

Herbert, 10 Jahre. Das leidige Problem: die Aufgaben. Herberts Vater ist Schreiner und sollte während der Schwangerschaft (nach Feierabend) das Kinderzimmer schreinern. Er konnte sich aber kaum dazu aufraffen, obwohl seine Frau ihn ständig daran erinnerte, ihn sogar damit nervte, so wie sie jetzt ihren Sohn ständig nervt, er solle sich doch an die Hausaufgaben machen. Herberts Zimmer war bis zu seiner Geburt nicht fertig geworden.

Für das Kind bedeuten die Hausaufgaben auch, dass es nach Feierabend (Schulschluss) zu Hause noch arbeiten muss.

Kevin, 15 Jahre. Kevin lag die meiste Zeit nur auf dem Sofa vor dem Fernsehgerät. An die Hausaufgaben wollte er nicht gehen. Er faulenzte nur.

Kevins Mutter war während der Schwangerschaft depressiv. Ihr Mann, von dem sie sich nicht lange nach Kevins Geburt trennte, hatte sie betrogen und interessierte sich auch nicht sonderlich für sie und die Schwangerschaft. So lag sie selbst nur zu

Hause herum, hatte keine Lust mehr, noch irgendetwas anzupacken. Selbst die Pflanzen gingen ein, weil sie sie nicht goss ... Sie lag vor dem Fernsehgerät, "um auf andere Gedanken zu kommen". Dies war also die Programmierung. Kevin verhielt sich genauso wie die Mutter damals. Es genügte, sich dessen bewusst zu sein und sich bewusst zu machen, dass diese Situation jetzt nicht mehr gegeben war, dass es der Mutter inzwischen wieder gut ging ...

Manuel, 12 Jahre. Problem: Hausaufgaben. Er vergaß oft schon aufzuschreiben, was zu schreiben oder zu lernen war, so war er sicher, dass er guten Gewissens seiner Mutter sein Tagebuch zeigen konnte und sie Ruhe gab. Ansonsten galt für ihn: "Wenn ich nicht will, will ich nicht!"

Während der Schwangerschaft hatten die Eltern plötzlich finanzielle Probleme und der Vater musste einen Nebenjob als Vertreter annehmen. Nach Feierabend hieß es: Kunden besuchen ... Die Mutter saß nun abends ganz allein da, so hatte sie sich diese Schwangerschaft nicht vorgestellt. Aber der Mann musste abends raus, arbeiten, Geld verdienen, ob er wollte oder nicht.

Die Lösung, die Manuel "für den Papa" in die Tat umsetzte, war: Wenn ich nicht will, mache ich es einfach nicht! Er ließ sich nicht zwingen.

Marcel, 12 Jahre, hatte eine stark ausgeprägte Prüfungsangst mit Bauchschmerzen und mehrmaligem Urinieren. Er hatte große Angst, wegen einer Detailfrage zu scheitern: ein "Perfektionist". Er war einer der besten Schüler der Klasse. Seine Mutter ist Gymnasiallehrerin und beteuerte, dass sie ihn überhaupt nicht unter Druck setze.

Marcels Mutter lebte zur Zeit seiner Zeugung in einer Beziehung zu einem Mann (Marcels Vater), der seinerseits bereits verheiratet war und Kinder hatte, praktisch ein Doppelleben führte. Als die Mutter 37 Jahre alt war, wollte sie unbedingt ein Kind, sie fühlte aber, dass dieser Mann ihre Beziehung beenden wollte. Sie setzte alles daran, noch von ihm schwanger zu werden: Sie fühlte ihre biologische Uhr ticken und glaubte, so schnell auch keinen anderen Mann zu finden, der dann mit ihr noch ein Kind wollte. Wenn sie also ein Kind haben wollte, dann musste es von ihrem jetzigen Lebensgefährten sein.

Das Kind, das sie dann zunächst erwartete, wurde durch Kaiserschnitt auf die Welt geholt, dabei durchtrennte man dem Mädchen eine Halsschlagader und es verblutete, ohne dass man es hätte retten können. Welch ein kleines, aber verhängnisvolles Detail! Marcel wurde unmittelbar danach gezeugt. Diesmal musste alles glatt gehen! Er war sozusagen die letzte Chance für die Mutter, ein Kind zu bekommen.

Nachdem dem Jungen die ganze Geschichte erzählt worden war und ihm nun bewusst war, dass er nicht bei einer Prüfung (Prüfung = Geburt) ums Leben kommen würde, konnte er den nächsten Prüfungen gelassen entgegensehen.

Die Art und Weise, wie die Mutter auf die Geburt zugeht, wird durch ihre früheren Erfahrungen geprägt, das heißt durch frühere Geburten, durch die eigene Geburt oder auch durch Erzählungen von anderen Frauen oder die der eigenen Mutter.

Susanne, 14 Jahre, empfand einen großen Stress vor mündlichen Prüfungen oder Vorträgen vor der Klasse und/oder dem Lehrer. Ihr Kopf wurde dann knallrot, ihre Stimme unsicher. Sie hatte Angst, nicht mehr zu wissen, was sie sagen musste, Angst, total zu versagen, bis hin zur Angst, dass ihr die Beine versagen und sie in Ohnmacht fallen würde ...

Die mündliche Prüfung - hier wird der mündliche Ausdruck geprüft - erinnert sofort an die Geburt, wo der "Muttermund" aufgehen muss, damit das Kind "ausgedrückt" werden kann. Hier sieht man, ob es durchkommt oder nicht.

Die Mutter erzählt: "Während meiner Schwangerschaft mit Susanne (1. Kind) erzählten mir die Kundinnen in meinem Nagelstudio nur Horrorgeschichten über ihre eigenen Geburtserlebnisse. Das ärgerte mich und ich dachte, dass die doch besser ihren Mund halten sollten. Aber ich konnte nichts sagen, ich war auf sie angewiesen, ich betrieb mein Studio doch noch nicht so lange." (Susanne bekommt hier schon zweimal die Information, dass man besser den Mund hält und nichts sagt: Die Kundinnen hätten besser den Mund gehalten, aber für die Mutter selbst war es auch besser, nichts zu sagen.)

"Aber es beunruhigte mich tatsächlich. Bei der Geburt hatte ich während 21 Stunden Wehen (ohne Öffnung), dann bekam ich den Wehentropf, die Wehen wurden noch stärker; ich hatte keine peridurale Anästhesie. Plötzlich sackten die Herztöne des Babys ab, ich durfte nicht mehr aufstehen, musste in einer bestimmten Position liegen bleiben, damit das Baby nicht litt. Die Austreibungsphase verlief letztendlich gut, mit Dammschnitt. Allerdings löste sich die Plazenta anschließend nicht. Der Arzt griff manuell ein, das war sehr schmerzhaft für mich (die erneute Öffnung des Muttermundes, die Information: den Mund aufmachen, reden, ist sehr schmerzhaft), die Spritzen, die man mir gegen die Schmerzen gegeben hatte, wirkten nur in meinem Kopf."

Nachdem wir diese Stresssituation mit Susanne durchgegangen waren, hätte sich eigentlich eine Besserung einstellen sollen, die Mutter rief aber ein paar Tage später an und sagte: "Es hat noch nichts genutzt, sie hat in zwei Wochen einen Vortrag vor der Klasse zu halten, und ihr wird schon schlecht, wenn sie nur daran denkt!"

Wir vereinbarten einen raschen zweiten Termin. Zunächst also die Frage: Wieso darf es nichts nutzen? Die Mutter erinnerte sich, dass sie bei der Geburt 21 Stunden Wehen gehabt hatte, die nichts genutzt hatten. Gab es dabei einen Vorteil? "Natürlich! Dadurch dass das Ganze so lange dauerte, hat die Hebamme letztendlich doch noch meinen Gynäkologen erreicht. Dieser hatte an diesem Wochenende keinen Bereitschaftsdienst, hatte mir aber versprochen, doch für mich zu kommen, wenn man ihn rufen würde." Er wusste, dass sie seinem (einzigen) Kollegen absolut nicht vertraute, er beging bei ihr vor Jahren einen Arztfehler. Er entfernte ihr damals anscheinend unnötigerweise einen Eierstock. Nachdem die Hebamme "ihren" Arzt erreicht hatte, begann der Gebärmuttermund sich tatsächlich zu öffnen.

In der Familie waren viele unfähige Ärzte am Werk gewesen: Der Großvater väterlicherseits war zum Beispiel an einer Leukämie gestorben, als Susannes Vater 6 Jahre alt war, er wurde am Nikolaustag beerdigt. Die Ärzte hatten beteuert, dass die Behandlungen etwas nutzen würden ... Eine Tante von Susannes Mutter war mit 25 Jahren an Leberkrebs gestorben und hinterließ eine 6 Monate alte Tochter ... So hatte Susanne auch - wie viele - das unbewusste Bedürfnis (auch aus Treue zu ihrer Großmutter väterlicherseits, die sehr jung verwitwete und deren Vornamen sie trug), dem Arzt oder Therapeuten zu beweisen, dass er unfähig ist und seine Behandlung nichts nutzt, obschon er davon überzeugt ist und/oder es dem Betroffenen weismacht. Das Gefühl von Wut und Trauer der Vorfahren, die ihren Ehepartner jung verloren, musste zur Sprache gebracht werden. Man könnte das Phänomen auch als Rachefeldzug bezeichnen.

Susanne erzählte mir auch, dass sie nach dem ersten Besuch bei mir sehr skeptisch gewesen war. "Ich habe mir gedacht, mal abwarten und schauen, ob es wirklich das war." Meine Frage lautete also: In welcher Situation ist es besser, abzuwarten und zu schauen? Die Mutter antwortete spontan: “Wenn man eine Straße überquert!” Jetzt, da sie es gesagt hatte, realisierte sie erst, dass ihr Vater, Susannes Großvater, beim Überqueren einer Straße überfahren worden war und dadurch eine schwere Gehbehinderung zurückbehalten hat.

Erneute Frage: “Wie fühlst du dich denn jetzt, wenn du mal die Augen schließt und an deinen bevorstehenden Vortrag denkst?” “Ich hoffe, dass es gehen wird!” Da war sich Susanne also noch nicht sicher. “Und wann kann man nur hoffen, dass es (alles) gut gehen wird?”

Erst in diesem Augenblick erinnerte Susannes Mutter sich an den größten Stressmoment überhaupt: “Mein Blutdruck war während dieser Schwangerschaft immer zu niedrig und ich litt unter enormer Wasserretention (selten bei zu niedrigem Blutdruck). Der Arzt hatte mir (zwar im Scherz) gesagt, ich solle aufpassen und den Kopf nicht zu sehr zur Seite neigen, da mir sonst das Wasser aus den Ohren liefe. Er empfahl mir aber andererseits, ich solle die Füße nachts hoch lagern. Das nützte aber auch nichts! (Schon wieder nichts genutzt!) Für mich wäre das Einzige, das etwas genutzt hätte, gewesen, dass ich meinen Laden geschlossen hätte; ich war ja den ganzen Tag auf den Beinen. Das konnte ich mir aber nicht erlauben, um meine Kundinnen nicht zu verlieren.

Einmal bei einer Untersuchung - ich war im 8. Schwangerschaftsmonat - sagte der Gynäkologe so nebenbei, dass ich vielleicht durch diesen viel zu niedrigen Blutdruck bei der Geburt einen Kreislaufkollaps riskierte. In diesem Moment machte mir das große Angst, ich verdrängte es dann aber später wieder erfolgreich.” Für den Fötus wäre ein Kreislaufkollaps bei der Geburt aber fatal, sein Kreislauf hängt sehr sensibel von dem der Mutter ab. Bei einem Kollaps könnte das Kind also noch im Bauch der Mutter sterben, bevor es zur Welt kommt. Diesen Stress ließ ich Susanne spüren (in embryonaler Position, ganz eng unter einer Decke,

Panik ...), und hier verstand sie; der unermessliche Stress löste sich, nachdem ihr klar wurde, dass sie nicht zu sterben drohte, wann immer sie in der Schule den Mund aufmachen muss.

Frage: "Was hätte dir denn im schlimmsten Fall passieren können, wenn du mündlich versagt hättest?" "Dass ich überhaupt nichts mehr sagen könnte!" Das heißt, wenn der Muttermund definitiv zu bleibt, bedeutet das den sicheren Tod für das Baby. Susanne verstand auch, dass ihr knallroter Kopf eine sehr gute Durchblutung signalisiert, so vergewisserte sie sich praktisch unbewusst, dass der Kopf gut durchblutet war - die Durchblutung des Gehirns ist entscheidend - und dadurch die Beine nicht versagten, wie es bei einem Kreislaufkollaps der Fall wäre.

Beruhigt und optimistisch beim Gedanken an ihren baldigen Vortrag verließ Susanne mit ihrer Mutter die Praxis. Ich habe nichts mehr von ihr gehört, ich gehe also davon aus, dass alles in Ordnung ist.

Saskia, fast 7 Jahre, 1. Schuljahr. Die Lehrerin: "Saskia ist nicht reif für die Schule, sie ist noch so verspielt ... Manchmal frage ich mich, was sie hier zu suchen hat."

Saskia kam in Brüssel zur Welt, in einer großen Universitätsklinik, in der ihr Vater als Arzt arbeitete. Als es so weit war, begaben sich die Eltern auf die Wochenstation. Saskias Vater kannte sich aus. Die Tür der gynäkologischen Abteilung öffnete sich automatisch vor ihnen. Da niemand zu sehen war, setzten sie sich einige Augenblicke ins Wartezimmer, wo auch andere Schwangere darauf warteten, von der Sprechstundenhilfe zu ihrem Termin aufgerufen zu werden. Eine Frau fragte Saskias Mutter, wann das Baby denn kommen solle. Sie antwortete: "Na, jetzt! Ich komme zur Entbindung!" "Ach so, das sollte man aber nicht meinen. Sie haben gar keinen so dicken Bauch!" Etwas später kam eine Dame in Weiß, sah Saskias Eltern, die nicht auf ihrer

Terminliste standen, und fragte in einem ziemlich barschen Ton: "Was suchen Sie denn hier?"

Saskia ist also die, von der man glaubt, dass sie noch nicht reif ist. Man sollte nicht meinen, dass die Frucht schon reif wäre, um den Entbindungssaal (sprich Schule, Ort der Arbeit) zu besuchen.

Salta, 11 Jahre. Legasthenie (sie "dreht viele Buchstaben um"), Hyperkinese (sie ist sehr unruhig und nervös in der Schule), sie hat Bauchschmerzen, Konzentrationsschwierigkeiten, geht bei ihrer Arbeit von einer falschen Basis aus. Man muss ihr alles mehrmals erklären und sie kann nicht alleine arbeiten. Sie hat es sehr schwer in Geometrie, besonders beim Zeichnen des Spiegelbildes.

Ihr Arbeitsziel (zu Beginn der Sitzung von ihr diktiert): Ich schaffe es in der Schule. Ich behalte, was ich lerne. Mein Gehirn begreift und interpretiert die Dinge in der richtigen Reihenfolge und richtig herum. Ich konzentriere mich auf das, was ich mache, und ich bleibe bei dem, was ich tun muss. Ich kann arbeiten und ich arbeite alleine.

Saltas Verhalten veränderte sich total; nachdem wir den Sinn ihres schulischen Problems gefunden und ihr bewusst gemacht hatten, brachte sie gute Resultate nach Hause.

1. *Bei der Geburt*. Die Mutter erzählt: "Blasensprung um 4 Uhr nachts ohne Wehen. Um 7 Uhr morgens fuhren wir in die Klinik. Das Fruchtwasser lief langsam, und ich musste liegen bleiben, sonst litt das Kind (Wehenschreiber)." Salta wird also unruhig und immer in Bewegung sein, weil ihre Mutter nicht gern so ruhig liegen blieb (siehe Kapitel "Hyperaktivität").

"Um 18 Uhr hängte man mich an den Wehentropf, weil sich noch immer keine Wehen einstellten. Man wollte mir keine peridurale Anästhesie geben mit der Begründung, ich würde sie nicht nötig haben! Ich hatte niemanden um mich, niemand war da, der mich unterstützte. Ich musste ganz allein damit fertig werden (Wehen = Arbeit) und ich bin gerissen (frz. je me suis déchirée = ich habe mich zerrissen), man half mir nicht durch einen Dammschnitt, man drückte mir nicht auf den Bauch, was mir bestimmt geholfen hätte, wie bei der ersten Geburt!" - Salta darf also auf keinen Fall alleine zurechtkommen in ihrer Arbeit, weil sie sich sonst "zerreißen" würde.

2. ***Im 4. Schwangerschaftsmonat***. Die Mutter spürte plötzlich einen sehr starken Schmerz im Bauch - vielleicht für 1 bis 2 Minuten -, und sie dachte damals, dass der Fötus "sich rumgedreht" hätte. Noch während sie das erzählte, verstand die Mutter, dass sich für Salta tatsächlich alles umgekehrt (verdreht) verhielt: Die einfachen Aufgaben waren für sie schwierig, und das, was für die anderen schwierig war (was nicht sehr oft vorkam), schaffte sie ganz leicht.

In Wirklichkeit konnte dieser heftige Schmerz jedoch nicht von einer Kindsbewegung ausgelöst worden sein. Maßgeblich ist aber ganz allein die Vorstellung der Mutter. Hier haben wir den Ursprung von Saltas Dyslexie (Verdrehen der Buchstaben) und ihres Problems in Geometrie.

III. Probleme in Sprache und Ausdruck

Sprachretardierung, Probleme im Ausdruck

Suchen wir nach Informationen (vergangene Erlebnisse betreffend) im Gehirn, die dazu führen, dass das Kind wohl besser (noch) nicht spricht oder sich nicht verständlich ausdrückt. In meiner Arbeit habe ich bisher folgende Programmierungen gefunden:

1. Zu Beginn der Schwangerschaft fiel es den Eltern (oder einem Elternteil) aus irgendeinem Grund schwer, die Ankunft des Kindes anzukündigen – sei es in der Familie, dem Arbeitgeber gegenüber oder sogar dem Partner ... Das Reden wurde aufgeschoben.

Lisa, 6 Jahre alt, sie sprach sehr schlecht, verfügte über sehr wenig Wortschatz, konnte keine Sätze bilden. Sie hatte auch enorme Sprachfehler, so dass die wenigen Wörter, die sie zu formulieren versuchte, auch schon aus diesem Grunde nur sehr schwer verständlich waren.

Es war Frühjahr, als die Mutter mit ihr zu mir kam, und die große Frage, ob sie wohl im Herbst eingeschult werden könne, wurde zu dem Zeitpunkt eher mit nein beantwortet.

Lisa ist das erste Kind ihrer Eltern, die zu dem Zeitpunkt ihrer Zeugung ein Hotel-Restaurant-Café auf dem Dorf betrieben. Das Ehepaar zog die jungen Leute aus dem Dorf als Kunden an, und obwohl sie nicht dort aufgewachsen waren, hatten sie schnell enge Kontakte geknüpft. Unter ihren Kunden im Café waren natürlich auch junge und (wie sie selbst) noch kinderlose Ehepaare. Eines Abends, nach dem Genuss einiger Biere, kommt es zwischen den jungen Männern zu einer lustigen Wette: Der junge Wirt und drei seiner Freunde beschließen, ihren Bart wachsen zu lassen und dass sich erst wieder rasieren darf, wer Vater wird.

Ende November jenen Jahres stellt die Wirtin fest, dass sie schwanger ist. Sie und ihr Mann beschließen, bis nach Sylvester nichts davon verlauten zu lassen, da sie für den Monat Dezember sehr viel Arbeit und Stress in ihrem Betrieb erwarten. Die Mutter: "Ich wusste, wenn ich es sagte, hätten mir alle geraten, mich zu schonen, und das wäre sowieso unmöglich gewesen. Wer hätte die Arbeit an meiner Stelle erledigt? Ich war mir sicher, dass ich sowieso keine Arbeitskraft finden würde, die mich hätte entlasten können. Na ja, und wenn es zu einer Fehlgeburt gekommen wäre, so hätte auf diese Art und Weise niemand etwas davon gewusst." Lisas Vater kann aber nicht ganz widerstehen, er rasiert sich. Bei nächster Gelegenheit in der Wirtschaft sticheln natürlich seine Freunde, aber er sagt nichts, weder ja noch nein. Da zeigt seine Frau sich kurz hinter der Theke und einer der Männer fragt sie: "Stimmt es, dass du schwanger bist?" Sie zögert einen Moment und sagt dann: "Nein!" Die Mutter: "Ich habe den Bruchteil einer Sekunde überlegt, und mir war klar, dass ich die Frage nicht bejahen konnte; alle im Café hätten es gehört, alle hätten von der Schwangerschaft gewusst, das ganze Dorf, dabei hatten wir es der eigenen Familie noch nicht gesagt."

Das heißt: Auch wenn alle äußeren Zeichen dafür sprechen – der Vater hatte sich rasiert –, darf man es nicht sagen. So haben beide "Wort gehalten" bis nach Sylvester. Lisa registriert also, dass man ein Interesse daran hat, nichts zu sagen bis nach Sylvester. Da Sylvester aber jedes Jahr wiederkehrt, bleibt dieses Programm weiterhin aktiv. Schreiben wir also den 1. oder 2. Januar, so gilt immer noch derselbe Satz, so dass Lisa eigentlich nie klar hätte sprechen können. Nachdem aber dieses Programm gelöscht wurde, hat Lisa innerhalb von Wochen unwahrscheinliche sprachliche Fortschritte gemacht und konnte somit eingeschult werden.

Madeleine, 58 Jahre alt, kommt zu mir, weil sie ihre Gefühle nicht ausdrücken kann und nie über das reden kann, was sie bedrückt. Interessant ist, dass sie auf beruflicher Ebene ein renommiertes Spracheninstitut leitet.

Ich frage sie nach einem Arbeitsziel, das sie erreichen möchte. Sie überlegt und fasst zusammen: "Ich möchte sagen können, was ich in mir trage!" Sie hätte das auch ganz anders formulieren können, zum Beispiel: "Ich kann über Persönliches, das mich bedrückt, reden." Oder: "Ich kann meine Gefühle ausdrücken." Oder: "Ich kann über mich reden." Sie wurde 1941 in Luxemburg geboren. Ihr Vater war nach Frankreich geflüchtet, um nicht als Zwangssoldat mit der deutschen Wehrmacht in den Krieg ziehen zu müssen. Ihre Mutter war zu Hause (bei ihren Schwiegereltern) geblieben, um die Arbeiten auf dem Bauernhof zu verrichten. Als ihr Mann gerade weg war, merkte sie, dass sie schwanger war. Für eine Schwangerschaft war dies natürlich ein denkbar schlechter Zeitpunkt. Sie konnte ihren Mann nicht erreichen, um es ihm mitzuteilen, und für sie war es auch schwierig, mit ihren Schwiegereltern über die Schwangerschaft zu sprechen, da diese auf ihre Arbeitskraft zählten. Sie konnte also nicht sagen, was sie in sich trug, nämlich ihr Kind.

Madeleine bricht in herzliches Lachen aus, als ihr der Zusammenhang bewusst wird, und bemerkt: "Ich habe genau dasselbe wiederholt, ich habe in den unmöglichsten Situationen gemerkt, dass ich schwanger war. Das erste Mal war es, als mein Mann beruflich für sechs Monate nach Kanada musste, das zweite Mal war, als wir in Ägypten lebten, genau zu dem Zeitpunkt, als der Sechstagekrieg ausgebrochen ist." (Niemand wusste natürlich, dass der Krieg nur sechs Tage dauern würde, aber gerade in dem Moment merkt Madeleine, dass sie schwanger ist. Zufall?!?)

Sie wiederholt also bei ihren eigenen Schwangerschaften die Situation der Mutter: Abwesenheit ihres Mannes und Krieg.

Christian, 17 Jahre alt, redete nur ungern und konnte sich sehr schlecht ausdrücken, er redete nie von dem, was er erlebte.

Seine Eltern hatten erst drei Monate nach seiner Geburt den Großeltern väterlicherseits mitgeteilt, dass sie ein Enkelkind bekommen haben. Das Verhältnis zu den Großeltern war natürlich denkbar schlecht. Christian registriert, dass er es ist, von dem man am besten nicht redet; so redete er nur sehr ungern über sich selbst und über Dinge, die ihn beschäftigten. Als Kleinkind hatte Christian auch erst sehr spät angefangen zu sprechen.

Ein anderes Mal habe ich beobachtet, dass ein kleiner dreijähriger Junge kein Wort sprach, weil seine Mutter als Zeugin in einem Prozess eine Falschaussage gemacht hatte, das durfte niemand erfahren ...

Oder ein kleines Mädchen, dessen Vater (auch schon während der Schwangerschaft) die Mutter sehr oft anschrie, die für sich erkannt hatte, dass sie am besten den Mund hält und nichts erwidert.

2. Es gab Schwierigkeiten bei der Geburt, beim Pressen. Das "Ausdrücken" war problematisch.

Diese Tatsache kann das Kind auch dazu programmieren, später Schwierigkeiten im Ausdruck zu haben. Damit das Kind herausgepresst werden kann, muss sich zunächst einmal der Muttermund öffnen, das heißt, der "Mund muss aufgemacht werden". Wenn wir also jemanden vor uns haben, "der den Mund nicht aufkriegt", der nicht redet, müssen wir nachfragen, wie es um die Öffnung des Muttermundes bei der Geburt stand. Bei drohender Frühgeburt kann das Kind gegebenenfalls registrieren, dass der Mund (Muttermund) auf jeden Fall immer besser geschlossen bleibt.

Wenn ein Kind gerne Kraftausdrücke gebraucht, können wir uns auch die Frage stellen, ob es damals nicht vielleicht eines besonderen Kraftaufwandes oder sogar der Gewalt bedurfte, um es bei der Geburt "auszudrücken".

Julius, 7 Jahre alt, hatte Probleme, Sätze zu bilden und sich auszudrücken. Er zeigte meist auf das, was er wollte, er fand die Worte (Mittel zum Ausdruck) nicht.

Julius ist letztendlich durch Kaiserschnitt geboren, nachdem sehr lange versucht worden war, ihn auf normalem Weg zur Welt zu bringen, sogar Saugglocke und Zange (Mittel, die den Ausdruck ermöglichen sollten) waren angesetzt worden. Die Nabelschnur würgte ihn, gleichzeitig war sie um einen Arm geschlungen. Im Nachhinein wurde vermutet, dass er wohl eine Geburt auf normalem Weg nicht überlebt hätte.

Die Mutter meinte, er müsse bei diesem "Traktieren" sehr gelitten haben, besonders als die Hilfen (Saugglocke und Zange) angesetzt worden waren. Julius registriert also hier, dass der Ausdruck sehr gefährlich und schmerzhaft ist – und das man so etwas besser vermeidet.

3. Wenn man dem Kind einen Vornamen gibt, der von manchen, zum Beispiel von den Großeltern, nur schwer auszusprechen ist, so wird das Kind mit etwas identifiziert, was nur sehr schwer richtig auszusprechen oder auszudrücken ist. Oft ist dies der Fall, wenn fremdsprachliche (exotische) Vornamen gewählt werden.

Ich habe dieses Phänomen beobachtet bei einem ***Steven***, dessen Großmutter nach seiner Geburt nicht wusste, wie man das Kind genannt hatte. Wenn man sie fragte, antwortete sie, es sei auf jeden Fall ein Name, den man nur schwer aussprechen könne.

Aber auch ein ***Shawn*** und ein ***Ayrton*** hatten dieses Problem, wobei die Eltern des kleinen ***Ayrton (7)*** eigentlich mit ihm zu mir kamen, weil er ein unglaublicher Perfektionist war, er setzte sich selbst ungeheuer unter Druck. Bei einer Klassenarbeit musste alles richtig sein, kein einziger Fehler durfte ihm unterlaufen. Wenn er nicht die volle Punktzahl erreichte, war er mit sich unzufrieden. Dieser Druck verschwand, nachdem klar wurde, dass er diesen Vornamen bekommen hatte, weil der Vater ein großer Fan Ayrton Sennas war, bis dieser tödlich verunglückte - 6 Monate vor Ayrtons Geburt! Er war also quasi mit dem Formel-Eins-Weltmeister "verbunden". Ayrton = Ayrton. So durfte er sich nicht den geringsten Fehler erlauben, wenn es für ihn nicht ebenfalls tödlich enden sollte. Eine sichtlich große Erleichterung folgte.

Stottern

Meine Arbeit mit stotternden Kindern war immer dann von Erfolg gekrönt, wenn wir die Situation, die das Stottern auslöste, sowie die Programmierung fanden und lösten. Nach meiner Erfahrung wird das Stottern durch eine Schreckangst-Situation, in der man aber gleichzeitig nicht schreien kann, ausgelöst. Es muss eine Programmierung vorliegen, in einer solchen Stresssituation nicht schreien (bzw. sprechen) zu dürfen. Man müsste eigentlich schreien, aber unbewusst ist es nicht erlaubt. Man blockiert also seinen Kehlkopf.

Andererseits gibt das Stottern auch dem, der da spricht, mehr Zeit, etwas zu sagen. Er braucht länger, bis er sich ausgedrückt hat, bis er gesagt hat, was er zu sagen hat. Es gibt ihm einen gewissen Aufschub, wenn er eine Frage beantworten soll. Das Stottern erlaubt es, Zeit zu schinden.

Lambert, 4 Jahre alt, stotterte seit etwa einem Jahr furchtbar. Die Mutter meinte, es müsse wohl etwas im Kindergarten vorgefallen sein. Es war Dezember.

Ich frage sie, ob Lambert sich im Vorjahr einmal furchtbar erschreckt habe oder einmal sehr große Angst gehabt und in der Situation nicht geschrien habe. Da erzählte die Mutter (nennen wir sie Ilse) mir, was sich genau ein Jahr zuvor, Ende November oder Anfang Dezember zugetragen hatte: Es war die Zeit vor dem 6. Dezember (St. Nikolaus), und die Eltern nutzten den Nikolaus, der die Kinder immer und überall sehen kann, dazu, die Kinder zu Gehorsam zu erziehen und brav zu sein. Nach dem Motto: "Wenn du nicht brav bist, sieht es der Nikolaus und bringt dir dieses Jahr keine Geschenke und auch keine Süßigkeiten."

Eines Abends war Lambert wieder ungezogen gewesen. Er hielt sich mit seiner Mutter in der Küche auf, während der Vater draußen am Fenster mit einem Glöckchen klingelte. Die Mutter sagte: "Hörst du, das ist der Nikolaus da draußen!" Der Schreck fuhr dem kleinen Lambert (damals genau 3 Jahre alt) in die Glieder, er blieb erstarrt stehen, voller Panik - und schrie nicht. Damit hatten wir die auslösende Situation gefunden. Doch worin bestand die zugrundeliegende Programmierung, die ihm in diesem Augenblick seinen Kehlkopf blockierte, so dass er nicht schrie?

Es ist vielleicht noch zu früh, um zu verallgemeinern, aber bisher wurde allen stotternden Kindern, mit denen ich gearbeitet habe, diese Information bei der Geburt mitgegeben. Theoretisch könnte es aber auch bei anderer Gelegenheit, z. B. während der Schwangerschaft, gewesen sein.

Bei Lamberts Geburt litt Ilse furchtbare Schmerzen, sie schrie nach Leibeskräften, "irgendwie verschaffte mir das Erleichterung". Zwei Stunden danach besuchte sie eine gute Freundin, die in der Klinik arbeitete und gerade Feierabend hatte. Diese meinte, dass die Geburt wohl sehr schmerzhaft gewesen sein müsse, man habe sie im ganzen Haus schreien hören ... Der Gedanke der frischgebackenen Mutter war sofort: Ich hätte nicht schreien dürfen! Ich hätte doch besser nicht geschrien!

Lambert wurde im Reagenzglas (in vitro) gezeugt, nach missglückten Inseminationen hatte es auf diese Art und Weise endlich geklappt. Bei einem der regelmäßigen Termine, die zu dem Zweck in dieser darauf spezialisierten Klinik wahrgenommen werden mussten, begegnete Ilse im Wartezimmer ganz verblüfft ihrer Schwester. Auf die Frage, was sie denn hier mache, antwortete die Schwester: "Na, frag nicht so blöd, ganz offensichtlich dasselbe wie du!"

Ilse war schockiert! Warum hatte die Schwester nie darüber gesprochen!?! Ilse selbst hatte nie einen Hehl aus ihrem Problem gemacht, in ihrer Familie wurde ganz offen darüber gesprochen. Die Schwester aber hatte offensichtlich Skrupel und es so lange wie möglich aufgeschoben, davon zu reden, es zu sagen, bis zu dem Moment, wo es keinen Aufschub mehr gab. Von ihrer Schwester so direkt angesprochen, konnte sie es nicht mehr verbergen, auf diese Weise war die Sache nun doch "herausgekommen". (Das Stottern gibt dem, was es zu sagen gibt, einen Aufschub.)

Ilse wollte unbedingt nur ein Kind, aber die Ärzte bestanden darauf, ihr zwei Embryonen einzusetzen, um die Chancen zu erhöhen. Ilse hoffte daraufhin sehr stark, dass sich nur ein Embryo einnisten würde, was dann letztendlich auch der Fall war. Sie hatte damals inständig gebetet, dass nur einer "hängen bleiben" sollte. (Vier Jahre später kam Lambert noch einmal wieder. Er hatte in der Schule ein großes Problem: Er musste immer der Erste sein, er musste immer gewinnen, außer ihm durfte keiner eine Chance haben ...)

Es wurden weitere 12 Embryonen eingefroren. Zwei Jahre nach Lamberts Geburt bekamen die Eltern einen Fragebogen zugeschickt. Sie mussten nun entscheiden, was mit den konservierten Embryonen geschehen sollte. Mehrere Möglichkeiten standen zur Auswahl: selbst einen erneuten Schwangerschaftsversuch starten, sie der Wissenschaft zu Versuchszwecken zur Verfügung stellen, sie zerstören lassen, sie einem anderen Ehepaar zur Verfügung stellen oder sie ein weiteres Jahr eingefroren zu konservieren.

Eine heftige Diskussion entbrannte. Ilses Mann Horst hätte so gerne ein zweites Kind gehabt, aber das kam für Ilse, die schon heilfroh war, dass sie von den zwei möglichen nur ein Kind ausgetragen hatte, absolut nicht in Frage. Für beide waren alle anderen Alternativen undenkbar, so konnten sie nur Letzteres ankreuzen. Das bedeutete, dass die Entscheidung, die eigentliche Antwort aufgeschoben wurde, dass sie "Zeit schinden" wollten. Horst hoffte natürlich, dass Ilse die Sache noch einmal überdenken und ihre Meinung vielleicht doch noch ändern würde.

Genau ein Jahr später brachte der Briefträger wieder einen Fragebogen, es war aber nicht mehr genau der gleiche, es fehlte die letzte Alternative. Die Embryonen konnten nicht mehr weiter eingefroren bleiben. Horst startete einen verzweifelten Versuch, seine Frau doch noch umzustimmen, sie dazu zu überreden, ein zweites Kind auszutragen. Ohne Erfolg!

Was glauben Sie, lieber Leser, wie sie sich letztendlich entschieden haben? Was haben sie angekreuzt? Sie haben den Fragebogen einfach nicht wieder eingeschickt, sie haben überhaupt nicht geantwortet. Der Vater trauerte dem 2. Kind nach und hätte gerne noch einen Aufschub von einem Jahr in Anspruch genommen, der ihm aber von der Klinik verweigert wurde. Die Mutter war ihrerseits froh, dass diese Sache endgültig vom Tisch kam. Sie wollten dann beide nicht wissen, was letztendlich mit den Embryonen geschehen würde.

Nachdem Ilse mir ihr Verhalten in der damaligen Situation geschildert hatte, fragte ich sie, ob sie und ihr Mann vor ihrer Ehe nie über ihre Kinderwünsche gesprochen hätten, da das doch schließlich ein wichtiges Thema in einer Ehe sei. Sie entgegnete mir, dass diese Frage zwischen ihnen tatsächlich nie vorher angesprochen worden sei und dass für sie selbst aber immer klar gewesen sei, nur ein Kind zu bekommen. Ich erklärte ihr aber dann, dass - biologisch gesehen - der Mann gerne viele Kinder hat und dass es für ihn sehr wichtig ist, sich fortzupflanzen. Im Grunde sucht der Mann sich seine Frau nach einem ganz bestimmten Kriterium aus: Er wählt die, die ihm seiner Meinung nach (diese Meinung wird ihm natürlich von seinen Eltern und Vorfahren und deren Erfahrungen übermittelt) die meisten Kinder schenken wird. Auf meine Frage hin räumte sie schon ein, dass ihr Mann sich damals wohl gedacht haben könnte: "Hätte ich mir das nur früher überlegt!" Dann fanden wir im Stammbaum sehr viele Ehen, die sich im Nachhinein als sehr unüberlegt herausgestellt hatten ... Es waren viele voreilige Jaworte ausgesprochen worden.

Interessant war in diesem Zusammenhang, dass die Kindergärtnerin sehr oft, wenn Lambert furchtbar stotterte und nur sehr mühsam ein Wort herausbekam, die Bemerkung machte: "Überlege, EHE du sprichst!" Hätte man doch nur vor der EHE überlegt! Wenn er diesen Ratschlag dann beherzigte, sprach er tatsächlich auch etwas besser. Die nötige Zeit nahm er sich auf diese Art und Weise, bevor er sprach, also brauchte er weniger Zeit zu schinden beim eigentlichen Sprechen.

Nachdem wir diesen familiären Hintergrund beleuchtet hatten, verstand die Mutter - Horst war bei diesen beiden Sitzungen nicht dabei -, wie präzise Lamberts Symptom zu all dem passte. Lambert erklärte ich, dass er angefangen hat zu stottern, als er so große Angst vor dem Nikolaus hatte und nicht geschrien hat, weil von seiner Geburt an in ihm drinsteckte, dass man besser nicht schreit. Natürlich musste ich ihm auch erklären, dass es den Nikolaus in dieser leiblichen Form nicht gibt und dass es damals sein Vater gewesen war, der draußen klingelte. Hier musste ich sensibel vorgehen, damit der Vater am Ende nicht als der Schuldige dasteht. Es steckte ja bei ihm auch keine schlechte Absicht dahinter.

Dann inszenierten wir eine praktische Lösung. Ich erklärte Lambert: "Ich werde nun mit einem Glöckchen in den Flur hinausgehen und den Nikolaus spielen, während du mit deiner Mutter im Praxisraum bleibst. Dann werde ich klingeln und du wirst schreien, so laut du kannst und so lange du das Glöckchen hörst. Erst wenn du es nicht mehr hörst, darfst du aufhören zu schreien." Gesagt, getan. Ich lasse ihn ordentlich und lange schreien, bevor ich dann wieder in den Raum gehe. Und beide gehen anschließend nach Hause.

Nach dieser Sitzung stotterte Lambert während der nächsten drei Wochen noch mehr als zuvor, aber dann hörte das Stottern schlagartig und definitiv auf.

Eine solche Erstverschlimmerung kann es manchmal geben, besonders bei der Inszenierung einer praktischen Lösung, das heißt dem konkreten Nachspielen der auslösenden Situation mit einem anderen, positiv veränderten Verhalten.

Wie schon eingangs erwähnt, ist es wichtig,

1. den Auslöser (oder die auslösende Situation) für das Stottern zu finden, eine Schreckangst-Situation, in der man nicht schreien konnte oder durfte, und
2. die Information zu finden, die besagt, dass man besser nicht schreit (oder still ist und den Mund hält). Sie ist oft bei der Geburt zu finden (könnte aber auch zu jedem anderen Zeitpunkt zustande kommen). So zum Beispiel in einem Fall, in dem der Mann während der noch leichten Wehen zu seiner Frau sagt: "Ich hoffe aber, dass du nicht so schreist wie die nebenan!" Die Frau denkt daraufhin während der Geburt immer nur daran, dass sie vor allen Dingen nicht schreien darf, obwohl sie, wie sie mir sagte, wahrscheinlich eher nicht geschrien hätte,
3. das Ganze in einen familiären Kontext zu rücken, in dem das Stottern einen Sinn macht,
4. dem Kind und aber auch besonders den Eltern den Sachverhalt, den logischen Zusammenhang und den Sinn des Symptoms zu erklären,
5. wenn möglich die Situation mit dem Kind praktisch zu lösen und/oder die ursprüngliche (auslösende) Stresssituation durch zusätzliche Erklärungen zu entschärfen.

Lispeln

Wenn ein Kind lispelt, bedeutet dies nach meiner Erfahrung, dass es sich unbewusst gegen das Leben sträubt. Es möchte am liebsten den Bauch der Mutter erst gar nicht verlassen (bzw.

wieder dorthin zurück) aus Angst vor dem, was ihm bei der Geburt oder im Leben passieren könnte. Es will in Fusion mit der Mutter bleiben. Ich denke, dass diese Problematik auch hinter einem zu lange beibehaltenen kindlichen Schlucken steckt.

Manche vermuten, dass diese Kinder, die oft auch sehr lange einen Schnuller brauchen oder ihre(n) Finger lutschen, dies tun, weil sie es nicht verkraftet haben, nicht mehr gestillt zu werden. Dies mag auch stimmen, aber dahinter - so glaube ich, auch wenn ich noch nicht mit genügend Kindern gearbeitet habe, um dies verallgemeinern zu können - verbirgt sich der Wunsch oder das Bedürfnis des Kindes, die Mutter nicht zu verlassen.

Da das Kind nun aber geboren ist und definitiv nicht mehr in den sicheren Bauch der Mutter zurück kann, möchte es sich die bestmögliche Nähe zur Mutter erhalten, indem es die Saug- und Schlucktechnik eines Säuglings beibehält. Wenn man schon etwas größere Kinder befragt, warum sie noch den Daumen (oder andere Finger) lutschen, sagen sie, dass dies ihnen hauptsächlich ein Gefühl von Sicherheit gibt. Es ist ja hinlänglich bekannt, dass der Fötus bereits seinen Daumen in den Mund nimmt.

Das lispelnde Kind schiebt die Zunge zwischen die Schneidezähne, dies ist ja für das Saugen unerlässlich. Es ist ein verzweifelter Versuch, die Fusion mit der Mutter - soweit sie nach der Geburt noch möglich ist - aufrechtzuerhalten. Das lispelnde Kind hat also Angst vor dem Leben, oder besser gesagt Angst vor dem, was ihm das Leben bescheren wird. Es würde es vorziehen, nicht zu leben bzw. nicht geboren zu sein.

Sascha, 7 Jahre alt, lispelte sehr stark. Man verstand ihn nur sehr schlecht, da er praktisch immer seine Zunge zwischen die Zähne schob.

Am Tag nach unserer Sitzung lispelte Sascha nicht mehr, von einem Tag auf den anderen.

Die Mutter erzählte mir, dass seine Geburt sehr schnell verlief. Damals war sie in der Nacht mit sehr starken Wehen aufgewacht. Da es bereits ihr viertes Kind war, konnte sie die Stärke der Wehen gut einschätzen, und plötzlich überkam sie eine Panik, ihr Kind allein zu Hause gebären zu müssen. Sie alarmierte sofort ihren Mann, der Nachtschicht schob. Er würde aber 45 Minuten brauchen bis zu ihr nach Hause, hinzu kamen noch 15 Minuten Fahrt in die Klinik. Ihr stand kein Wagen zur Verfügung und es war mitten in der Nacht. Stress!

Sie erinnerte sich: “Ich wünschte mir nur, dass er drin blieb. Wenn es etwas genützt hätte, hätte ich die Knie zusammengepresst, damit er auf keinen Fall geboren würde.” Ferner erzählte sie mir, dass sie sich immer sehr wohl fühlte, wenn sie schwanger war. Sie wusste aber, dass Sascha ihr viertes und letztes Kind sein würde. “Es war schon so, als hätte ich immer noch weiter schwanger sein wollen, um dieses sehr schöne Gefühl, ein Kind zu tragen, noch ein letztes Mal möglichst auskosten zu können.” Hier finden wir also noch einmal dieselbe Information, die Sascha erreicht: am besten bleibt man im Bauch der Mutter.

In der Familiengeschichte hatte es ein furchtbares Drama gegeben: Saschas Vater hatte im Alter von 9 Jahren seine Eltern und einen Bruder bei einem Autounfall verloren. Er selbst hatte schwerste Verletzungen erlitten und war mit notärztlicher Hilfe nur knapp dem Tod entgangen, monatelang hatte er in Kliniken gelegen. Das heißt für Sascha, dass das Leben sehr gefährlich ist. Die Gebärmutter ist auch symbolisch das Haus, in dem die Kinder aufwachsen. Wenn man damals im Haus (zu Hause) geblieben wäre, würden seine Eltern und sein Bruder noch leben. Im Haus oder zu Hause ist man sicher. Sascha lebt in dem Glauben, dass in jedem Augenblick etwas Schreckliches passieren kann, bei dem seine Eltern bzw. er selbst sterben könnten. Das Leben da draußen ist lebensgefährlich! Die Fragen, ob er Angst habe, dass den Eltern oder ihm etwas Schlimmes passieren könnte, und ob er Angst habe, dass sie oder er sterben könnten, bejahte Sascha. (Sein Vater hatte damals, als Sascha zum ersten Mal zu mir kam, genau das Alter, das sein eigener Vater hatte, als der tödliche Unfall geschah; er verlor bei Glatteis die Kontrolle über seinen Wagen.)

In für ein Kind verständlichen Worten habe ich Sascha dann erklärt, dass es keinen Grund dafür gibt, dass ihm ebenfalls widerfahren muss, was seinem Vater widerfahren ist, dass er deshalb nicht weiter große Angst zu haben braucht, dass er oder seine Eltern sterben könnten. Es ist normal, erklärte ich ihm weiter, dass man im Alter von 80 oder 90 Jahren stirbt. Aber wenn wir geboren werden, wissen wir nicht, wie alt wir werden, und das ist auch gut so. Manche Menschen sterben mit 15, andere mit 45, mit 70 oder mit 95 Jahren, daran können wir nichts ändern. Dass wir das Leben nicht akzeptieren oder riskieren sollen, ist aber nicht die Angst vor dem Tod, der uns jederzeit ereilen kann. Sascha sollte verstehen, dass er aufhören kann, nicht leben zu wollen, nur weil leben auch sterben bedeutet. Das Leben genießen, ohne ständig an die Lebensgefahr zu denken, könnte seine neue Devise werden. Dies hat er dann wohl verstanden, denn am nächsten Tag ist er aufgewacht und hat nicht mehr gelispelt. Der Morgen ist auch symbolisch der Beginn des aktiven Lebens.

Zehn Tage später hatte Sascha dann eine “Heilungskrise”: Die Mutter hatte ihn zu Bett gebracht, aber nach einer Viertelstunde kam er aufgeregt zu ihr gerannt: “Mama, Mama, ich will nicht sterben und ich will nicht, dass ihr sterbt!” Die Mutter schätzte diese Situation sofort richtig ein, eben als Heilungskrise, und beruhigte ihn, dass weder er noch seine Eltern zu sterben drohten. Sie wiederholte die Erklärungen, und innerhalb von 10 Minuten beruhigte er sich ganz und schlief wie ein Murmeltier. Und gelispelt hat er nicht mehr.

Heilungskrise

Verschiedene Reaktionen können nach der Bearbeitung des Konfliktthemas auftreten:

- Es kann eine kontinuierliche Besserung eintreten.
- Es kann zu einer Erstverschlimmerung kommen.
- Es kann eine augenblickliche Besserung eintreten.

In allen drei Fällen kann es aber zur sogenannten Heilungskrise kommen, in der das Kind (oder der Erwachsene) sich für ganz kurze Zeit noch einmal stark mit seinem Thema (Stresssituation) konfrontiert sieht und manchmal sogar kurz, aber heftig noch einmal sein “krankhaftes Verhalten” zeigt. In Saschas Fall (er war das erste Kind, mit dem ich wegen seines Lispelns gearbeitet habe) hat uns diese Krise gezeigt, dass wir mit unserer Deutung des Symptoms und seiner Ursachen ganz und gar richtig gelegen hatten.

Natürlich kann das Lispeln auch von einem großen Stress herrühren, der mit dem Buchstaben “S” verbunden ist.

Hier passt das Beispiel von Sabine (5 Jahre): Ihre Mutter hat eines meiner Seminare besucht und schrieb mir im Nachhinein:

“Ich habe eine Dokumentation über die Hitlerzeit im Fernsehen angeschaut. Es ging unter anderem um die Deportation von Juden und Personen, die damals angeblich eine Gefahr für die Volksgesundheit (zum Beispiel Homosexuelle und Behinderte) darstellten. Da verstand ich einiges: Mein Großonkel, also Sabines Urgroßonkel, war homosexuell. Um nicht erkannt und deportiert zu werden, hatte er zum Schein eine Frau geheiratet. Diese Ehe bestand bis zu seinem Lebensende (er wurde 90 Jahre alt). Seine Homosexualität war innerhalb unserer Familie lange ein Geheimnis. In der Kriegszeit war die Angst vor der S.A. und der S.S. natürlich sehr groß.

Ich dankte Sabine dafür, dass sie diese Buchstaben nicht aussprechen wollte. Ich erklärte ihr, dass die Zeit vorbei sei, in der man Angst haben musste, und dass sie ihren Großonkel nicht mehr zu schützen brauchte, dass sie davon befreit sei. Nachdem ich ihr das erklärt hatte, bildeten wir einen Übungssatz: 'Sabine darf das S super aussprechen.' Sie konnte den Buchstaben sofort aussprechen, manchmal schlich sich beim Sprechen noch die Zunge zwischen die Zähne, aber nach einer Woche war die Sache erledigt. Sie sprach das S ganz 'scharf' (scharfe S.S.). Beim englischen 'th' hatte sie kurzzeitig Probleme, aber als sie dann die Erlaubnis (von mir) bekam, konnte sie es gut aussprechen.

Interessant fand ich auch, dass wir sie Sabine genannt haben. Genannt wurde sie aber eher 'Bine' - so konnten wir unbewusst das/die SA vermeiden. Seit ich das verstanden habe, nenne ich sie viel öfter Sabine."

IV. Probleme in Schulfächern

Rechnen – Mathematik

Das Kind ist im Umgang mit Zahlen blockiert, wenn Zahlen es - meist unbewusst - an eine Stresssituation erinnern, die von seinen Eltern oder Vorfahren erlebt wurde. Interessant sind in diesem Zusammenhang natürlich alle finanziellen Stresssituationen. Erinnern wir uns nur an das Beispiel von Steven, dessen Vater sich bei der Übernahme des väterlichen Betriebes verkalkuliert hatte. Probleme bei der Division können zum Beispiel von einem Erbe, das nicht zu gleichen Teilen unter Geschwistern aufgeteilt wurde, erzählen. Vielleicht geht es aber auch darum, dass die Familie auf jeden Fall zusammenbleiben muss und nicht aufgeteilt werden darf, vielleicht auch um die Angst des Kindes, dass seine Eltern sich scheiden lassen oder sich trennen.

Hüten wir uns aber vor Verallgemeinerungen! Es folgen einige Beispiele, die zeigen, dass jedes Kind seine eigene Geschichte hat. Ich nutze die vielen Beispiele, um Ihnen, lieber Leser, zu zeigen, dass das Ganze nicht "an den Haaren herbeigezogen" ist. Die Erfolge sprechen für sich.

Mein Ziel ist es, dass Sie nach dem Lesen dieses Buches anders an die schulischen Probleme Ihres Kindes herangehen. Ich möchte Sie befähigen, die individuellen Ursachen ergründen, verstehen und dann eigenhändig deprogrammieren und lösen zu können.

Susi, 7 Jahre, konnte nicht teilen, nicht dividieren. Sie gibt uns die Gelegenheit, ein Thema zu verstehen, das häufig hinter dem Problem mit der Division steht.

Meine Frage an Susi: "Hast du Angst, dass deine Eltern sich trennen und sich scheiden lassen könnten?" Zum großen Erstaunen ihrer Mutter bejahte sie diese Frage. Susi überkam diese Angst tatsächlich, wenn die Eltern sich stritten.

Wir stellen fest, dass heute praktisch jedes Kind andere Kinder kennt, deren Eltern getrennt oder geschieden sind. Sie reden natürlich untereinander darüber und das eine fragt das andere, warum seine Eltern sich haben scheiden lassen. Die Antwort ist dann meistens, dass die Eltern immer gestritten oder sich nicht mehr verstanden haben. So ist es klar, dass das Kind Angst davor hat, dass auch seine Eltern sich bald scheiden lassen, sobald sie sich streiten.

Die Scheidung der Eltern hätte zur Folge, dass die Kinder unter den Eltern ***aufgeteilt*** würden, so stellt das Kind sich das zumindest vor, besonders wenn es mehr als ein Kind gibt. Für das Kind selbst ist es ein Ding der Unmöglichkeit, zwischen Vater und Mutter aufgeteilt zu werden.

Dann stellte sich heraus, dass Susis Mutter mit 13 ihre eigene Mutter bei einer der üblichen Streitereien mit ihrem Mann hatte sagen hören, dass es nun reiche und sie ihre Koffer packe. Sie konnte sich noch sehr gut an diese Situation erinnern, in der sie damals sehr schockiert war und versuchte, sich auszumalen, wie das wohl aussähe. Sie waren vier Geschwister, wer würde mit der Mutter gehen, wer würde beim Vater bleiben?

In dem Augenblick ist es wichtig, dem Kind zu erklären, dass es ganz normal ist, dass sich Eltern von Zeit zu Zeit streiten, dass das in jeder Ehe so ist, dass man nicht immer einer Meinung sein kann. Man kann sich streiten und danach wieder vertragen, wieder zusammenfinden und sich trotzdem lieben. Das versteht das Kind, denn es streitet sich oder ärgert sich ja auch schon mal über seinen besten Freund ...

Wenn die Eltern sich tatsächlich scheiden lassen, kann das Kind seinen Stress (wenn es denn einen Stress mit dieser Situation hat - manche Kinder sind auch froh, dass die Eltern sich endlich trennen) in diesem Symptom, Probleme mit der Division, äußern. Dann können noch Probleme mit der Multiplikation hinzukommen, wenn die Eltern sich "multiplizieren" (neue Partner haben) und das Kind plötzlich vier "Eltern" hat.

Eine Teilnehmerin eines Seminars in Frankreich erzählte mir von ihrer Nichte (11), die im Grunde eine sehr gute Schülerin war, sie konnte aber die Multiplikationstabellen einfach nicht lernen und behalten.

Die Sache war augenblicklich gelöst und das Problem behoben, nachdem ihr die Tante erklärt hatte, dass ihr Vater (Bruder der Tante) wohl immer einen ungeheuren Stress gehabt haben musste, als er Vater wurde. Der Vater hatte sechs Kinder gezeugt (Kinder zeugen = sich multiplizieren).

Der Vater hatte in jungen Jahren eine Freundin. Als er sich von ihr trennen wollte, eröffnete sie ihm, dass sie schwanger sei. Er heiratete sie, die Ehe ging aber nicht lange gut. Sehr bald hatte er eine Geliebte, die ihm eines Tages eröffnete, sie sei schwanger ... Als er dann seine Frau verlassen wollte, war sie wieder schwanger ... So hatte er sechs Kinder gezeugt, wovon im Grunde zum Zeitpunkt der Zeugung keines gewollt war. Es gab Stress um die Zellen, die sich da ungewollt im Bauch (teilten und) multiplizierten.

Romina, 8 Jahre, konnte nicht rechnen. Zusätzlich verdrehte sie die Zahlen, zum Beispiel schrieb sie 82 statt 28.

Romina musste zweimal zu mir kommen – das ist bei Kindern durchaus nicht üblich, da sie im Grunde ohne Misstrauen und ohne Skepsis die Erklärungen annehmen und umsetzen. (Es lag auch nicht an Romina, dass es beim ersten Mal nicht ganz hingehauen hatte.)

In der ersten Sitzung verstanden wir, warum sie die Zahlen verdrehte: Während der Schwangerschaft hatte die Mutter großen Ärger mit ihrem ältesten Sohn, damals 6 Jahre alt. Sie sagte dann immer, er sei ganz "honnefürr" (was hinten ist, ist vorne). In ihrem Dialekt war das der Ausdruck dafür, dass er total "verdreht" war, dass er das Gegenteil tat von dem, was man von ihm erwartete oder verlangte. Romina nahm diesen Ausspruch persönlich und setzte ihn natürlich im Rechnen um. – Nach dieser Sitzung schrieb sie alle Zahlen richtig, aber ihre Rechenergebnisse waren noch immer falsch.

Romina kam also ein zweites Mal mit ihrer Mutter. Hier kam dann das große Problem zur Sprache, mit dem ihre Mutter während der Schwangerschaft konfrontiert war. Gerade zu dem Zeitpunkt, als feststand, dass sie schwanger war, erfuhr sie von dem Verhältnis, das ihr Mann schon seit längerem mit einer anderen Frau unterhielt. Es war keine kleine Affäre, sondern eine Beziehung, die schon eine gewisse Zeit andauerte. Das war natürlich furchtbar für sie, und sie überlegte, was sie tun sollte. Wenn sie nicht schwanger gewesen wäre, hätte sie sich sofort von ihrem Mann getrennt. Sie stellte dann ihren Mann vor die Entscheidung: entweder die Geliebte oder die Familie. Er bat sie auf Knien um Verzeihung, versicherte ihr, dass er sie und nur sie liebe und dass so etwas nie wieder vorkommen würde. Für ihn war die Sache damit erledigt, aber Rominas Mutter hatte damit noch zu kämpfen. Sie konnte nicht einfach weiterleben, als wäre nichts geschehen. Sie konnte keine endgültige Entscheidung treffen und wollte abwarten, ob sie ihn noch lieben und ihm wieder vertrauen konnte.

So überlegte sie die ganze Schwangerschaft über, ob sie bei ihrem Mann bleiben sollte oder nicht. Sie stellte vor allen Dingen Berechnungen an, sie rechnete durch, ob sie mit zwei Kindern finanziell allein über die Runden käme. Sie würde weiterhin halbtags arbeiten, bekäme das Kindergeld ausgezahlt, ihr Mann würde Unterhaltszahlungen leisten. Gleichzeitig würde sie u. a. Miete bezahlen müssen, Strom, Wasser, Telefon. Sie kam dann zu dem Schluss, dass sie es zur Not finanziell schaffen würde, hatte aber immer noch keine Entscheidung getroffen. Erst bei Rominas Geburt kam es zur Entscheidung. Während der Wehen kam plötzlich Panik auf, da der Puls des Babys dramatisch abfiel. Es wurde sehr hektisch und in diesem Augenblick dachte die Mutter sich: Stirbt das Kind, dann verlasse ich meinen Mann, lebt das Kind, dann bleibe ich bei ihm. So blieb sie tatsächlich bei ihrem Mann.

Romina registrierte also, dass das Rechnen überhaupt mit Stress einhergeht, dem Stress der betrogenen Ehefrau. Letztendlich wären genau genommen alle Rechnungen der Mutter falsch gewesen. Wenn das Kind bei der Geburt gestorben wäre, hätte sie von anderen Voraussetzungen ausgehen müssen. Sie hätte nur Unterhalt und Kindergeld für ein Kind bekommen und nicht wie ursprünglich angenommen für zwei Kinder.

Auch diese Geschichte mussten wir dann Romina in für sie verständlichen Worten erklären. Und siehe da, ihre Rechenübungen löste sie seitdem korrekt.

Alexander, 8 Jahre, hatte Probleme im Rechnen allgemein, aber ganz besonders bei der Subtraktion. Er konnte nicht abziehen; am allerschlimmsten war es, wenn die Rechnung sich um die Zahlen um 10 oder 40 drehte (zum Beispiel: 43 - 8 = ? oder 14 - 5 = ?). Wenn er dann überhaupt keine Antwort wusste, schrieb er eine Null als Lösung hin (41 – 6 = 0). Auf die Frage, warum er dann eine Null hinschrieb, antwortete er mir: "Das ist weniger falsch!"

Die Eltern kamen beide mit Alexander zu mir. Nachdem ich ihnen das System erklärt und einige Beispiele gegeben hatte, fiel den beiden aber absolut nichts ein, was mit der Rechenschwäche ihres Sohnes zu tun haben könnte. So nahm ich den Muskeltest der Kinesiologie zu Hilfe. Der Test deutete auf ein Ereignis hin, das stattgefunden hatte, als Alexander neun Monate alt war. Ich drehte mich zu den Eltern um und fragte, was denn um diese Zeit herum geschehen sei. Da brach die Mutter in lautes Schluchzen aus, stand auf und verließ den Raum. Ihr Mann erklärte mir dann, dass der Kleine damals Fieberkrämpfe hatte und dass er mit neun Monaten wohl den heftigsten gehabt hatte, der eine Notaufnahme in der Klinik zur Folge hatte. Die Mutter hatte damals große Angst, dass ihr Kind sterben würde. Das hohe Fieber war das Problem: Die Temperatur wollte nicht unter 40° fallen! Die Zahlen um 40 sind also mit Stress behaftet.

Dann suchten wir weiter nach prägenden Informationen. Im neunten Schwangerschaftsmonat litt die Mutter unter einer Schwangerschaftsvergiftung (Gestose), sie lag im Krankenhaus und ihre Blutdruckwerte waren viel zu hoch. Der untere Wert wollte nicht unter 10 fallen (in Belgien sagen wir nicht, dass der Blutdruck zum Beispiel 130 zu 80 ist, wir sagen 13 zu 8). Alexanders Mutter ist Krankenpflegerin, so dass bei ihr die Angst noch größer war. Sie wusste um die möglichen Gefahren für sie und für ihr ungeborenes Kind, sie waren beide in Lebensgefahr.

Mit 41 erwartete sie endlich ihr ersehntes erstes Baby, nach 15 Jahren Kinderlosigkeit. Sie sagte mir: "Wenn ich mein Baby verloren hätte, hätte ich auch nicht mehr leben wollen." Es wäre also dann besser niemand übrig geblieben. Hier bekommt Alexander die Information, dass die Antwort "Null" eine Alternative ist, wenn gar nichts mehr geht. In dem Fall bleibt besser nichts (niemand) zurück.

Auch bei ihm war das Problem anschließend behoben.

Fabiola, 8 Jahre: allgemeine Dyskalkulie, verstärkt bei der Subtraktion. Im Schriftrechnen war sie verloren, wenn sich die Fragestellung änderte (zum Beispiel 21 = ? x 3 statt 7 x 3 = ?). Dies ist übrigens ein sehr häufiges Problem bei den Kindern.

Ihr Problem war verschwunden, nachdem Mutter und Tochter sich die Programmierung bewusst gemacht hatten: Während der Schwangerschaft betrieben die Eltern ein Fahrrad- und Motorradgeschäft. Sie hatten gerade in einen neuen Ausstellungsraum investiert, als die Firma *Honda* in Erwägung zog, ihnen die Konzession zu entziehen. Dies löste große Angst bei den Eltern aus, die Angst, dass man ihnen etwas (die offizielle *Honda*-Vertretung) wegnehmen würde und sie so Schwierigkeiten mit den Ratenzahlungen haben würden, wenn sie nicht sogar ihr Geschäft würden schließen müssen. Die Mutter kümmerte sich um die Buchführung und hatte dabei den größten Stress, wenn auch noch zusätzlich manche Kunden ihre ***Rechnungen*** nicht bezahlten. Letzten Endes konnten sie die Vertretung aber doch behalten.

Wenn dem Kind in der Schule die Subtraktion erklärt wird, spricht der Lehrer meist vom Wegnehmen. Wir haben sieben Äpfel, wie viele Äpfel bleiben übrig, wenn wir drei ***wegnehmen***? Sobald es also einen Stress um das Wegnehmen gibt, kann dies beim Kind Subtraktionsprobleme mit sich bringen. So war dies auch zum Beispiel der Fall bei einem Kind, dessen Mutter Angst hatte, ihr Ex-Mann würde ihr das Kind ***wegnehmen***.

Die veränderte Fragestellung löste einen Stress aus, da Fabiolas Geburt sich damals ganz anders darstellte als die beiden vorangegangenen. Diese waren schnell vonstattengegangen, aber Fabiolas Geburt hatte sehr lange gedauert und war sehr schmerzhaft. In dem Fall registriert das Kind den Stress der Mutter in dem Augenblick, in dem das Problem (die Aufgabenstellung = die Geburt) sich nicht so darstellt wie erwartet. Das Ganze präsentiert sich auf einmal ganz anders als gehabt. Das Gelernte, das Wissen, kann in der veränderten Situation nicht mehr angewendet werden.

Dieser Mechanismus kann auch am Werke sein, wenn das Kind in der Prüfung plötzlich nichts mehr weiß oder das nicht mehr kann, was es zu Hause noch konnte.

Martina, 8 Jahre, war im 3. Schuljahr und im Rechnen sehr schwach. Ihre Antworten waren oft falsch, sie lagen einfach daneben, manchmal waren sie aber auch (zufällig) richtig. Martina erklärte mir, dass sie im Grunde nie sicher sei, ob ihre Antwort richtig sei, wenn sie diese hinschreibe. Sie zögerte immer lange, bevor sie sich für eine Antwort entschied.

Martinas Mutter erzählt mir folgende Geschichte: "Mein Mann und ich hatten damals (Sommer 1998) unseren Hochzeitstermin sehr lange im Voraus festgelegt. Wir wollten am 9.9.1999 heiraten, weil das ein schönes Datum war. Im November 1998 war ich mit meiner Regel im Verzug und befürchtete, schwanger zu sein. Gleichzeitig eröffnete mir meine beste Freundin, dass sie und ihr Freund am 9.9.1999 heiraten wollten. Ich antwortete ihr, dass wir uns denselben Tag ausgesucht hätten, dass wir aber vielleicht das Datum noch änderten, da es schließlich auch schade wäre für uns, beide am selben Tag zu heiraten.

Es stellte sich heraus, dass ich tatsächlich schwanger war. Der Geburtstermin wurde auf den 15. Juli 1999 festgesetzt. So platzte unser geplanter Hochzeitstermin. Wir überlegten, ob wir unsere

Hochzeit vorverlegen oder lieber auf später verschieben sollten. Doch dann entschieden wir uns für den 11. Februar.

Am 8. Februar verstarb ganz unerwartet eine Tante meines Mannes. Und wieder war Stress angesagt, denn normalerweise wäre die Tante am 11. Februar beigesetzt worden. Die Familie überlegte hin und her, eventuell die Hochzeit wieder zu verschieben, es konnten schließlich an ein und demselben Tag nicht eine Beerdigung und eine Hochzeit stattfinden. Die Familie meines Mannes entschied sich dann dazu, die Tante (in aller Eile) schon am 10. zu beerdigen. Wir heirateten am 11. Februar, es war aber kein wirklich schönes Fest. Die Familie meines Mannes wohnte zwar der Messe bei, feierte aber nicht mit uns, und so war es eigentlich eine traurige Feier.

Unser Kind kam erst am 28. Juli mit Kaiserschnitt zur Welt. Mein Mann hatte seinen Urlaub, so wie er nur konnte, in diese Zeit verlegt. Als ich dann nach Komplikationen am 5. August aus der Klinik nach Hause kam, war sein Urlaub praktisch zu Ende, und ich saß deprimiert und alleine mit dem Kind zu Hause. Das ausgerechnete Datum war auch wieder nicht das richtige gewesen.

Am Tag der Hochzeit unserer Freunde starb mein Pate, er war mein Lieblingsonkel. Das war ein furchtbarer Tag! Seitdem wage ich es nicht mehr, mich auf irgendein Datum festzulegen!"

Martinas Mutter weinte, als sie mir vom Tod ihres Lieblingsonkels erzählte. Martina registrierte aber, dass man sich am besten nicht auf eine Zahl festlegt, ein Datum ist eine Zahl. Und wenn man sich festlegt, stellt es sich im Nachhinein als negativ oder als falsch heraus.

Sofort nach unserer Sitzung, noch an Ort und Stelle, brachte Martina ohne Zögern richtige Antworten zu Papier. Ich wiederhole: Es ist wichtig, wenn praktisch möglich, das Kind sofort experimentieren zu lassen, so dass Eltern und Kind keine Zeit haben, irgendwelche Zweifel aufzubauen, die den Erfolg beeinträchtigen könnten.

Joséphine, 8 Jahre, hatte besonders Probleme beim Schriftrechnen. Beim Kopfrechnen war sie sehr schnell und eine der Besten in der Klasse. Sie konnte nichts mit den Zeichen und Rechensymbolen anfangen, sie konnte sie sich nicht merken und verwechselte sie ständig.

Als Joséphine sich im Bauch ihrer Mutter ankündigte, waren ihre Eltern nicht verheiratet. Nun dachten alle, sie würden heiraten, da doch jetzt das Baby unterwegs war. Joséphines Eltern hatten dies aber gar nicht vor, im Gegenteil, sie ärgerten sich jedes Mal furchtbar, wenn sie nach dem Hochzeitstermin gefragt wurden. Die Mutter: "Für uns war es nicht wichtig, uns gegenseitig unsere Liebe zu bescheinigen, indem wir heirateten, wir brauchten nichts Schriftliches. Kirche und Ringe waren für uns nur Symbole, denen wir keine Wichtigkeit einräumten. Das alles brauchten wir nicht, wir wussten auch so, dass wir zusammenbleiben würden."

Auch damals fragte Joséphine manchmal noch, warum ihre Eltern immer noch nicht verheiratet seien. Nachdem ihnen die Zusammenhänge klar wurden, brauchten das Schriftliche und die Symbole bei Joséphine keinen Stress und keine Blockade mehr auszulösen.

Thorsten, 17 Jahre, war der beste Schüler seiner Klasse, er heimste jedes Jahr alle Preise ein, aber in Mathematik war er eine absolute Niete. Für ihn war das alles viel zu abstrakt.

"Diese Wurzel- und Bruchrechnungen! Ich kann mir nichts darunter vorstellen. Warum lässt man uns nicht Berechnungen anstellen, die etwas mit dem realen Leben zu tun haben? Wenn man uns zum Beispiel die Kreise ausrechnen ließe, die ein Reiher an der Wasseroberfläche eines Teiches verursacht, wenn er mit seinem Schnabel einen Fisch zu erhaschen versucht, so wäre das auch absolut unsinnig, aber man könnte sich wenigstens etwas Konkretes darunter vorstellen." Da er ansonsten der beste Schüler war, hatte man bisher immer ein Auge zugedrückt und ihn trotz seiner Schwäche in Mathematik versetzt. Nun aber stand er vor der Jahresendprüfung in Mathe, und man hatte ihm gesagt, dass er mit ähnlich schlechten Resultaten (im Schnitt hatte er 2 bis 3 von 10 möglichen Punkten) nicht zum Abiturjahr zugelassen werden könne.

Thorsten kam ohne seine Eltern zu mir. Da die Eltern nicht bereit waren, Thorsten zu begleiten, überprüften wir unsere Vermutungen mittels Muskeltest und bekamen diese auch bestätigt. Der Beweis dafür, dass wir richtig lagen, kam vier Tage später: In seiner Mathematikprüfung erreichte Thorsten eine 6,5. Der Klassenrat ließ ihn dann auf Grund seiner "enormen Anstrengung" doch zum Abiturjahr zu, obwohl sein Jahresdurchschnitt bis dahin noch deutlich unter dem erforderlichen Wert (5) lag.

Die Lösung: Thorstens Vater ist Elektriker und arbeitet bei der Bahn im Bereich Unterhalt und Reparatur. Er ist aber farbenblind! Nun stellen Sie sich einen farbenblinden Elektriker vor, der in einem Stromkasten nach dem Rechten sehen und Reparaturen durchführen soll - und das in doch verhältnismäßig verantwortungsvoller Position. Wir testeten also, dass der Vater eine Stresssituation erlebt haben musste, in der er durch sein Handicap ins Schwitzen gekommen war. Die Kabel kann er natürlich nur über die verschiedenen Farben ihrer Funktion zuordnen. Es muss ihm also unmöglich gewesen sein, die Realität hinter dem Kabel zu erkennen. Dies war die Programmierung gewesen.

Thorsten verlangte nach Berechnungen, bei denen man sich etwas Reales vorstellen konnte. Als er dann nach seinem guten Resultat in der Endprüfung seinen Eltern gestand, dass er alleine, praktisch gegen ihren Willen, zu mir gekommen war, war der

Vater erbost, besonders da Thorsten es gewagt hatte, einer Fremden von seinem Problem zu erzählen. Nichtsdestotrotz hatte es funktioniert.

In der modernen Mathematik wird mit Buchstaben gerechnet, es handelt sich also schon um Abstraktes, um unvorstellbare Zahlen. Sehr oft wird die Unbekannte x gesucht. Wenn es also in der Familie einen Unbekannten gibt, den man nicht kennen darf, zum Beispiel einen Vater, der sich aus dem Staub gemacht hat oder der nicht als Vater erkannt werden darf, so kann dies auch Probleme in Mathe mit sich bringen. In dem Moment ist es unmöglich, die Unbekannte (x) zu finden oder zu definieren.

Dr. Sabbah erzählte uns vom Beispiel eines Jugendlichen, der in Mathe (französisch "en *math*") bis dahin versagte, weil sein Vater, ein Schachspieler, in einem wichtigen Turnier ein sicheres Matt durch eine Unaufmerksamkeit nicht erreicht hatte.

Da ständig mit x und y gerechnet wird, kann sich hier auch Stress um Chromosome, zum Beispiel die Angst vor einer Erbkrankheit oder die Tatsache, dass das Kind nicht das gewünschte Geschlecht hat (xx oder xy), bemerkbar machen.

Prozentrechnen – Zeitrechnen

Lola, 10 Jahre: Ihr Fall ist sehr interessant. Lola hatte Probleme mit dem Prozentrechnen und mit der Zeitrechnung. Sie konnte die Uhrzeit lesen, schaffte es aber nicht, eine Uhrzeit zu berechnen, zum Beispiel: "Wenn man zu 9 Uhr 45 eine halbe Stunde hinzurechnet, ergibt das welche Uhrzeit?"

(Der Vollständigkeit halber sei hier erwähnt, dass sie auch Schwierigkeiten im Ausdruck in der französischen Sprache hatte, Französisch wird in der deutschsprachigen Region Belgiens schon ab dem ersten Schuljahr als zweite Sprache unterrichtet.)

Um den sechsten Schwangerschaftsmonat herum erlebte der Vater eine finanzielle Stresssituation. Lolas Eltern renovierten ihr Haus; es gibt einen speziellen Mehrwertsteuerprozentsatz, der bei Renovierungsarbeiten angewendet wird, wenn das Haus gewisse Kriterien erfüllt (6 Prozent statt 21 Prozent). Der Vater war in seinen Kostenberechnungen von dem niedrigen Satz ausgegangen, doch dann sollte plötzlich dieser Prozentsatz nicht zur Anwendung kommen ... Sobald Lola Prozente rechnen sollte, wurde ihr Gehirn an diesen Stress "erinnert", und nichts ging mehr.

Zeitrechnung (und Französisch): Lola kam als erstes Kind ihrer Eltern zur Welt. Bei der Geburt geschah Folgendes: Die Mutter hatte Wehen und befand sich in einem Vorbereitungszimmer. Es war Nacht und nur eine Hebamme hatte Dienst. Diese hatte alle Hände voll zu tun, da mehrere Frauen gleichzeitig in den Wehen lagen. Sie ging von einer Frau zur anderen, so kam sie auch zu Marianne, Lolas Mutter, untersuchte sie und meinte, es sei alles in Ordnung. Sie wollte nach den anderen sehen und zehn Minuten später wiederkommen. Nachdem die Hebamme sie alleine gelassen hatte, wurden die Wehen plötzlich heftiger und heftiger. Marianne klingelte nach der Hebamme, die aber nicht kam. Es dauerte und dauerte, aus den zehn Minuten wurden zwanzig ... und dann dreißig ... Die Hebamme kam und kam nicht. Marianne hatte furchtbare Angst, ganz alleine entbinden zu müssen, denn sie fühlte, dass das Köpfchen des Babys sich förmlich schon herausdrückte. Da noch immer niemand auf die Klingel reagierte, schickte sie ihren Mann nach der Hebamme. Dieser sprach aber kein Wort Französisch. (Sie befanden sich in einer Klinik, in der das Personal französischsprachig war. Die Mutter hatte sich diese Klinik ausgesucht, für sie stellte die französische Sprache kein Problem dar.) So machte er sich auf, kam nach fünf Minuten wieder und sagte, er habe niemanden gefunden. Wahrscheinlich hätte er aber nicht gewusst, wie er der Hebamme erklären sollte, was los war, so dass er vielleicht nicht wirklich nach ihr gesucht hatte und die Ausrede vorzog, er habe sie nicht finden können. Das meinte zumindest Marianne. Irgendwann kam die Hebamme schließlich doch wieder und Lola wurde tatsächlich innerhalb weniger Minuten geboren.

Hier wird unter Stress gespeichert: jetzt + 10 Minuten - da weiß man nie, wann das ist. Die Hebamme war ja nach zehn Minuten nicht wieder da gewesen. Was das Fach Französisch angeht, war auch klar, dass Lola den Stress ihres Vaters "übernahm", da der sich nicht in dieser Sprache ausdrücken konnte.

Florian, 12 Jahre. Wo wir nun bei der Uhrzeit angekommen sind, möchte ich hier auch den Brief einfügen, den mir eine Dame geschrieben hat, nachdem sie einen meiner Vorträge gehört hatte. Ihr Sohn konnte die Uhrzeit nicht lesen, hatte kein Zeitempfinden.

"Florian ist zwölfeinhalb Jahre alt und konnte bis vor kurzem die Uhrzeit nicht lesen - im Gegensatz zu unserem sechsjährigen Sohn. Auch in Geschichte war er mit der Zeitrechnung total überfordert, unter Jahrhunderten und Jahrtausenden konnte er sich absolut nichts vorstellen.

Zu Hause habe ich ihm dann die Geschichte seiner Geburt erzählt: Nachdem ich bereits zwei Kaiserschnitte hinter mir hatte, die mit sehr großem Stress verbunden waren, war mein größter Traum eine Hausgeburt. Diese kam aber für meinen Gynäkologen nicht in Frage.

Die Wehen begannen mitten in der Nacht, morgens begaben wir uns in die Klinik und da beruhigte sich alles, es ging nicht mehr voran. Gegen 13 Uhr sagte der Gynäkologe zu mir: "Wenn sich in den kommenden zwei Stunden nichts verändert, machen wir einen Kaiserschnitt." Ich hatte Angst und schaute ständig auf die Uhr, die im Zimmer hing, mir wäre es am liebsten gewesen, wenn die Zeiger sich nicht bewegt hätten. Das Ultimatum rückte näher und letztendlich stellten sich doch wieder starke Wehen ein. Florian wurde gegen 16 Uhr auf natürlichem Wege geboren.

Ich bat ihn, ein Zeitsymbol für mich zu zeichnen. Er zeichnete eine Uhr, deren Zeiger 15 Uhr anzeigten (obwohl ich ihm die Uhrzeit des Ultimatums nicht genannt hatte). Dann bat ich ihn, die Zeichnung in einen Umschlag zu stecken und ihn mir zu geben, als Zeichen dafür, dass er mir meinen Stress, mein Problem zurückgab, weil es ihm nicht gehörte.

Seit diesem Tag konnte Florian die Uhr lesen, und er fand sich ganz einfach in der Zeit zurecht."

Einmal bekam ich eine Rückmeldung von Lehrern, die mir sagten, dass mehr und mehr Kinder Probleme haben, die Zeit zu lesen und/oder sich in der Zeit zu orientieren. Begriffe wie "gestern" oder "übermorgen" oder auch die Wochentage sind schwierig zu integrieren.

Sie hatten dann auch bei Eltern, die für solche Fragen offen waren, nachgefragt und herausgefunden, dass bei diesen Kindern verschiedene Programmierungen vorlagen:

- Das Kind ist nicht zur richtigen Zeit gekommen. Die Schwangerschaft war zeitlich (noch) nicht gewollt. Es war nicht der richtige Moment. Also wird für das Kind die Zeit nie die richtige sein.
- Die Geburt hat nicht zur richtigen Zeit, das heißt zum errechneten Termin stattgefunden, entweder zu früh oder zu spät. Es wird heutzutage sehr viel Wert auf diese Berechnungen gelegt. Bei jeder Ultraschalluntersuchung wird zum Beispiel die Länge des Beinchens oder der Kopfumfang in ein Datum umgerechnet.

- Die Geburt ist eingeleitet worden, man hat dem Kind im wahrsten Sinne des Wortes die Zeit nicht gelassen.
- Die Probleme traten auf, wenn jemand nie Zeit hatte, zum Beispiel die Eltern während der Schwangerschaft.

Lesen und Schreiben

Probleme in der Rechtschreibung haben im Allgemeinen mit dem Vater, im weiteren Sinne mit der Autorität (Polizei, Gesetz, Gericht, Vorgesetzter ...), die im Grunde vom Vater verkörpert wird, zu tun. Beim Diktat ist dies am offensichtlichsten, hier wird diktiert (befohlen) und es wird wortwörtlich zu Papier gebracht. Wenn nicht alles korrekt ist, wird man mit Punkteabzug bestraft.

Denken wir aber auch an Stresssituationen während oder vor der Schwangerschaft, die mit lesen oder schreiben zu tun haben, zum Beispiel wenn man Briefe lesen oder Berichte schreiben muss. Ich erinnere hier an das Beispiel von Philippe, dessen Urgroßvater als Notar wegen Urkundenfälschung ins Gefängnis gekommen war.

Leseschwierigkeiten (Legasthenie) können auch damit zu tun haben, dass es ein Problem gibt oder gab, das mit dem Auseinanderfallen der Familie zu tun hat, das heißt, dass die Familienbande, die Bindungen in der Blutsverwandtschaft, nicht mehr halten (siehe hierzu das Beispiel von *Nicole* auf den folgenden Seiten).

Andreas und Torben, damals 7 und 10 Jahre alt. Die beiden Brüder lasen nicht gut und nicht gerne. Ihre Art und Weise, sich auf die Prüfung vorzubereiten, war sehr unterschiedlich.

Während der ersten Schwangerschaft hatte die Mutter ein gutes Buch gelesen, das sie dann auch auf den Nachttisch ihres Mannes legte mit der Bemerkung, dass er doch das interessante Kapitel über die Hilfestellung des Partners bei der Geburt lesen könne, wenn er Zeit und Lust dazu hätte. Vier Wochen vor dem errechneten Termin stellten sich Wehen ein. Als ihr Mann gegen 18 Uhr von der Arbeit nach Hause kam, war die Mutter dabei, ihren Koffer zu packen. Sie eröffnete ihm, dass sie wohl in die Klinik müssten. Er reagierte im Scherz: "Und ich habe noch nicht in deinem Buch gelesen!"

Andreas wurde dann gegen 1 Uhr 30 in der Nacht geboren. Es ist hier schon klar, warum Andreas erst im letzten Moment, das heißt am Vortag der Prüfung, anfängt, sich auf die Prüfung vorzubereiten. Dann stellt er mit Schrecken fest, dass er noch in kein Buch hineingeschaut hat. Die Mutter hatte damals auch gedacht, es wäre noch lange hin bis zur Geburt. (Die Prüfung ist der Moment, in dem es ernst wird und in dem sich zeigt, ob man durchkommt oder nicht. Dieser Moment entspricht der Geburt, hier geht es ja auch darum, durch den Geburtskanal zu kommen.) Verschiedene Dinge hat ihr Mann erst am nächsten Tag aus der Apotheke besorgt (Stilleinlagen ...).

Torben wurde drei Jahre später geboren. In der Nacht erwachte seine Mutter durch die Wehen. Sie weckte Andreas, um ihn auf dem Weg in die Klinik bei der Schwiegermutter abzugeben. Unterwegs sagte ihr Mann lachend zu ihr: "Und ich habe noch immer nicht in dem Buch gelesen. Ich denke, dass ich aber beim letzten Mal die Sache auch ohne Lektüre ganz gut gemacht habe, was meinst du?" Sie pflichtete ihm bei und sagte, dass er sich wirklich optimal verhalten habe. Torben registriert, dass es also absolut nicht nötig ist zu lesen, dass man das im Leben (bei der Geburt) nicht braucht. So meinte er auch, er habe es nicht nötig, sich auf eine Prüfung vorzubereiten. Er war überzeugt davon, dass er, auch ohne zu lesen (beim Lernen liest man), die Sache sehr gut machen würde.

Als diese Zusammenhänge sieben Jahre später bewusst wurden, habe ich den Vater gebeten, besagtes Kapitel doch einmal mit großem Interesse zu lesen, was er dann auch getan hat. (Der dritte Sohn liest sehr gut und sehr gerne.)

Markus, 8 Jahre, fiel das Lesen und das Schreiben sehr schwer, besonders wenn er es mit langen Wörtern zu tun hatte.

Als die Mutter Markus erwartete, stellte sich heraus, dass sein älterer Bruder (5) im Kindergarten einen auffälligen Rückstand auf seine Altersgenossen aufwies. Man ließ ihn einige Tests absolvieren, und im sechsten Schwangerschaftsmonat wurde den Eltern das Resultat mit der Post zugestellt. In diesem Brief stand, dass ihr Kind eine Sonderschule besuchen müsse. Bei den Eltern war das Lesen hier mit Stress verbunden, der Vater machte zusätzlich die Bemerkung: “Dann wird der Junge ja nie richtig lesen und schreiben lernen!”

Die Mutter konnte sich sehr gut an diesen Satz erinnern. Markus, der Junge im Bauch seiner Mutter, nahm diese Aussage natürlich für sich auf und er war es (zusätzlich zu dem ältesten Sohn, der dann tatsächlich zu Recht auf eine Sonderschule gehen musste), der nicht richtig lesen und schreiben lernte, zumindest bis zu dem Zeitpunkt unserer Sitzung.

Es gab während der Schwangerschaft noch einen großen Stress bei den Eltern wegen des Feuerversicherungsvertrags, der nicht korrekt abgeschlossen worden war und der korrigiert werden musste. Diese Sache war aufgefallen, nachdem das Dach des Elternhauses der Mutter bei einem Sturm abgedeckt worden war ...

Georg, 10 Jahre alt, hatte eigentlich bis zum Alter von siebeneinhalb Jahren keine Probleme in der Schule. Als er im zweiten Schuljahr war, brachte sich sein Vater um.

Von da ab ging es bergab; zu Recht war dies auch von Psychologen als Auslöser seiner schulischen Probleme erkannt worden. Die genauen Zusammenhänge mussten aber verstanden werden, damit auch eine wirkliche Besserung eintreten konnte.

Georg hatte enorme Probleme in der Rechtschreibung. Er las schlecht, meist las er die ersten Buchstaben oder Wörter, den Rest "erfand" er, je nachdem, was er für wahrscheinlich hielt (vorgreifendes Lesen). Er konnte gleichzeitig auch die verschiedenen Wortarten (Substantiv, Adjektiv, Verb ...) nicht erkennen und benennen.

Georg ist das zweite Kind seiner Eltern (Elvira und Kurt). Die Mutter wäre bei der Geburt des ersten Kindes fast gestorben, die Gebärmutter war gerissen und sie musste notoperiert werden. Die Ärzte hatten daraufhin sehr eindrücklich von einem weiteren Kind abgeraten. Nach einigen Jahren hatte sich der Wunsch nach einem zweiten Kind bei ihnen jedoch so verstärkt, dass sie dieses Risiko eingehen wollten, natürlich unter intensiver Betreuung von Beginn der Schwangerschaft an. Ihr Gynäkologe überwies sie an einen Kollegen, der sich in Ultraschalluntersuchungen spezialisiert hatte. Zu diesem Zweck schrieb er diesem ein paar Zeilen zur Krankengeschichte seiner Patientin und gab ihr den Brief in einem Umschlag mit, den sie dem Arzt aushändigen sollte.

Beim ersten Termin überreichte sie ihm den Brief; der Arzt öffnete ihn jedoch nicht, legte ihn beiseite und fragte sie nur: "Was ist das Problem?" Bei allen Frauen, die an ihn überwiesen wurden, handelte es sich um Frauen mit Risikoschwangerschaften. Elvira: "Er brauchte nicht einmal den Bericht meines Arztes zu lesen, und trotzdem wusste er, dass es bei mir ein Problem gab!" (Georg glaubt schon zu wissen, was da steht, bevor er es gelesen hatte.)

Da die Schwangerschaft ein gewisses Risiko barg, wuchs mit den Monaten auch die Angst, besonders bei Kurt, der Angst hatte, seine Frau und sein Kind zu verlieren und dazu noch mit einem Kind zurückzubleiben. Es wurde ein Kaiserschnitt unter Vollnarkose am Ende des achten Monats vorgesehen, für den Fall, dass Komplikationen auftreten würden. Kurt würde aber nicht dabei sein können. Elvira überlegte, wie sie Kurts Angst mindern könnte. "Ich wollte ihm ein Geschenk überreichen, bevor ich in den Operationssaal geschoben werden würde, das würde seinen Stress etwas lindern, hatte ich mir gedacht. Ich kaufte beim Juwelier ein goldenes Kreuz für ihn, auf das ich etwas eingravieren lassen wollte: 'Ich liebe dich, wir lieben dich, dreckiges Biest!' Dies war mein Kosewort für meinen Mann. Der Juwelier fragte, was denn das für Wörter seien!?! (Georg wird später nie wissen, um welche Wörter oder um welche Wortart es sich handelt, wenn er Wörter vor sich hat.) Er weigerte sich, diese Worte in ein goldenes Kreuz zu gravieren. Ich bin vier Mal zu ihm hin, bis er endlich einwilligte. Ich habe dann das Kreuz zusammen mit einem kleinen Liebesbrief als Geschenk eingepackt.

Als der Tag gekommen war und ich es Kurt an der Eingangstür zum Operationssaal überreichen wollte, hat er es abgelehnt. Später sagte er mir, es wäre für ihn wie ein Abschiedsgeschenk gewesen. Ich versuchte dann noch, eine von den Operationsschwestern zu überreden, es ihm zu geben, aber auch sie lehnte ab und meinte, ich solle es ihm lieber persönlich geben, wenn ich aus der Narkose erwachen würde. So hatte ich das kleine Geschenk neben mir liegen und war furchtbar traurig, ich glaube, ich hatte sogar Tränen in den Augen. Ich hätte mir so sehr gewünscht, dass er gerade in dem Augenblick, in dem unser Kind geboren wird, diese Worte der Liebe liest." (Georg las sehr langsam, es verging praktisch sehr viel Zeit, bevor er etwas gelesen hatte. Durch das vorgreifende Lesen versuchte er andererseits eine Lösung für die

Mutter zu finden, die sich gewünscht hätte, ihr Mann hätte es früher gelesen.)

Zwei Tage nach Georgs Geburt spielten die Eltern im Krankenzimmer ihr Lieblingsspiel: Scrabble. Kurt unterliefen immer Rechtschreibfehler bei diesem Spiel. Elvira war das nicht so wichtig und sie korrigierte ihn niemals, um ihn nicht zu blamieren oder abzuwerten. Eine Krankenschwester, die das Zimmer betrat, beugte sich über den Tisch und machte Bemerkungen zu den Fehlern. Kurt sah, dass er all die falschen Wörter hingelegt hatte. Als sie beide wieder alleine waren, fuhr er seine Frau an, warum sie diese Wörter nicht korrigiert hätte ... Dieser Vorfall war folgenschwer, dies war das letzte Spiel gewesen, das sie je gespielt haben. Kurt war sehr wütend und verzieh ihr nie, ihn dieser Blamage (Erniedrigung) ausgesetzt zu haben. Als Kurt sich umbrachte, hinterließ er einen Abschiedsbrief. Der Kreis war geschlossen. Dies war der Auslöser.

Tobias, 14 Jahre, war ein guter Schüler, das einzige Problem war seine Rechtschreibung.

Rechtschreibprobleme verweisen meist auf den Vater. Hier wurden wir in den beiden Familien fündig, es gab sehr strenge Väter, die es zum Beispiel ihren Kindern nicht erlaubten, ihrem eigenen Berufswunsch zu folgen. Es gab auch einen inzestuösen Vater, ein anderer war sehr jung gestorben und hatte eine Frau und vier kleine Kinder zurückgelassen.

Auf die Frage, welches denn in der Gegenwart sein Problem mit seinem eigenen Vater sei, meinte er, dass er einen sehr guten und verständnisvollen Vater habe, er sehe da kein Problem. Sein Vater war schon Mitte vierzig, als er heiratete, nachdem er sein Priesteramt niedergelegt hatte. Dies war in dieser erzkatholischen französischen Familie ein Drama gewesen. Ich fragte nach, ob es vielleicht etwas mit dem doch schon fortgeschrittenen Alter seines

Vaters zu tun haben könne oder mit der eventuellen Tatsache, dass vielleicht andere Jungs sich über ihn lustig machten, weil sein Vater ein ehemaliger Priester sei. Beides verneinte er energisch.

Dann fiel der Mutter ein, dass Tobias vor einiger Zeit etwas aus dem Religionsunterricht erzählt hatte, und sie forderte ihn auf, auch mir die Situation zu schildern. Die Religionslehrerin hatte im Unterricht die heiligen Sakramente durchgenommen, konnte aber auf die vielen Fragen der Schüler nicht zu deren Zufriedenheit antworten. Da fragte sie Tobias, ob er nicht seinen Vater bitten wolle, in eine Religionsstunde zu kommen, um sich mit den Schülern über die Sakramente auszutauschen. Tobias lehnte sofort kategorisch ab. Zu Hause hat er diesen Vorfall seiner Mutter erzählt.

Weshalb aber dieses strikte Nein? Tobias: "Wenn Freunde von mir bei uns zu Hause sind, dann möchte mein Vater sicher bei ihnen Eindruck schinden und erzählt ganz komische Witze. Einmal hat er zum Beispiel gesagt, dass unser Familienname aus dem Griechischen käme und irgendetwas - ich weiß nicht mehr was - bedeuten würde. Da wusste ich dann selbst nicht, ob das stimmt oder ob er uns wieder einen Bären aufbinden wollte. Ich habe dann meine Mutter gefragt, die mir antwortete, dass das Unsinn sei und dass mein Vater sich wohl einen Spaß erlaubt habe. Sein Verhalten ärgert mich dann furchtbar. Deshalb wollte ich nicht, dass er in unsere Klasse kommt, um vielleicht auch dort lauter blödsinnige Witze zum Besten zu geben."

Ich schlug ihm dann vor, einfach mal mit seinem Vater ernsthaft darüber zu reden, was er dann auch gemacht hat.

Einige Wochen später habe ich einen Anruf von seiner Mutter erhalten: Es war nun alles in Ordnung mit der Rechtschreibung.

Céline, 6 Jahre, 1. Schuljahr. Céline wollte nicht mehr zur Schule, hatte Bauch- und Halsschmerzen am Morgen. Zu Hause

konnte sie alles, hatte aber Stress vor Tests und besonders vor Diktaten. Nach Ansicht der Lehrerin hatte sie "kein Selbstvertrauen", sie traute sich auch nicht, im Unterricht nachzufragen, wenn sie etwas nicht verstanden hatte.

Fragen wir doch sofort nach: Wie hat der Vater (Rechtschreibung) sich bei der Geburt (Diktat = Prüfung der Rechtschreibung) verhalten? Die Mutter erzählt: "Abends um 22 Uhr sind wir in die Klinik. Die ganze Nacht über habe ich ganz heftige Wehen gehabt. Ich habe mich sehr über meinen Mann geärgert, denn er schlief im Sessel, während ich diese schrecklichen Schmerzen hatte (Bauchschmerzen). Ich wagte nicht, es der Hebamme zu sagen (Halsschmerzen - Céline wagt es nicht, die Lehrerin etwas zu fragen) und um ein Schmerzmittel zu bitten, weil ich nicht als empfindlich gelten wollte. Und außerdem hätte die Hebamme mir sowieso nicht geglaubt, dass ich schon so starke Schmerzen hatte, da ich wusste, dass mein Gebärmuttermund noch nicht sehr weit eröffnet war.

Ich habe damals - ich erinnere mich genau - zu mir selbst gesagt: 'Hierher würde ich nicht gerne jeden Tag kommen müssen.'"
Aber Céline musste doch jetzt jeden Tag zur Schule!

Das Problem war am nächsten Morgen gelöst!

Maï-Maï, Beispiel aus einem Seminar mit Dr. Claude Sabbah. Maï-Maï war schon erwachsen und hatte immer noch Schwierigkeiten mit den Doppelkonsonanten. Sie war sich nie sicher, ob der Konsonant verdoppelt werden musste oder nicht. Im Zweifelsfall schrieb sie dann meist mit Doppelkonsonant.

Sie ist asiatischen Ursprungs und ihr Vater war Kommandant eines Kanonenbootes auf dem Yang-Tse-Kiang. Seine Aufgabe war es, das Flusswasser trinkbar zu machen, indem er es mit einem Bambusstab in einem großen Gefäß längere Zeit rührte. Dies war lebenswichtig für ihn selbst, aber auch für die Besatzung.

Da er absolut kein Risiko eingehen wollte, verdoppelte er die Zeit, die zum Filtern des Wassers vorgeschrieben war.

Maï-Maï wird also sicherheitshalber verdoppeln. Sie hatte auch einige Male in der Schule ein Jahr wiederholt.

Dieses Symptom drückt ein Gefühl der Unfähigkeit aus. Der Schüler hat Angst, einen Fehler zu machen oder zu versagen. Er hat kein Selbstvertrauen. Auch Druck von außen kann ihm dieses Gefühl geben.

Dr. Sabbah erklärt anhand dieses Beispiels, dass die materiellen Dinge eher mit den Konsonanten zu tun haben und die spirituellen Dinge mit den Vokalen. Wenn also die Eltern während der Schwangerschaft sehr mit materiellen Dingen beschäftigt sind (zum Beispiel Geld, Hausbau ...), dann wird das Kind seine Fehler eher bei Konsonanten machen.

Nicole, 8 Jahre, hatte hauptsächlich Probleme beim Lesen. Sie las ganz langsam und nicht "flüssig". Sehr oft buchstabierte sie die beiden ersten Buchstaben eines Wortes und dann erst las sie das Wort als zusammenhängendes Ganzes: zum Beispiel T a - Tasse.

Sie hatte mit fünf eine Purpura gehabt (spontane Blutungen durch eine Verminderung der Thrombozyten im Blut). Die Anzahl der Thrombozyten entscheidet darüber, wie flüssig das Blut ist. Symbolisch haben sie mit den Familienbanden zu tun, mit den Bindungen in der Blutsverwandtschaft.

In Nicoles Familie gab es auch sehr viele Informationen, Stresssituationen, die tatsächliche Blutungen betrafen:

- Die Großmutter väterlicherseits wäre bei der Geburt von Nicoles Vater fast verblutet.
- Die Mutter hatte zu Beginn der Schwangerschaft Blutungen und daher große Angst, ihr Baby zu verlieren.

- Während der Schwangerschaft hatte der Vater beim Fällen eines Baumes einen Unfall gehabt: Er stand plötzlich blutüberströmt vor der Haustür, und seine Frau hat sich zu Tode erschreckt. Er musste mit achtzehn Stichen am Kopf genäht werden.

Nicole zieht daraus den Schluss, dass "es" besser nicht zu flüssig sein darf, weder das Blut noch das Lesen. Nicole hatte eine Lehrerin, die ihre Schüler in kleine Gruppen aufteilte. Jedes Kind musste dann in der Gruppe laut lesen, die anderen Kinder sollten anschließend seine Lektüre bewerten! Nicole hörte dann immer von den anderen Kindern, die natürlich nur die Ausdrücke der Lehrerin wiederholten, dass ihre Lektüre "nicht flüssig" sei.

Nicoles Großvater mütterlicherseits hatte eine Schwester, die zunächst zwei uneheliche Kinder von zwei verschiedenen Vätern zur Welt gebracht hatte. Dann erst hatte sie (einen dritten Mann) geheiratet, der die beiden Kinder adoptiert und ihnen so seinen Namen gegeben hatte. Sie hatte große Schande über die Familie gebracht, es wurde in der Familie lange nicht darüber gesprochen. In Nicoles Lektüre spiegelte sich die Familiengeschichte wider: zunächst zwei Kinder alleine oder einzeln (das zeigt sich im Buchstabieren des Wortanfangs) und erst dann werden Familienbande geschaffen, erst später wird das Ganze zu einer Familie zusammengefügt (erst dann wird das Ganze auch beim Lesen verbunden).

Leonard, 9 Jahre, las sehr schlecht. Silbe für Silbe das erste Mal, beim zweiten Mal ging es schon viel leichter.

Ganz einfach: Während der Schwangerschaft erhält die Mutter einen Brief in französischer Sprache, in dem ihr mitgeteilt wird, dass sie als Spenderin für Leukämiekranke in Frage komme. Sie versteht die Sache falsch, Französisch war nicht ihre Muttersprache.

Sie versteht, dass man ihr mitteilt, sie habe Leukämie. Wir können uns ihren Stress vorstellen!

Einige Stunden später kommt ihr Mann, ein Krankenpfleger, von seiner Arbeit nach Hause und klärt sie über ihren Irrtum auf. Bei der zweiten Lektüre war der Stress aufgelöst.

Andrea, 6 Jahre, konnte die Buchstaben nicht aneinanderreihen. Sie buchstabierte systematisch. Wenn es gar nicht klappte, dann las sie "Susi", ein Wort, das nicht im Text vorkam. Sollte sie aber den Namen Susi lesen, so buchstabierte sie ihn ebenfalls.

Die Mutter erzählte mir, dass sie selbst damals dasselbe Problem hatte, als sie lesen lernte.

Andreas Mutter war vor dem Alter von einem Jahr sehr krank gewesen, Klinikaufenthalte waren die Folge. Der Vater war Klempner und litt selbst unter chronischen Rückenschmerzen, die ihn zur Bettruhe zwangen. So kam es, dass es für sie sehr schwer wurde, die Krankenhausrechnungen (= Schriftliches, das gelesen werden muss) zu bezahlen. Sie mussten verschiedene Möbelstücke wieder verkaufen, um die Rechnungen zu zahlen. Diese Summen mussten mühsam "abgestottert" (= buchstabiert) werden. Wenn es gar nicht ging, half ihnen eine Tante, die dann etwas Geld vorstreckte, das aber auch wieder auf Heller und Pfennig zurückbezahlt werden musste, nach und nach. (Die Tante hieß allerdings nicht Susi ...)

Zu mir kam auch ein anderes Kind, das buchstabierte, statt zu lesen, oft fing es sogar an, das Wort von hinten zu buchstabieren.

Dies kam daher, dass die Mutter während der Schwangerschaft liegen musste und sich ungeheuer langweilte, so versuchte sie sich auch an Kreuzworträtseln. Da sie darin aber nicht geübt war, hatte sie ihre Mühe. “Ich fand nicht viele Wörter, und wenn nach einem Verb gefragt wurde, schrieb ich schon mal in das letzte Kästchen ein N ...”

Cynthia, 9 Jahre, verwechselte b und d, beim Lesen und beim Schreiben.

Die Eltern wollten damals ein zweites Kind. Die Mutter war mit ihrer Regel in Verzug, wartete ein paar Tage ab und besorgte sich einen Schwangerschaftstest aus der Apotheke. Dieser war positiv und sie freute sich. Sie vereinbarte einen Termin bei ihrem Frauenarzt, der machte auch einen Test, der aber negativ ausfiel. Er schlussfolgerte daraus, sie sei nicht schwanger. Cynthias Mutter machte einen zweiten Test, nachdem weiterhin die Regel ausblieb. Der war wiederum positiv. Beim nächsten Termin beim Gynäkologen meinte der zunächst wieder, sie wäre nicht schwanger, die Blutabnahme bestätigte aber dann doch die Schwangerschaft. “Ja, jetzt sind Sie schwanger!”

Während der gesamten Schwangerschaft bestand Cynthias Mutter darauf, dass sie schon mindestens drei Wochen vorher schwanger gewesen war, der Arzt bestritt es allerdings bis zur Geburt, die letztendlich “fast drei Wochen vor dem errechneten Termin” stattfand. Auch jetzt wollte der Gynäkologe ihr noch immer nicht Recht geben ... Der Ärger kam jetzt vollständig wieder hoch, als Cynthias Mutter an diese Augenblicke zurückdachte. Dies ist nötig, damit die Verbindung zum Symptom hergestellt wird und die emotionale Ladung verpufft. Somit hat das Symptom keine Daseinsberechtigung und keine Grundlage mehr.

Die Bedeutung der beiden Buchstaben:

b = voller Bauch (Baby, bébé im Französischen)

d = leerer Bauch (das Gegenteil)

Cynthia wurde unbewusst durch die Buchstaben b und d an diese Problematik erinnert, schwanger oder nicht schwanger? Um die Frage "Schwanger oder nicht (bleiben)?" geht es ebenso, wenn eine Abtreibung in Erwägung gezogen wird. Diese Thematik haben mir sehr viele Mütter in Seminaren und Workshops bestätigt.

Eine Therapeutin erzählte mir von einem Kind, bei dem dieses Problem (b-d) gelöst wurde, nachdem der Mutter wieder bewusst wurde, wie schwer sie es während der Schwangerschaft hatte, ihren immer dicker werdenden Bauch zu akzeptieren. Sie wollte zwar das Kind, aber ihren Bauch fand sie äußerst hässlich.

Noch ein etwas komplexeres Beispiel von Dyslexie:

Harald, 14 Jahre, las wie ein neunjähriges Kind, hatte große Rechtschreibprobleme. Er schrieb phonetisch. Seine Resultate waren durchweg in allen Fächern sehr schlecht (6 bis 9/20), Ausnahmen waren die wissenschaftlichen Fächer, wo er 12 bis 13 von 20 möglichen Punkten erreichte, in der plastischen Kunst hatte er sogar 14/20. Harald konnte sich nicht gut mündlich ausdrücken, er "fand einfach die Worte nicht". Als Harald zu mir kam, sah es ganz so aus, als ob er das Schuljahr nicht schaffen würde.

Harald wurde in vitro gezeugt, beim 5. Versuch hatte es endlich geklappt. Weitere Versuche nach Haralds Geburt hatten ebenfalls nicht gefruchtet. Auf die Frage, warum sie unbedingt ein Kind wollten, antwortete der Vater, dass es ihm schon immer wichtig gewesen sei, Vater zu werden, er habe unbedingt ein sehr guter Vater sein wollen. Die Mutter sagte, dass für sie ein Kind der Ausdruck ihrer Liebe sein sollte.

Der Vater des Vaters war gestorben, als Haralds Vater 2 Jahre alt war. Daraufhin hatte er einen sehr strengen und gewalttätigen Stiefvater gehabt (Rechtschreibung - Autorität). Dieser wertete ihn ständig ab, und auch der Lehrer sagte immer wieder, dass aus ihm wohl nichts werden würde. Das hatte ihn damals erst recht motiviert, er wollte beweisen, dass er es doch schafft. So war der

Tag, an dem er seinem Stiefvater sein Studiendiplom zeigen konnte, ein großer Tag für ihn.

Die Zeugung: Es wurden die beiden letzten eingefrorenen Embryos eingepflanzt. Als sie zum Termin erschienen waren, sagte der Arzt zum Vater: "Wenn es nicht die beiden letzten wären, hätte ich Sie erst gar nicht herkommen lassen, denn die beiden Embryos sehen nach gar nichts aus." Es sah also so aus, als ob nichts aus ihnen werden würde. Wider Erwarten hatte sich dann doch ein Embryo eingenistet und weiterentwickelt. - Schon dem Vater war gesagt worden, dass nichts aus ihm wird, doch er hatte allen das Gegenteil bewiesen. So waren auch die Embryonen quasi hochmotiviert, einer hat "sich besonders angestrengt" und es geschafft. In der Schule sagte man Harald, er müsse sich sehr anstrengen, wenn er das Schuljahr noch schaffen wolle. Das war das Muster: Die Situation musste praktisch aussichtslos sein, damit seine Erfolgsmotivation geweckt wurde!

Nach unserer Sitzung hat Harald rapide große Fortschritte gemacht und gute Resultate erzielt.

Harald sollte also die Liebe zwischen den Eltern ausdrücken, aber in einem heftigen Streit (5. oder 6. Schwangerschaftsmonat) setzt die Mutter dem Vater so zu, dass er ihr - um sie zum Schweigen zu bringen - den Hals zudrückt. Wir müssen uns vorstellen, was das für eine Verwirrung beim Fötus stiftet, sollte er doch der Ausdruck ihrer Liebe zueinander sein! Phonetisches Schreiben: Was gesagt wird und auch bei der Hochzeit versprochen wird, ist in Wirklichkeit gar nicht so.

Harald vertrug es ganz schlecht, wenn die Eltern stritten. Er passte auf, dass sich kein anderer Mann für die Mutter interessierte. Er hatte Angst, dass seine Eltern sich trennen könnten, dass die Familie nicht zusammenbleibt (Blutsfamilie - kein fließendes Lesen), er hätte ja keine Existenzberechtigung mehr, wenn die Eltern sich nicht mehr liebten.

Der Stiefvater des Vaters war fremdgegangen und war aber nach 6 Jahren wieder zur Mutter zurückgekehrt. Der Vater von Haralds Mutter hatte seine Frau ebenfalls mehrmals betrogen, die Frau war aber wegen der Kinder immer bei ihm geblieben. Eine Information mehr, dass das Kind die Familie zusammenhalten kann.

Haralds Geburt: Die Mutter wird zunächst einmal mit "falschen" Wehen wieder nach Hause geschickt, es war noch nicht die Zeit zum Ausdrücken. Beim Pressen gab es dann später auch Probleme, der Vater hat ganz heftig auf den Bauch seiner Frau drücken müssen. Dann hat man das Kind der Mutter auf den Bauch gelegt und sie hat einfach nur vor Freude geweint. Die Hebamme sagte: "Willkommen, Harald!" Die Mutter: "Ich fand das ganz schlimm, weil ich das eigentlich hätte sagen müssen, aber die Worte sind mir einfach nicht (über die Lippen) gekommen." (Ebenso fand auch ihr Sohn Harald nun die Worte nicht.)

Dyslexie bedeutet auch, dass das Kind seine Familiengeschichte nicht erzählen kann. Haralds Vater wusste nicht sehr viel über seinen Vater. Als der Stiefvater eingezogen war, mussten alle Fotos vom leiblichen Vater weggeräumt werden, es durfte nicht von ihm gesprochen werden. Harald weinte und bedauerte, dass er nichts über seinen Großvater wusste. Erst vor kurzem hatte die Urgroßmutter dem Vater von ihrem verstorbenen Sohn erzählt, er hatte das aufgezeichnet. Der Vater versprach Harald, dass er diese Aufzeichnungen hören kann und dass er sie auch niederschreiben wird. Daraufhin war Harald enorm erleichtert. Ich habe ihn dann ein Buch aus dem Regal aussuchen lassen und ihn aufgefordert, das Buch aufzuschlagen und irgendeinen Absatz zu lesen. Er hat einen wundervollen Text ausgewählt und ihn zügig und fehlerlos gelesen!

Grammatik

Probleme in Grammatik zeugen von Problemen, die etwas mit einer "Großmutter" zu tun haben. Das französische Wort für Grammatik ist "***grammaire***", das Wort für Großmutter ist "***grand-mère***", die Aussprache dieser beiden Wörter ist praktisch identisch. Aber auch in der Arbeit mit deutschsprachigen Kindern hat sich doch das Thema Großmutter jedes Mal bestätigt gefunden.

Dr. Sabbah erklärte in seinem Kurs die Geschichte eines Mädchens, das Schwierigkeiten in Grammatik hatte. Ihre Großmutter war vor ihrer Urgroßmutter gestorben, dies konnte das Mädchen nur schwer verstehen und akzeptieren, da ja eigentlich (logischerweise) für sie die älteren Menschen zuerst sterben müssten. Auch hier halfen die Erklärungen und das emotionale Aufarbeiten dem Kind.

Oftmals habe ich beobachtet, dass Kinder, die nicht das erwünschte oder erwartete Geschlecht hatten, Probleme zeigten, wenn es darum ging, Adjektive oder Pronomen dem Geschlecht anzugleichen. Im Deutschen ist dies zu beobachten, aber ganz stark fällt es im geschriebenen Französisch auf, wo die weibliche Form meist nur durch das Anhängen eines "e", das im gesprochenen Französisch nicht immer hörbar ausgesprochen wird, gebildet wird. Wenn also das Mädchen ein Junge werden sollte, so hat es Tendenz, dieses "e" wegzulassen (männliche statt weibliche Form).

Kinder oder Jugendliche, die Schwierigkeiten mit der Konjugation (coniungere, lateinisch = zusammenführen, vereinigen, verbinden) haben, drücken dadurch ein Paarproblem (meist das Elternpaar) aus, das nicht zusammenpasst oder das unterschiedliche Ansichten vertritt. Es sind zwei zusammen, die nicht gut zusammenpassen.

Falls es sich um eine besondere Schwierigkeit im Verständnis der verschiedenen Zeiten (Imperfekt, Futur ...) oder Modi (Imperativ, Konjunktiv ...) handelt, so muss dies auch mit der Geschichte des Kindes und seiner Familie zu verbinden sein.

Viktor, 11 Jahre alt:** Die "Ergänzungen" waren ganz speziell **sein Problem. Er verwechselte sie immer in den drei verschiedenen Fällen. Er war unfähig, in einem Satz die Ergänzungen im 2. Fall (Genitiv), im 3. Fall (Dativ) und im 4. Fall (Akkusativ) richtig zu benennen.

Diese Schwierigkeit war sofort verschwunden, das heißt, er konnte augenblicklich alle Fälle richtig benennen, nachdem wir nach logischer Überlegung unter den Ergänzungen in der Grammatik den Großvater (als Ergänzung der Großmutter) verstanden hatten.

Der Junge hatte praktisch drei Großväter, und ***in allen drei Fällen*** war dies problematisch: Der Großvater mütterlicherseits lebte zwar noch, aber es gab seit 20 Jahren keinen Kontakt zu ihm. Der Junge wusste zwar, dass dieser Großvater existierte und noch lebte, hatte ihn aber nie gesehen. Der Großvater väterlicherseits war schon seit 20 Jahren tot.

Es tat Viktors Vater heute noch leid, dass sein eigener Vater zu Lebzeiten seine Kinder nie gesehen hatte. Die Großmutter väterlicherseits hatte nun einen neuen Lebensgefährten (Ersatzgroßvater), aber auch dort lief nicht alles so, wie sie und die Enkelkinder es sich gewünscht hätten.

Ich habe Viktor also erklärt, dass sein "Großvaterproblem" sich auf diese Art bei ihm äußerte. Er verstand aber auch, dass er in dieser Angelegenheit absolut nichts ändern konnte und die Situation so akzeptieren musste. Ich denke, dass allein die Tatsache, darüber zu reden, für ihn hilfreich war.

(Ein weiteres Beispiel finden Sie im Kapitel "Adoptivkinder".)

Fremdsprachen

Immer wenn es Vorfahren gab, die gezwungenermaßen (unter Stress) eine Fremdsprache erlernen mussten, so geben sie an ihre Nachkommen weiter, dass das Erlernen einer Fremdsprache problematisch und schwierig ist, auf jeden Fall mit Stress verbunden. Typische Geschichten sind Zwangsemigration, Okkupation durch den Feind (der eine andere Sprache spricht) oder Flucht, wenn es im eigenen Land keine Existenzmöglichkeiten gab (Kriegsflüchtlinge).

Wir müssen auch bedenken, dass ursprünglich alle, die nicht die eigene Sprache benutzten, Feinde waren. Jeder Stamm hatte seine eigene Sprache, seinen eigenen Dialekt. In Annexionsgebieten oder Gebieten, wo die Sprachengrenze eine Rolle spielt, treten diese Probleme gehäuft auf. Eine Fremdsprache sprechen, kann also auch bedeuten, dass man die Sprache des Feindes spricht - oder sogar, dass man sich mit dem Feind versteht (Verräter). Dies ist zum Beispiel nicht möglich, wenn ein Vorfahr im Krieg an den Feind verraten wurde oder wenn seine eigene Kollaboration mit dem Feind ihn in Lebensgefahr gebracht hatte. Wenn heute eine Französin einen Deutschen liebt, so gilt sie als vorbildliche Europäerin, das war aber nicht immer so.

Auch ein negatives Erlebnis, das mit einem Land (England, Italien) assoziiert wird, kann unbewusst das Erlernen dieser Landessprache erschweren (Englisch, Italienisch).

Juan, 16, Schwierigkeiten mit der englischen Sprache

Juans spanische Großmutter löste ihre Verlobung damals Hals über Kopf, nachdem ihr Gerüchte über ihren Verlobten zu Ohren gekommen waren. Erst als sie kurz darauf einen anderen heiratete, erfuhr sie, dass alles nur eine Verleumdung gewesen war. Dieser Mann verließ mit gebrochenem Herzen Spanien, zog nach England, wo er sehr jung starb. Die Großmutter hatte sich dies nie verziehen und war mit ihrem Mann auch nie glücklich geworden. Juan erzählte mir, dass bis zum Tod der Großmutter ein Foto ihres ehemaligen Verlobten bei ihr zu Hause auf dem Kaminsims gestanden habe. England war das Land (Englisch die Sprache), mit dem sie diese Geschichte verband.

Am häufigsten finden wir aber die Programmierung im Zusammenhang mit einem Erlebnis, bei dem diese Fremdsprache eine Rolle spielte bzw. gesprochen wurde.

Sybille, 12 Jahre, Probleme beim Erlernen der französischen Sprache

Während der Schwangerschaft mit Sybille wurde bei einer Ultraschalluntersuchung festgestellt, dass ihre Nieren sich nicht normal entwickelten. Zunächst wurde von "schwarzen Löchern" gesprochen, daraufhin wurden alle möglichen Untersuchungen in mehreren Universitätskliniken durchgeführt. Jedes Mal wurden neue Hypothesen aufgestellt, und diese Hiobsbotschaften mussten die Eltern immer in französischer Sprache (für sie auch nicht ihre Muttersprache) entgegennehmen. So blieb für Sybille die französische Sprache verbunden mit Angst, Stress, Sorgen um ihr Wohl ...

Carmen, 12 Jahre, globale Schwierigkeiten in Französisch

Während der Schwangerschaft gab es nur eine Konfrontation mit der französischen Sprache: Der Bruder von Carmens Vater war zu jener Zeit mit einer französischsprachigen Frau zusammen. Carmens Mutter fand sie äußerst unsympathisch, fuhr sie ihr doch einfach mit der Hand über den schwangeren Bauch und fragte ganz "blöd": "Ça va le bébé?" - zu Deutsch: "Wie geht es dem Baby? Geht's dem Baby gut?" Dieser Kontakt hatte bereits ausgereicht.

Martina, 14 Jahre, Probleme in Französisch, obwohl beide Eltern eigentlich sehr gut Französisch sprachen, es war ihre 2. Sprache.

Martinas Mutter sprach der Einfachheit halber Französisch mit ihrem Gynäkologen, der Probleme hatte, sich im Deutschen auszudrücken.

Die Geburt dauerte die ganze Nacht über, und gegen Morgen war sie total erschöpft, als sie dann endlich pressen sollte. Nach einigen Versuchen gab sie auf und meinte, man solle doch einfach einen Kaiserschnitt machen, sie würde es sowieso nicht schaffen. Aber der Gynäkologe meinte nur: "Aber nein, Gisela, los, noch einmal richtig drücken und dann ist das Baby da!"

Sie: "Nein, nein, ich schaffe das nicht, ich mache gar nichts mehr, ich kann nicht mehr, ich will einen Kaiserschnitt!" Dann habe er sie angeschrien, sie solle gefälligst pressen! Sie konnte mir den genauen Wortlaut nicht wiederholen, meinte aber, dass er sie sehr unangenehm angefahren habe, aber daraufhin hat sie gepresst und Martina ist auf normalem Wege zur Welt gekommen.

Louise, 62 Jahre, war selbst französischsprachig und hatte immer Schwierigkeiten, das gesprochene Englisch zu verstehen, obwohl sie Englisch liebte und es mit großem Eifer gelernt hatte. Sie las und sprach sehr gut Englisch.

Nachdem sie eines meiner Seminare besucht hatte, erzählte sie mir ihre Geschichte: Sie war zu Kriegsbeginn geboren und ihren Vater hatte sie nicht kennengelernt, sehr bald war er an der Front umgekommen. Nach dem Krieg lernte ihre Mutter einen amerikanischen Soldaten kennen und lieben. Louise mochte diesen Mann sehr gerne. 1948 musste er dann in die Vereinigten Staaten zurück. Er wollte Louise und ihre Mutter mitnehmen. Nach langem Zögern entschied sich die Mutter aber dagegen. Sie blieb in Luxemburg. Louise wäre gern nach Amerika gegangen, sie liebte diesen Mann wie einen Vater und dann hat er sie nicht ***mitgenommen***.

Verstehen = comprendre (im Französischen), com-prendre = mit-nehmen (aus dem Lateinischen). Sie liebte Englisch (natürlich, es war die Sprache dieses Mannes), aber sie konnte es nicht verstehen (mitnehmen).

Als der Mann wegging, hatte sie aufgehört, Englisches zu hören.

Geografie, Geschichte, Physik, Chemie

Ich habe nur mit sehr wenigen Kindern und Jugendlichen gearbeitet, die über Schwierigkeiten in diesen Fächern klagten. Vielleicht aus dem einfachen Grund, weil diese Lernfächer nicht zu den wichtigen Hauptunterrichtsfächern gehören. Allerdings habe ich bei meinem mehrwöchigen Aufenthalt auf Tahiti mit Kindern gearbeitet und festgestellt, dass dort sehr großer Wert auf Erdkunde gelegt wurde. Kinder und Eltern (Einheimische sowie auch zugewanderte Franzosen) klagten über Schwächen in diesem Schulfach. Dies lässt sich wohl durch die geografische Lage und die damit verbundenen schwierigen Lebensumstände (besonders in der Vergangenheit) erklären, mit der Isoliertheit "am Ende der Welt".

Es empfiehlt sich aber wie immer, die individuelle Programmierung zu suchen, wobei grundsätzlich alles möglich ist.

Geografie

- Stress bestimmte Länder betreffend
- Stress in Bezug auf geografische Karten, zum Beispiel wegen eines Vorfahren, dessen Leben in großer Gefahr war, weil er sich auf eine falsche Karte gestützt hatte

- Stress in Bezug auf bestimmte Themen, zum Beispiel Flussnamen, wenn in einer früheren Generation ein Kind im Fluss ertrunken ist oder wenn es in der Gegend verheerende Überschwemmungen gegeben hatte
- Stress um Grenzen
- Biotop Erde, Stress um Klimakatastrophen ...

Geschichte

- Stress in Bezug auf Kriege (Familienerinnerungen an Massaker auf dem Schlachtfeld). Es sind die heutigen Kinder, die all die furchtbaren Kriegserlebnisse (Schlachten, Kriegsgefangenenlager, Flüchtlingsdramen) unbewusst in sich tragen.
- Alle möglichen spezifischen Themen, die im Geschichtsunterricht behandelt werden, können negative Erlebnisse und Erfahrungen der Vorfahren wieder hochkommen lassen.
- Stress in Bezug auf familiäre Abstammung (Thema Königshäuser), wenn zum Beispiel ein unbekannter Vater und/oder die Adoption eines Findelkindes in der Familie vorkommen.
- Tiefsitzender alter Stress die Geschichten betreffend, die man als Kind erzählt bekommen hat, zum Beispiel Grimms Gräuelmärchen ...

Chemie

- Stresssituationen um chemische Prozesse wie zum Beispiel Feuer, Frost
- Auswirkungen von Gas (Konzentrationslager ...)

- Alkoholprobleme in der Schwangerschaft oder in der Familie
- Antipathie gegen Ärzte, Aversion gegen ihre (chemischen) Medikamente

Physik

- Stress mit den Naturgesetzen, zum Beispiel Erdanziehungskraft (das Gesetz des freien Falls), wenn jemand aus der Familie sich von einer Brücke in den Tod gestürzt hat
- Physikalische und andere Gesetze (Gesetzbuch), Formeln ...
- Ein konkreter Fall: Der Großvater war Professor für Physik an der Universität, mit ihm waren sehr negative Erfahrungen verbunden. Bei diesem jungen Mann waren seine Probleme im Fach Physik ganz klar an den Großvater gekoppelt.

V. Verhaltensprobleme

Hyperaktivität

Ich möchte an dieser Stelle daran erinnern, dass unser Körper vom Gehirn gesteuert wird und dass seine einzige biologische Aufgabe darin besteht, uns und unsere Art am Leben zu erhalten. Bei jedem Symptom müssen wir uns also fragen, inwiefern gerade das betreffende Symptom dieses Individuums für sein Überleben nützlich ist.

Wir müssen nicht meinen, dass diese Kinder ihre Eltern absichtlich an den Rand der Verzweiflung treiben. Nein, sie können nicht anders. Das Bedürfnis, ständig aktiv oder in Bewegung zu sein, ist stärker als sie. Irgendwann muss also das Gehirn eines hyperaktiven Kindes eine Information gespeichert haben, nach der es sich ständig bewegen muss oder ständig aktiv sein muss, um nicht tot zu sein oder zu sterben. Man muss sich bewegen, sonst ist man tot!

Die häufigste Programmierung:
Ich muss mich bewegen, sonst bin ich tot!

Wie eine Maschine befiehlt das Gehirn dann die ständige Bewegung; es ist in dem Fall die einzige Möglichkeit, sich zu vergewissern, dass man noch lebt.

Anton, 4 Jahre, hyperaktiv. Seine Eltern waren mit den Nerven am Ende, besonders die Mutter: "Es ist furchtbar nervenaufreibend, er kann nicht einen Augenblick stillhalten, sogar wenn ich es mir abends todmüde auf dem Sofa bequem mache, kann er nicht Ruhe geben. Er kommt und nervt mich, bis ich dann oft wieder ausraste."

In unserer Sitzung verstehen die Eltern, was ihn dazu treibt, ständig in Bewegung zu sein: Kurz vor der Schwangerschaft mit diesem Kind hatte die Mutter nach acht Monaten Schwangerschaft ein Baby verloren. Sie hatte plötzlich kein Leben mehr, das heißt keine Kindsbewegungen mehr gespürt. Sie suchte ihren Gynäkologen auf, der ihr nur noch den Tod ihres ungeborenen Kindes bestätigen konnte. Während der darauffolgenden Schwangerschaft vergewisserte sie sich natürlich ständig, dass sich das Baby in ihrem Bauch noch bewegte. Wenn sie einmal nichts spürte, drückte sie mit der Faust gegen ihren Bauch, um eine Reaktion ihres Kindes, das heißt eine Bewegung, hervorzurufen.

Das Kind registriert in dem Augenblick: "Man muss sich bewegen, sonst ist man tot." Folglich auch: "Ich muss mich bewegen, sonst bin ich tot." (Das eine Kind bewegte sich ja nicht mehr und anschließend stellte man seinen Tod fest.) Aber auch: "Ich muss ständig in Bewegung sein, um meine Mutter zu beruhigen (inzwischen war sie aber durch seine ständige Aktivität alles andere als beruhigt), so dass sie sicher sein kann, dass ich nicht tot bin und dass alles in Ordnung ist."

So konnte der Sohn es auch nicht ertragen, wenn die Mutter es sich zum Beispiel abends auf dem Sofa bequem machte. Seine Mutter so unbeweglich zu sehen, löste in ihm – ganz unbewusst natürlich - den Gedanken aus, sie könne vielleicht tot sein, folglich brachte er sie dazu, zu reagieren, sich zu bewegen, genau so wie die Mutter es mit ihm während der Schwangerschaft gehalten hatte.

Wenn Eltern und Kind verstehen, welchen Sinn dieses Verhalten hat, entpuppt es sich als nun absolut unsinnig. Wir lassen dann dem Gehirn eine Information zukommen, die dieses "Überlebensprogramm" löscht. Ich bitte zum Beispiel den Jungen, sich eine Minute nicht zu bewegen, nachdem ich ihm schon erklärt habe, dass er nicht Gefahr läuft, tot zu sein, wenn er aufhört sich zu bewegen. Danach lasse ich ihn spüren, dass er immer noch lebt. Augenblicklich findet das Kind Ruhe. - Die Zusammenhänge werden bewusst gemacht. Anschließend wird durch das körperliche Erleben des Gegenteils der ursprünglichen Information die Hyperaktivität augenblicklich beendet.

Gerd, 7 Jahre alt, hyperaktiv, war ein ganz lieber Kerl, aber er nervte die gesamte Familie mit seiner Rastlosigkeit und seiner Unruhe (zum Beispiel) bei Tisch.

Hier war die Lösung des Problems schnell gefunden. Gerds Mutter war im fünften Monat schwanger, als sie zum ersten Mal die zarten Bewegungen ihres Babys wahrgenommen hatte. Sie freute sich sehr. Einige Tage später geriet sie plötzlich in Panik, als sie feststellte, dass sie seit zwei Tagen ihr Kind nicht gespürt hatte. Sofort begab sie sich in die Klinik, wo man schnell eine Ultraschalluntersuchung machte, und da sah sie sofort auf dem Bildschirm: Es bewegt sich, uff!

Hier registriert auch Gerd, dass er sich bewegen muss, um nicht tot zu sein, denn das war natürlich die Befürchtung seiner Mutter. Auch er muss sich also bewegen, damit seine Mutter beruhigt ist. Inzwischen aber erreichte auch er das Gegenteil, seine Unruhe und sein Gezappel regten sie furchtbar auf ...

Alice, 10 Jahre alt, war hyperaktiv, nervte ihre Eltern – und gleichzeitig versagte sie in der Schule auf der ganzen Linie. Sie war das einzige Kind der Eltern.

Bei ihr lag die Sache ähnlich. Ihre Mutter hatte vor der Schwangerschaft mit Alice drei Fehlgeburten erlitten. Sie hatte ihr Kind jeweils nicht mit Blutungen verloren. Jedes Mal hatte man ihr das Scheitern der Schwangerschaft anlässlich einer Ultraschalluntersuchung bestätigt: Es ist nichts mehr da, was sich bewegt! Hier ist also auch die Aussage klar: Wenn das Kind sich nicht mehr bewegt, lebt es nicht mehr. Hinzu kam noch, dass die Mutter während der Schwangerschaft natürlich Angst hatte, es könnte auch dieses Mal nicht gut gehen, sie könnte auch dieses Mal das Ziel, die Geburt eines Kindes, nicht erreichen.

Die Angst, die Schwangerschaft könnte (wieder) nicht von Erfolg gekrönt sein, wird vom Kind in diesem Fall dadurch gelöst, dass es in seinen Bemühungen keinen Erfolg haben wird, das heißt für das Kind zunächst einmal, dass es in der Schule nicht erfolgreich sein kann. Die Angst ist gelöst, wenn das eintritt, wovor man Angst hat. Zum wiederholten Male hatte Alice das Lernziel des Schuljahres nicht erreicht.

Alice ist seit der Therapie nicht mehr hyperaktiv, braucht also kein Ritalin mehr – und der Erfolg in der Schule stellte sich auch ein.

Erwin, 5 Jahre, hyperaktiv

Erwins Mutter hatte keine Stresssituation um die Kindsbewegungen während der Schwangerschaft gekannt. Bei der Geburt aber, als der Gynäkologe Erwin hochhielt, bewegte er sich nicht, Kopf, Arme und Beine hingen völlig leblos in der Luft. Für einen Moment dachte sie, er wäre tot! Also auch hier wird gespeichert: Wenn ich mich nicht bewege, könnte ich tot sein. Die Mutter hatte also nicht festgehalten, dass er nicht schrie, sondern dass er sich nicht bewegte. Sonst hätte er vielleicht die Information gehabt: Ich muss schreien, sonst bin ich tot (Schreikind)! (Das heißt aber nicht, dass alle Schreikinder aus diesem Grund ständig schreien.)

Die meisten der hyperaktiven Kinder bewegen sich ständig, um ihren Eltern zu zeigen, dass sie noch am Leben sind. Es gibt aber eine weitere Möglichkeit, die aus einem Kind ein hyperaktives Kind werden lässt:

Roland, 5 Jahre alt, war ebenfalls hyperaktiv. Er konnte nie ruhig sitzen bleiben. Zusätzlich fiel er auch immer wieder auf den Kopf (vom Wickeltisch, vom Schaukelpferd, von der Rutschbahn). Die Stürze wurden immer dramatischer. Zuletzt war er im Badezimmer auf den Heizkörper geklettert und von dort mit dem Kopf auf der Badewannenkante aufgeschlagen. Er war kurze Zeit ohnmächtig und musste anschließend wiederum am Kopf genäht werden.

Roland ist sechs Wochen vor dem errechneten Geburtstermin zur Welt gekommen. Wegen einer drohender Frühgeburt musste die Mutter die letzten Wochen vor der Geburt bei strikter Bettruhe und unter Medikamenten in der Klinik verbringen. Sie durfte nicht einmal aufstehen, um zur Toilette zu gehen. Sie war sehr unruhig, und die Medikamente trugen zusätzlich dazu bei, dass sie innerlich sehr nervös sowie aufgedreht war. Sie hätte sich so gerne bewegt – und wie gerne wäre sie aufgestanden! Roland "übernimmt" ihren Bewegungsdrang und muss sich auf jeden Fall bewegen. Es ist unerträglich, sich nicht zu bewegen.

Natürlich war Roland auch abends nur sehr schwer ins Bett zu kriegen, immer wieder stand er unter irgendeinem Vorwand auf. Die Mutter hatte es damals so satt gehabt, ständig im Bett bleiben zu müssen.

Zu dem Stress, sich nicht frei bewegen zu können, kam noch hinzu, dass die Mutter über Monate Angst hatte, ihr Kind zu verlieren, da sie während der Schwangerschaft ständig Wehen gehabt hatte. Wenn eine Mutter Angst hat, ihr Baby zu "verlieren", so hat sie im wahrsten Sinne des Wortes Angst, es könnte ihr zwischen den Beinen herausfallen. Da es (im Prinzip) mit dem Kopf nach unten liegt, würde dies für das Baby einem Sturz auf den Kopf gleichkommen. Eine natürliche Regel besagt, dass eine Angst gelöst oder vorbei ist, wenn das eintritt, wovor man Angst hat. Dies bedeutet, dass Roland später ständig auf den Kopf fällt, um (nachträglich wohlgemerkt) die Angst seiner Mutter zu lösen oder zu beenden - die Angst, ihn zu verlieren. Gleichzeitig entsteht durch die ständigen und immer schlimmer werdenden Stürze des Kindes eine neue Angst bei der Mutter, was natürlich wieder nach einem erneuten Sturz als Lösung der Angst verlangt ... - Ein Teufelskreis!

Roland hat seine Hyperaktivität eingestellt, nachdem wir ihm erklärt hatten, dass er nicht mehr ständig in Bewegung sein muss, um dem Bewegungsdrang seiner Mutter nachzugeben. Seit diesem Tag ist er auch nicht mehr auf den Kopf gefallen. Er ist - wie auch andere Kinder, die wie er in diesem Mechanismus gefangen waren - beim nächsten Sturz einmal demonstrativ auf die Knie oder auf den Po gefallen, praktisch um zu zeigen, dass es nun mit den Stürzen auf den Kopf ein Ende hat.

Piet, 11 Jahre, hyperaktiv, überwiegend zerstörerisch veranlagt. Er schaffte es immer, alle möglichen Dinge "kaputt zu kriegen".

Eine Kollegin erzählte mir seine interessante Geschichte: Piets Vater war Maurer, und am Wochenende verdiente er sich etwas Geld hinzu, indem er mit seinem Freund alte, baufällige Häuser abriss. Dabei verkauften sie unter anderem die gebrauchten Ziegel ...

Piets Geburt wurde an einem Freitag eingeleitet. Das Ganze zog sich aber unendlich lange hin, und Piet kam letztendlich erst am Samstagnachmittag zur Welt. Piets Vater saß wie auf Kohlen, denn eigentlich hätte er auch an diesem Samstag mit seinem Freund ein Haus abreißen (das heißt zerstören) müssen. Er fühlte sich sehr schlecht, da er wusste, dass sein Freund absolut nicht verstand, warum er den ganzen Tag untätig neben seiner Frau sitzen musste. Er hatte sozusagen ein schlechtes Gewissen, seinen Freund alleine den Abriss machen zu lassen, er wäre im Grunde gerne mitgegangen.

Auch hier "übernimmt" Piet eigentlich nur den Stress seines Vaters, indem er nicht still und unbeweglich sitzen bleibt, sondern eifrig allerhand zerstört oder kaputt macht.

Seit jenem Tag, an dem er dies verstanden hat, hat Piet sich beruhigt und macht auch nichts mehr kaputt.

Dany, 10 Jahre alt, hyperaktiv. Er konnte vor allem nicht auf einem Stuhl sitzen bleiben, sei es in der Schule oder zu Hause. Er hatte keine Geduld, am Tisch zu sitzen, sei es zum Essen oder für die Hausaufgaben.

Die Mutter: "Ich würde so gerne einfach mit ihm (zum Beispiel über die Schule) reden, etwas Zeit mit ihm verplaudern. Er setzt sich nie hin, um etwas zu lesen, um ein Puzzle zusammenzusetzen, um sich irgendwie mit etwas Sinnvollem zu beschäftigen ... Er kann einfach nicht sitzen bleiben, meist muss er sofort raus, um zu arbeiten, wie er sagt. Draußen buddelt er dann, fährt mit seinen Spielzeugtraktoren ... "

Während der Schwangerschaft bauten die Eltern ihr Haus. Um Geld zu sparen, arbeitete der Vater selbst sehr viel auf der Baustelle. Nach seiner regulären Arbeit kam er nach Hause, aß schnell etwas, zog sich um und war weg auf der Baustelle. Dort arbeitete er dann einige Stunden, oft bis 22 Uhr. Dann kam er nach Hause und fiel völlig erschöpft ins Bett. Er war zu müde, um noch mit seiner Frau zu diskutieren. Er beklagte sich, dass er nicht einmal mehr Zeit hätte, die Zeitung zu lesen ... Dies gefiel der Mutter schon damals nicht.

Bis ins Detail übernahm der Sohn das Verhalten seines Vaters und konfrontierte die Mutter mit derselben Situation, mit demselben Gefühl. Ihr wurde natürlich klar, dass sie auch schon als Kind niemanden hatte, mit dem sie sprechen konnte, ihre Eltern hatten immer zu viel zu tun.

Dany hat anschließend seine Ruhe gefunden, da er verstanden hatte, woher seine Rastlosigkeit kam.

Sven, 9 Jahre alt. Sven kam zu mir wegen schulischer Probleme. Als er vor mir saß, fiel mir auf, dass er seine Beine ständig heftig bewegte.

Ich fragte ihn dann, ob er schon einmal einen Toten gesehen habe, er verneinte. "Oder ein totes Tier?" "Ja, auf dem Fahrradweg bin ich einmal über ein totes Fohlen gefahren. Es wurde schon dunkel und es hatte etwas geschneit, so hatte ich das Tier nicht dort liegen sehen." "Woher wusstest du, dass es tot war?" "Es hat sich nicht mehr bewegt!"

Ich frage dann die Mutter, ob zufällig in ihrer Familie jemand überfahren worden sei, womöglich ein Kind. Die Mutter bejaht: "Als meine Mutter mit mir schwanger war, ist der Sohn ihrer Schwester, 4 Jahre alt, von einem Auto vor dem Haus überfahren worden, er war dort auf- und abgelaufen und hatte darauf gewartet, abgeholt zu werden."

Sven hat gleich aufgehört, seine Beine zwanghaft zu bewegen, nachdem ich ihm erklärt hatte, dass er seiner Mutter nicht mehr auf diese Art zeigen muss, dass er noch lebt. Hatte doch der vierjährige Junge aufgehört, seine Beine zu bewegen, aufgehört umherzulaufen.

Vor kurzem hörte eine Mutter mich in einem Vortrag von Hyperaktivität erzählen, unter anderen gab ich dieses Beispiel von Sven. Als sie später bei mir in der Praxis war, erzählte sie mir, dass ihre Tochter Lea auch immer ihre Beine bewegen musste, oft habe sie auch mehrmals hintereinander regelrecht in den Boden gestampft. Nachdem die Mutter Lea erzählt hatte, warum sie glaubte, dass sie das tun muss, hat sie damit aufgehört. Lea war mit etwa 18 Monaten in das kleine Schwimmbad im Garten gefallen, als die Mutter sich nur kurz umgedreht hatte, um die Schwimmhilfen zur Hand zu nehmen. Lea hatte (in ihrer Panik zu ertrinken) ganz heftig mit den Beinen gestrampelt, bis die Mutter hinzugekommen und sie aus dem Wasser gehoben hat.

Noch eine etwas spezielle Geschichte: Adriana, 6 Jahre, war hyperaktiv, wie "aufgedreht", sie schien niemals müde zu werden. Elena, ihre ältere Schwester (9), hatte im Rechnen große Schwierigkeiten bei der Division.

Elena ist am 12. Mai geboren. Der ursprünglich errechnete Geburtstermin war der 19. Mai gewesen, der 19. Mai ist auch der Geburtstag der Mutter. Sie hätte auf keinen Fall gewollt, dass ihre Tochter an demselben Tag zur Welt kommt, sie hätte ihren Geburtstag teilen müssen, sie hätte nicht die ungeteilte Aufmerksamkeit gehabt.

Bei Elenas Geburt wurde ein Notkaiserschnitt gemacht, da "ihr Herz ermüdete". Dies sollte auch Auswirkungen auf Adriana haben. Dieses Problem durfte sich bei Adrianas Geburt auf keinen Fall wiederholen, denn bei der zweiten Geburt denkt man natürlich an den Verlauf der ersten. Adriana ermüdet also nie, denn sonst würde sie auch Gefahr laufen zu sterben.

Die Wehen begannen abends, als die Mutter im Bett lag. Ihr Mann schlief schon und sie musste ihn wecken. "Los, wir müssen in die Klinik!" Sie hatte Angst und wollte nicht zu spät in die Klinik, damit man dort gleich von Anfang an überwachen konnte, wie es dem Kind ging. Die Wehenarbeit dauerte die ganze Nacht. Adrianas Vater war total übermüdet und, um nicht einzuschlafen, hat sich ständig mit Kaffee aus dem Automaten versorgt. Er sagte zu mir, seine Frau hätte es ihm nie verziehen, wenn er eingeschlafen wäre. - Adriana war ständig wie mit Kaffee "aufgeputscht" und durfte niemals müde werden - bis wir ihr diese Geschichte erzählt haben.

Wenn der Vater und/oder die Mutter bereits hyperaktiv sind, ist es nicht verwunderlich, wenn das Kind dieses Verhalten übernimmt.

Die Managerin einer großen amerikanischen Firma, die für den gesamten Export nach Europa zuständig war, konnte sich praktisch keinen Tag Ruhe gönnen. Auf der Wochenstation arbeitete sie bereits wieder an ihrem Computer.

In manchen Familien ist man gleich ein Faulenzer, wenn man sich eine Ruhepause gönnt, etwas ausspannt oder sich einfach mal die Zeit nimmt, ein Buch zu lesen ...

Aufnahme-/Aufmerksamkeitsdefizit-Syndrom (ADS)

Die Diagnose "ADHS" wird seit einigen Jahren bei Kindern gestellt, die in der Schule durch verschiedenste Verhaltensstörungen unangenehm auffallen. Die betroffenen Kinder haben ein großes Problem, Lehrer und Eltern sind verzweifelt. Wenn einem gesagt wird, dass diese Krankheit unheilbar sei - und das sagen einem Leute, die sich angeblich damit auskennen -, dann kann man sich diesem Urteil, dieser Sichtweise nur sehr schwer entziehen.

ADHS wird allgemein als eine genetisch bedingte unheilbare Krankheit betrachtet. Leon Eisenberg, der Erfinder von ADHS, der damals darum gekämpft hatte, dass diese Symptomatik als eigenständige Krankheit in das Repertorium der psychiatrischen Erkrankungen aufgenommen wurde, hat sich kurz vor seinem Tod in einem Interview mit dem Medizinjournalisten Jörg Blech davon distanziert. Er gestand, dass ADHS eine fabrizierte Erkrankung sei, hauptsächlich um das Medikament Ritalin an den Mann oder an das Kind bringen zu können; Ritalin, das nach dem Namen der Frau seines Kollegen benannt wurde - Rita. Im Interview empfahl Eisenberg dann, dass man eher nach psychosozialen Ursachen für das Problem suchen solle.

Wenn die Diagnose AD(H)S fällt, sind die Eltern zunächst geschockt, aber oft auch erleichtert, dass sie nicht schuld sind, dass es nicht an ihrer Erziehung liegt. Man hat nun scheinbar die Ursache für das Problem ihres Kindes gefunden: Es hat diese furchtbare Krankheit, die unheilbar ist, und die Eltern hoffen, dass nun Ritalin helfen wird, damit ihr Kind ein in etwa normales Leben führen kann.

Wenn wir den Begriff ADHS aber einmal außen vor lassen und der Diagnose keine Wichtigkeit geben, können wir nüchtern an das Problem des Kindes herantreten und entschlüsseln, welches individuelle Überlebensprogramm hier abläuft ... Dann erkennen wir, dass das Symptom jedes einzelnen Kindes einen Sinn hat. Diesen Sinn verstehen wir wiederum erst, wenn wir die Schwangerschaft, die Geschichte der Eltern und/oder Vorfahren betrachten und analysieren.

Es ist klar, dass das Gehirn das "gewünschte" oder notwendige Symptom auf körperlicher Ebene "irgendwie hinkriegen muss". Aus Sicht des Biologischen Dekodierens ist es nicht wichtig, was auf neurologischer Ebene geschehen muss, damit das Kind letztendlich ein ADS oder ein ADHS (ADS + Hyperaktivität) zeigt.

Allein wichtig ist, dass man dieses Symptom – wie jedes andere auch – abstellen kann. Es handelt sich NICHT um eine unheilbare Krankheit!

Mir tut es im Herzen weh, wenn ich höre und sehe, wie viele Kinder mit Ritalin und sonstigen Medikamenten behandelt werden. Entdramatisieren ist angesagt! Ich erkläre es den Kindern folgendermaßen: "Das Gehirn, unser Supercomputer, hat ganz genau gewusst, was es tun oder verändern musste, um das Symptom oder das Syndrom genau so hinzubekommen. Also weiß es auch ganz genau und von allein, was es tun muss, damit es verschwindet, da brauchen wir uns gar keine Gedanken zu machen. Wenn wir im Computer die Information, die das Syndrom notwendig gemacht hat, korrigieren oder löschen, dann wird schnell alles normal funktionieren."

Alain, 6 Jahre. Seine Mutter Agnes brachte ihn drei Wochen nach der Einschulung zu mir. "Er hört überhaupt nicht zu in der Schule, er kriegt überhaupt nichts mit im Unterricht. Wenn die Lehrerin ihn etwas fragt, hat er die Frage nicht gehört und er weiß absolut nicht, wovon die Rede war. Er ist unser erstes Kind; wenn er nachmittags aus der Schule kommt, frage ich ihn ganz neugierig, was sie in der Schule gemacht oder gelernt haben. Er kann mir aber nicht antworten, er weiß mir nie etwas zu berichten."

Ich erklärte Agnes die Art und Weise, in der das Kind besonders während der Schwangerschaft programmiert wird, und wir fanden die Ursache: An einem Samstag in der 35. Schwangerschaftswoche war die Mutter eine Treppe hinuntergestürzt und hatte Blutungen; sie legte sich hin, die Blutungen jedoch hörten nicht auf. Am Montag bestellte der Gynäkologe sie zur Beobachtung in die Klinik. Alle Untersuchungen wurden gemacht, mit dem Baby war so weit alles in Ordnung, aber der Gynäkologe verordnete ihr vorsichtshalber strikte Bettruhe. Agnes blieb also in der Klinik. Ihr Mann hatte sich an diesem Tag freigenommen.

Am Dienstag allerdings musste er wieder zur Arbeit, so dass sie den Tag alleine in Gesellschaft ihrer Zimmergenossin verbringen musste. Diese vierzigjährige Frau, die auch ihr erstes Kind erwartete, hörte den ganzen Tag nicht auf, Agnes ihr bisheriges Leben zu erzählen, von ihren Ehen, von all ihren Urlauben, von ihren Hunden ... Agnes: "Ich konnte es einfach nicht mehr hören, ich durfte aber auch nicht aufstehen, ich war ihr ausgeliefert. Ich wollte lesen, konnte es aber nicht (hier haben wir auch gleichzeitig Alains Leseproblem aufgehoben), da diese Frau einfach nicht aufhörte zu reden. Abends war ich mit den Nerven am Ende und weinte fürchterlich. Um keinen Preis der Welt wäre ich weiterhin mit dieser Frau zusammen in einem Zimmer geblieben. Wenn man mich nicht in ein anderes Zimmer verlegt hätte, hätte ich meinen Koffer gepackt und wäre nach Hause gegangen."

Alain erhielt also die Information: Wenn jemand den ganzen Tag redet, dann kriegt man am besten nichts davon mit, man hört es am besten gar nicht! ADS ist die Lösung! Später löste die Lehrerin das Programm aus, weil sie jetzt diejenige war, die den ganzen Tag redete.

Das Problem war sofort behoben, nachdem wir den Bezug zur ursprünglichen Situation hergestellt hatten. Alain verstand, dass er die passende Lösung für die Stresssituation seiner Mutter anwandte, weil es für die Mutter tatsächlich von Nutzen gewesen wäre, von all dem, was diese Frau erzählte, nichts mitzubekommen. Für Alain war es aber jetzt nicht (mehr) sinnvoll, im Unterricht abzuschalten, er hatte nun einen guten Grund, ganz interessiert zuzuhören. Als Agnes zwei Tage später ihren Sohn mittags von der Schule abholte, kam Alains Lehrerin auf sie zu und fragte: "Was haben Sie denn mit Alain gemacht? Er ist jetzt ganz aufmerksam im Unterricht. Nun möchte er sogar antworten, wenn ich einem anderen Schüler eine Frage stelle."

Alains Fall ist ein ganz extremes Beispiel, es sei aber bemerkt, dass wir als Ursache von ADS oft eine ähnliche Situation ausfindig machen, das heißt eine Situation, in der ein Elternteil jemandem nicht zuhören wollte oder gewisse Informationen oder Ansichten einfach ablehnte, zum Beispiel die eines Vorgesetzten oder die der Schwiegermutter.

Lisbeth, 9 Jahre alt, ADS. Sie litt unter Wahrnehmungsstörungen, als ob sie einfach abwesend sei und nichts wahrnehme, visuell, aber hauptsächlich akustisch.

Lisbeth war zum Zeitpunkt ihrer Zeugung nicht geplant. Die Eltern hatten sicher verhütet. Als dann doch die Regel ausblieb, besorgte sich die Mutter nach einigen Tagen einen Schwangerschaftstest, der positiv ausfiel (visuelle Information). Sie sagte sich aber, dass das nicht wahr sein könne, schließlich hatten sie doch verhütet. Und 100% sicher sind solche Tests ja nun auch nicht! Nach einiger Zeit vereinbarte sie einen Termin bei ihrem Frauenarzt, weil sie dachte, dass da irgendetwas anderes nicht in Ordnung sei. Er untersuchte sie und meinte gleich, dass sie schwanger sei. Wieder konnte sie es nicht glauben. Das konnte doch nicht wahr sein! Der Arzt machte einen Urintest. Positiv! Sie konnte und wollte es nicht wahrhaben. Erst als die Sprechstundenhilfe, nachdem sie ihr telefonisch das positive Resultat der Blutanalyse mitgeteilt hatte, auf die Antwort "das kann doch nicht wahr sein" das Resultat etwas bestimmter wiederholte und betonte, dass nunmehr kein Zweifel mehr an ihrer Schwangerschaft bestehe, musste sie es glauben.

Lisbeth übernimmt also nur einfach die Art und Weise ihrer Mutter, eine Information aufzunehmen. Sie konnte es einfach nicht (für) wahr nehmen/wahrnehmen. Im Französischen bedeutet "apprendre" erfahren, aber auch lernen. Wenn in der Schwangerschaft also etwas erfahren wurde, dass nur schwer zu glauben oder zu akzeptieren war (zum Beispiel die Schwangerschaft selbst, ein Todesfall, ein Bankrott ...), so kann das Kind diese Nachricht für sich später so umsetzen, dass es dann nur schwer aufnehmen und lernen kann. Es wäre in dem Fall besser gewesen, nichts zu erfahren, nichts davon zu wissen. Man will es einfach nicht wahrhaben.

Thorsten, damals 10 Jahre alt. Im Grunde ein sogenannter "intelligenter Junge". Die Diagnose: ADS, eigentlich "nur" Wahrnehmungsstörungen, keine Hyperaktivität. Er hörte nicht zu und störte die anderen. "Man hat den Eindruck, dass er nicht will. Wenn er wollte, könnte er." Dies wurde in der Schule mit "Konzentrationsschwierigkeiten" bezeichnet. Er hatte schlechte Noten, da er auch gleichzeitig keine Lust hatte zu lernen.

Thorsten hat zwei ältere Schwestern. Während der Schwangerschaft deutete alles darauf hin, dass das dritte Kind auch wieder ein Mädchen sein würde. Die Mutter konnte sich auch gar nicht vorstellen, einen Jungen zu bekommen, saß sie doch zu Beginn der Schwangerschaft immer wie gebannt vor dem Fernsehgerät, wenn vom Krieg im früheren Jugoslawien berichtet wurde. Sie fand das, wozu Männer tatsächlich fähig waren, einfach grauenvoll: töten, vergewaltigen ... Ihr war klar: Sie wollte keinen Jungen in die Welt setzen. Das Ergebnis: Thorsten wurde mit einem Hodenhochstand geboren. Die Attribute der Männlichkeit (sehr negativ bei der Mutter besetzt, inklusive Vergewaltigung) durfte er nicht zeigen. Und wenn Männer schon vergewaltigen, dann sind sie auf diese Weise (Hodenhochstand) zumindest zeugungsunfähig.

Ihre Gedanken galten vor allen Dingen auch den Kindern, die unter diesen furchtbaren Umständen gezeugt wurden. So hatte sie sich ganz auf eine weitere Tochter eingestellt. Als der Arzt bei der Geburt klar und deutlich sagte "Es ist ein Junge!", reagierte sie ganz heftig: "Was ist es?!?" Es wurde für sie wiederholt, aber sie konnte es auch nicht "für ***wahr*** nehmen", das heißt, sie wollte es nicht wahrhaben.

Hier weiß ich, dass sich nach unserer Sitzung keine Besserung eingestellt hatte. Thorsten hatte alles verstanden, aber im Nachhinein seiner Mutter gesagt: "Wenn ich nicht will, dann will ich nicht." Beide waren nicht mehr bereit, ein zweites Mal zu kommen. Es wäre aber sehr interessant gewesen, der Ursache, weshalb er absolut nicht wollte, tiefer auf den Grund zu gehen.

Ich verweise hier auf andere Kapitel, zum Beispiel:

- Das Kind versucht das Problem seiner Eltern zu lösen, in unbewusster Kooperation mit dem betroffenen Elternteil. So könnte es vielleicht sein, dass Thorsten einfach zeigt, dass er nicht tut, was die Eltern von ihm erwarten, weil die Mutter (oder der Vater) als Kind unter großem Stress gezwungen wurde zu lernen ...

- Rache ist süß. Eine sehr befriedigende Art und Weise, sich an der Mutter zu rächen, es ihr heimzuzahlen (hier vielleicht die Tatsache, dass seine Mutter ihn als Jungen nicht wollte), besteht darin, ihr das vorzuenthalten, was sie von ihm erwartet und was sie persönlich froh oder stolz machen würde. Man lässt die Mutter bezahlen, mit ihrem Geld (Therapien, die nichts bringen), mit ihrer Zeit, mit ihren Nerven ...

- Das Problemkind hat gewisse Privilegien. Es hat ungeheure Macht über seine Eltern und kommt natürlich auf diese Art und Weise in den Genuss von Zuwendung. Als ich Thorstens Mutter damals zurückrief, nachdem sie eine Nachricht auf meinem Anrufbeantworter hinterlassen hatte mit Bitte um Rückruf zwecks Terminvereinbarung, sagte mir die Tochter, die Mutter sei beschäftigt. Ich sagte, worum es ging. "Ach, es geht um Thorsten, einen Moment bitte ..." Sofort wurde der Hörer weitergereicht.

Konzentrations- und Motivationsmangel

"Ihr Kind kann sich nicht konzentrieren!" Diesen Satz hören Eltern häufig. Sehr oft werden schulische Probleme in diesem Satz zusammengefasst. Es ist aber nicht immer wirklich die Konzentrationsfähigkeit, an der es mangelt. Die Frage ist stets: Was macht das Kind? Wie verhält es sich und warum verhält es sich so? Wir müssen die Lernproblematik eines jeden einzelnen Kindes genau unter die Lupe nehmen. Wenn das Kind oder der Jugendliche sich wirklich nicht konzentrieren kann, sich ständig ablenken lässt, keine Ausdauer hat, dann sollten wir zunächst überprüfen, ob nicht einer der folgenden Mechanismen dahinter steckt.

Robby, 17 Jahre. Er konzentrierte sich nicht, hatte keine Lust zu lernen, war unmotiviert. Er hatte den Eindruck, dass er lauter Dinge lernen müsse, die ihm später nichts nützen würden. Wozu Literaturgeschichte lernen? Das Fach Geschichte interessierte ihn jedoch, da, so meinte er, könne man etwas fürs Leben lernen.

"Wenn Hitler damals die Geschichte ordentlich gelernt hätte, hätte er wohl nie denselben verhängnisvollen Fehler gemacht wie Napoleon." Er meinte damit natürlich den Russlandfeldzug. - Robby stand kurz vor den Nachprüfungen und hatte einfach keine Lust zu lernen. Es gab so viele andere Dinge, die viel interessanter waren.

Bei seiner Zeugung waren Robbys Eltern schon nicht mit den Gedanken bei der Sache, das heißt, er war nicht mit Vorbedacht gezeugt worden. Die Eltern waren damals nicht verheiratet, die Mutter absolvierte ihr letztes Studienjahr an der Universität (dieses Studium und diesen Universitätsabschluss wird sie später nicht nutzen). Die Mutter sagte mir, dass für sie das Studium damals wichtig war, aber dass es daneben auch andere Dinge gab, die für sie letztendlich noch wichtiger waren: Liebe und Familie.

Es war schwierig, die jeweiligen Eltern von der Schwangerschaft in Kenntnis zu setzen (Robby wird also auch erst spät anfangen zu sprechen). Die Großmutter mütterlicherseits wurde dadurch an die Umstände ihrer eigenen Hochzeit erinnert. Sie erreichte damals durch eine Schwangerschaft die Hochzeit mit einem Mann, der nicht aus ihrer sozialen Schicht kam und somit von ihren Eltern vehement abgelehnt worden war. Diese unstandesgemäße Heirat bezahlte sie mit einem großen Teil ihres Erbes.

Robbys Eltern planten dann ihre Hochzeit, während die Mutter an ihrer Doktorarbeit arbeitete. Nach der Hochzeit erkrankte die Großmutter mütterlicherseits an Krebs und starb innerhalb von Monaten, sechs Wochen vor Robbys Geburt. Die schwangere Frau hatte also einiges zu bewältigen: Hochzeit, Examen, Doktorarbeit (sie hat diesen Beruf später nie ausgeübt; das, was sie gelernt hat, hat sie nicht gebraucht), die Besuche bei der kranken Mutter, deren Tod und Beerdigung ...

Das war ein sehr hartes und schweres Jahr! Es war klar, dass sie da nicht sehr viel Gelegenheit hatte, sich auf die Schwangerschaft selbst zu konzentrieren. Biologisch gesehen ist die Schwangerschaft jedoch die allerwichtigste Aufgabe, die eine Frau in ihrem Leben zu erfüllen hat.

So bekommt Robby im Grunde die Information, dass es viele andere Dinge gibt, die wichtig sind, und dass die eigentliche Aufgabe (Schule), die gerade ansteht, nicht sein Interesse weckt.

Hinzu kam noch, dass die Mutter einen Geburtsvorbereitungskurs besucht hatte. Dort hatte sie unter anderem Atemtechniken für die Geburt gelernt. Die Geburt stellte sich dann aber als äußerst schwierig heraus und dauerte sehr lange; sie hatte große Schmerzen und meinte dann, dass all das, was sie im Vorbereitungskurs gelernt hatte, ihr in keiner Weise geholfen hätte; das hatte ebenfalls alles nichts genutzt.

Nach Robbys Geburt erteilte die Mutter einem Mädchen Nachhilfeunterricht, dieses war absolut nicht motiviert. Das nervte die Mutter sehr, mehrmals sagte sie ihm: "Wenn du es im Leben zu etwas bringen willst, dann musst du dich mehr anstrengen." Genau diesen Satz hörte Robby nun ständig von seinen Lehrern.

Robby hat einige Tage nach unserer Sitzung seine drei Nachprüfungen bestanden.

Manuel, 8 Jahre. Er konnte sich nicht auf seine Arbeit konzentrieren, sei es in der Schule oder auch zu Hause. Ihm gingen stets tausend Dinge durch den Kopf, so dass er mit seinen Gedanken nicht bei der Sache bleiben konnte.

Die Mutter meinte, dass er zum Glück sehr intelligent und begabt sei, was es ihm dann doch ermöglichte, zufriedenstellende Noten mit nach Hause zu bringen.

Nachdem er Folgendes verstanden hatte, gab es auch bei ihm eine deutliche Verbesserung: Manuels Eltern betrieben zu der Zeit, als er gezeugt wurde, ein Hotel-Restaurant mit Café. Während der Woche hatten beide alle Hände voll zu tun - und dies praktisch rund um die Uhr; nur am Wochenende griffen sie auf Hilfspersonal zurück. Ihre 18 Monate alte Tochter verbrachte die meiste Zeit bei den Großeltern nebenan, oft schlief sie auch dort, da abends besonders viel Betrieb im Restaurant und in der Gastwirtschaft war.

Als die junge Frau wusste, dass sie ihr zweites Kind (Manuel) erwartete, hörte sie die Tochter die Großmutter "Mama" nennen. Da wurde ihr schlagartig bewusst, was sie tat: Sie gab der Arbeit den Vorrang vor den Kindern. Ihr wurde klar, dass die Arbeit nicht alles sein konnte. Sie und ihr Mann entschieden sich dann, ihren

Betrieb zu schließen. Zunächst schlossen sie das Restaurant mittags, dann auch in der Woche. Kurz vor Manuels Geburt schlossen sie das Hotel-Restaurant sowie das Café ganz. Der Vater fand als Koch in einem anderen Betrieb eine Arbeit, während die Mutter sich ausschließlich um die Kinder kümmerte. Es kam noch ein drittes Kind, und erst als das jüngste Kind fünf Jahre alt war, wurde der eigene Betrieb wieder eröffnet, damals war Manuel 7 Jahre alt.

Manuel hatte also die Information, dass Arbeit nicht alles ist, dass man auch bei der Arbeit die anderen wichtigen Dinge nicht aus den Augen verlieren oder vernachlässigen sollte, dass man sich nicht nur auf die Arbeit konzentrieren sollte, dass man nicht nur an die Arbeit denken sollte ...

Ich möchte hier an dieser Stelle eine Überlegung in den Raum stellen: Es ist mehr und mehr üblich, dass Frauen während der Schwangerschaft arbeiten, verantwortungsvolle Posten bekleiden, wo sehr viel von ihnen verlangt wird, wo sie sich voll einsetzen müssen ... Könnte dies eine Erklärung dafür sein, dass es mehr und mehr Kinder gibt, die sich nicht konzentrieren können?

Weiter vorne haben wir das Beispiel von ***Alexander,*** der sich nicht konzentrieren konnte, weil seine Mutter (damit seine Zeugung möglich wurde) sich nicht mehr auf das Ziel (unbedingte Zeugung eines Kindes) konzentrieren durfte.

Dazu ein Beispiel einer französischen Kollegin:

Frédéric, 11, Konzentrationsmangel. Er verlor ungeheuer viel Zeit. In der Schule interessierte ihn anscheinend alles außer seiner Arbeit ... Er "guckte Löcher in die Luft".

Die Kollegin: Als Fréderic meine Praxis betrat, hatte er innerhalb weniger Sekunden die Räume vollkommen erfasst. Als er mich später fragte, ob er zur Toilette gehen dürfe, wollte ich ihm den Weg erklären, doch er entgegnete, dass er wisse, wo die Toiletten seien. Das war schon erstaunlich. Damit die anderen Klienten die

Toilette finden, haben wir Hinweisschilder anbringen müssen. Aber er hatte alle Räume, die vom Flur ausgingen, genau registriert.

Als Frédéric unterwegs war, lebten die Eltern schon länger (ohne Trauschein) zusammen. Sie hatten bereits einen fünfzehnjährigen Sohn. Frédéric war ein von beiden Elternteilen gewünschtes Kind. Während der Schwangerschaft mussten die Eltern umziehen, die Bauarbeiten an ihrem Haus waren zu diesem Zeitpunkt noch nicht beendet, es gab weder Türen noch Fenster. Sie mussten praktisch an zwei verschiedenen Orten leben: in dem Haus, das sie verlassen mussten, und in dem noch nicht fertigen Neubau. Es gab enormen Ärger auf der Baustelle, der Vater musste wegen Magengeschwüren in ein Krankenhaus eingeliefert werden, und die Angst, dass jemand Dinge aus ihrem nicht gesicherten Haus entwenden könnte, war sehr groß. Kurze Zeit später wurde ihnen ein Wagen gestohlen, wenig später explodierte der andere. Es gab eine ganze Kette von Ereignissen, die der Mutter ungeheuren Stress verursachten. Wichtig auch: Nach einem heftigen Streit mit ihrem Lebensgefährten hatte sie es so satt, dass sie gehen wollte. Elf Jahre später hatte sie noch Tränen in den Augen, als sie mir davon erzählte!

Frédéric wurde drei Wochen vor dem errechneten Geburtstermin durch Kaiserschnitt zur Welt gebracht, "weil das Becken schief war". Die letzten Schwangerschaftsmonate hatte die Mutter mit zunehmender Besorgnis erlebt; der Arzt hatte ihr bei einer der letzten Ultraschalluntersuchungen gesagt, dass ihr Kind "einen flachen Kopf" habe. Sie hatte schon mehrere Mützchen gekauft, um diese Anomalie später zu verstecken. Sie fragte sich, wie das Baby wohl aussehen würde. Sie begann, sich ihr Baby mit einem flachen Kopf vorzustellen ...

Nach der Geburt musste das Haus unbedingt fertiggestellt werden und die Mutter sagte mir, sie habe keine Zeit gehabt, sich um Frédéric zu kümmern.

In der Natur ist es notwendig, ein Nest zu bauen, einen sicheren Ort vorzubereiten, wo das Junge (Kind) aufgezogen werden kann. Hier aber war es nicht sicher, ständig lauerte Gefahr. Man könnte es so umschreiben: "Ich verfüge über keinen geeigneten Ort, wo die Sicherheit meines Kindes gewährleistet ist, ich habe mein Nest nicht vorbereiten können und mein Kind ist zusätzlich geschwächt, da es einen deformierten Kopf hat (das war ihre persönliche Realität, ihre Vorstellung). Die Außenwelt ist feindselig (Angst vor Einbruch, Streit mit dem Lebensgefährten)." Es gab Ärger mit den Bauunternehmern, überall musste man aufpassen, man musste alles im Auge behalten.

In der Schule behielt Frédéric nun auch alles im Auge, er achtete auf alles, war sehr "wachsam", er drehte sich ständig um, musste den gesamten Raum immer im Blick haben, alles kontrollieren. So konnte er sich natürlich nie ausschließlich auf eine Sache, seine Schreibarbeit, konzentrieren.

Während dieser Erklärungen rannen der Mutter dicke Tränen über die Wangen, und ihr Sohn tröstete sie. Er hatte alles verstanden und zur großen Überraschung der Lehrerin arbeitete er nun konzentriert und ohne Zeitverlust. Und natürlich besserten sich seine Noten seitdem bedeutend.

Aggressivität

Wie schon im ersten Kapitel (die Geschichte von Isabelle, 8 Jahre alt) erwähnt, ist es meist so, dass das aggressive oder gewalttätige Kind eine Wut herauslässt, die von den Eltern oder von einem Elternteil während der Schwangerschaft verspürt worden war, aber nicht ausgelebt werden konnte. Ich möchte Ihnen auch hier wieder einige Beispiele geben, um den Mechanismus zu verdeutlichen, der hier am Werk ist, damit Sie durch die Fülle der Beispiele die Art und Weise der Recherche bei Ihren eigenen Kindern oder bei Kindern, die Sie betreuen, nachvollziehen können.

Der Italiener, 18 Jahre. Vor etlichen Jahren rief mich eine Frau an. Sie wollte mit ihrem Sohn zu mir kommen, der, wie sie sagte, unter einer Psychose litt und seit 5 Jahren psychiatrisch behandelt wurde, zum Teil in einer geschlossenen Anstalt. Er bekam regelmäßig (drei bis fünf Mal pro Woche) Wutanfälle, wobei er dann wild um sich schlug, andere Personen niederschlug oder auch Material und Einrichtungsgegenstände zerstörte. Manchmal richtete seine Gewalt sich auch gegen die eigene Person, gegen den eigenen Körper; mehrmals hatte er sich schon selbst mit Messern verletzt, er schlug und stach besonders auf seinen Kopf ein, zuletzt hatte er sich beinahe umgebracht.

Zu Beginn unserer Sitzung sagte er mir ganz verzweifelt: "Ich weiß nicht, was mich in dem Augenblick überkommt. Es ist so, als wäre ich in diesen Momenten nicht ich selbst. Es ist stärker als ich. Ich verstehe das nicht. Ich will mich nicht umbringen! Diese Anfälle zerstören mein ganzes Leben!" Er hatte keine Freunde mehr, seine Lehrstelle hatte er verloren.

Ich war damals etwas skeptisch, da ich in diesem Bereich absolut keine Erfahrung hatte. Die Mutter setzte aber große Hoffnung in diese Therapie. So reisten beide aus dem Ausland an.

Wir fanden Folgendes: Seine Mutter hatte sehr jung geheiratet, bei seiner Geburt war sie 19 Jahre alt und bekam mit ihm bereits ihr zweites Kind. Bei der Geburt hatte die Mutter eine ungeheure Wut auf die alte und sehr unsympathische Hebamme, die ihr die Spraydose mit Wasser absolut nicht geben wollte, damit sie sich den Mund und das Gesicht etwas befeuchten konnte. Die Hebamme machte dabei sehr abfällige Bemerkungen, etwa: "Du brauchst gar nicht so ein Theater zu machen! Wer A sagt, muss auch B sagen!" Diese Dose stand außerhalb ihrer eigenen Reichweite. Es war ein sehr heißer Tag.

Während sie diese Situation schilderte, kam dieses Wutgefühl wieder zum Vorschein, das sie eigentlich längst vergessen hatte: "Ich war so schrecklich wütend, dass ich ihr - wie wir Italiener sagen - am liebsten den Kopf eingeschlagen hätte." In dem Augenblick, in dem die Mutter diesen Satz aussprach, wurde ihr bewusst, dass ihr Sohn sich genau so verhielt: Er schlug immer auf den Kopf ein! Als er noch im Kindergarten war, sagte schon die Kindergärtnerin, dass er, sobald etwas nicht seinen Vorstellungen entsprach, irgendetwas in die Hand nahm, zum Beispiel ein Spielzeug oder Farbstifte, um damit den anderen Kindern auf den Kopf zu schlagen. Immer auf den Kopf!

Da wurde ihr und auch ihrem Sohn bewusst, was hinter seinen Wutanfällen steckte: Er hatte die Wut seiner Mutter "übernommen" und ließ (nachträglich und immer wieder) diese Wut heraus. Natürlich konnte sie damals ihre Wut nicht an der Hebamme auslassen. Er verstand, dass er mit dieser Wut im Grunde nichts zu tun hatte und dass er jetzt mit seinen Wutanfällen aufhören konnte.

Dieser Italiener war nur einmal in meine Praxis gekommen und die Sitzung hatte gar nicht lange gedauert, aber seitdem hat er nicht einen einzigen Wutanfall mehr bekommen. Seine Mutter rief mich mehrmals an, um mir zu berichten, dass sein Leben wieder in absolut normalen Bahnen verlaufe und dass er glücklich sei: Er hat eine neue Lehrstelle, eine Freundin ...

Ein Freund erzählte mir die Geschichte von dem kleinen Jungen, der, sehr zum Missfallen seiner Mutter, immer seine große Schwester schlug.

Die Mutter arbeitete in demselben Betrieb wie mein Bekannter, und eines Tages, an einem Freitag, beklagte sie sich bei ihm über das Verhalten ihres vierjährigen Sohnes, der ständig seine zehnjährige Schwester schlug, sie hatte dieses Gehabe satt. Es machte sie auch traurig.

Der Mitarbeiter sagte ihr nur, dass die ältere Schwester zu schlagen dann wohl eine Lösung darstelle! Die Kollegin hatte verstanden. Sie war diejenige gewesen, die eine große Schwester hatte, auf die sie sehr wütend und eifersüchtig gewesen war und immer noch ist. Sie hatte wohl zeitlebens die große Schwester schlagen wollen, hatte es aber nie gekonnt. Die Schwester war nur zwei Jahre älter als sie selbst, aber sie hatte sich nie getraut, die Schwester zu schlagen, sie hätte wohl den Kürzeren gezogen. Die Schwester hätte zurückgeschlagen – im Gegensatz zu ihrer eigenen Tochter, die sechs Jahre älter ist als ihr kleiner Bruder und als "die Vernünftigere" nicht zurückschlagen darf. So übernahm ihr Sohn die Angelegenheit für sie und schlug die Schwester ständig.

Mein Freund riet ihr dann, dem Sohn diese Sache zu erzählen, sich bei ihm für die Lösung, die er ihrem Problem hatte zukommen lassen, zu bedanken und ihm aber gleichzeitig zu sagen, dass er das jetzt nicht weiter an ihrer Stelle tun müsse.

Am Montag suchte die Kollegin ihn in seinem Büro auf, die Augen feucht vor Freudentränen. Sie berichtete ihm, dass sie seinen Rat am Freitagabend befolgt hatte und dass der Kleine das ganze Wochenende über nicht aufgehört hatte, seine Schwester zu umarmen und zu küssen.

Valentin, 8 Jahre alt. In der Schule war er den anderen Kindern gegenüber sehr gewalttätig. Er warf mit Steinen, er würgte ... Die Eltern bekamen sehr oft Anrufe und Beschwerden anderer Eltern. Zu Hause ging er ebenfalls sehr brutal mit seiner kleinen Schwester um.

In einer ersten Sitzung beleuchteten wir die Schwangerschaft: Es gab Wut beim Vater seine Arbeitskollegen betreffend. Aber sehr wichtig war auch, dass Valentin mit Gewalt auf die Welt geholt wurde. Die Wehen waren schmerzhaft, und plötzlich reagierten alle voller Panik, denn die Herzfrequenz des Kindes sank dramatisch. Der Vater wurde gewaltsam aus dem Entbindungssaal entfernt, obwohl er bei seiner Frau bleiben und den Raum nicht verlassen wollte. Dann wurde Valentin mit Gewalt auf die Welt geholt, ein großer Dammschnitt wurde ausgeführt und die Zange angesetzt.

Valentin hatte registriert, dass er nur über die Gewalt leben kann, so als ob er nicht lebte, wenn nicht Gewalt angewendet würde. Diese Programmierung löschten wir dann, indem wir ihm (bzw. seinem Gehirn) klarmachten, dass er auch durchaus ohne Gewaltanwendung leben kann. In der Folgezeit änderte Valentin sein Verhalten etwas. Besonders mit seiner Schwester ging er liebevoller um, aber in der Schule lief es praktisch noch wie vorher. So mussten wir einen zweiten Termin anberaumen.

Nun erinnerte ich mich plötzlich daran, was Dr. Sabbah einmal zu den Vornamen gesagt hatte. Valentin wird gemeinhin mit Liebe in Verbindung gebracht. Und Dr. Sabbah sagte: "Manchmal ist es so, dass man einen bestimmten Vornamen wählt, um irgendwie (doch) in der Energie dieses Vornamens zu sein. Ein Valentin heißt vielleicht so, weil es für ihn die einzige Möglichkeit ist, mit der Liebe verbunden zu sein." Valentin war und ist der richtige Vorname dieses Jungen. So fragte ich dann bei unserem zweiten Treffen die Eltern, wie sie auf den Vornamen Valentin gekommen seien. Und tatsächlich, die Eltern liebten sich damals sehr und wollten, dass ihr Sohn auch dem Vornamen nach ein Kind der Liebe sein sollte. Auch in der Familiengeschichte gab es Informationen zum Thema Liebe: Valentins Großmutter mütterlicherseits war mit 19 von ihrer großen Liebe schwanger geworden. Dieser Mann hatte sie aber fallen lassen und noch vor der Geburt der Zwillinge, die sie erwartete, eine andere geheiratet. Sie hatte sehr unter ihrer Liebe zu diesem Mann gelitten, er hatte ihr das Herz gebrochen. Sie fühlte sich von der Liebe verraten und brachte ihre Zwillinge ganz einsam und allein zur Welt. Sehr viel später ging sie dann eine Vernunftehe mit einem Mann ein, den sie aber nicht wirklich liebte. Sie bekam in dieser Ehe keine weiteren Kinder mehr.

Wir erklärten Valentin dann, dass er nicht weiter kein Anrecht auf Liebe haben muss, nur weil seine Großmutter das damals erlebt hatte. (Sie hatte dieselbe Nummer in der Geschwisterreihenfolge wie er.) Er durfte einfach (als Junge oder als Mann) nicht liebenswert sein, da er sonst auch die anderen leiden lassen würde. Und andererseits darf man die anderen nicht lieben, sonst wird man selbst verraten. Da war der Groschen gefallen, und fortan war Valentin ein sehr "lieber" Junge, in der Schule wie zu Hause.

Eifersucht

Wenn von einem Kind gesagt wird, dass es - meist auf die eigenen Geschwister - eifersüchtig ist, so handelt es sich dabei nicht um eine Laune, sondern tatsächlich um einen, dem Kind meist vollkommen unbewussten, inneren Stress, der dem Kind nicht "gehört", aber in ihm wirkt.

Malika, 4 Jahre alt, war sehr eifersüchtig auf ihre ältere Schwester (6). Sie ertrug es nicht, wenn Vater oder Mutter sich um die Schwester kümmerten, zum Beispiel wenn es um die Schulaufgaben ging. Todunglücklich war sie davon überzeugt, dass die Eltern ihre Schwester bevorzugten.

Die Situation entspannte sich total, nachdem die Gründe dafür aufgearbeitet wurden:

1. Im achten Schwangerschaftsmonat war die ältere Schwester sehr krank gewesen, sie lag in der Klinik, ihr Zustand war dramatisch, zeitweise schwebte sie in Lebensgefahr. Alle Gedanken der Eltern drehten sich um sie.

2. Während der Schwangerschaft wurde Malikas Mutter Patin eines ihrer Neffen, und sie wollte die Zeit der Schwangerschaft nutzen, um sich um dieses Baby zu kümmern, solange sie selbst noch nicht entbunden hatte.

Das Kind im Bauch der Mutter registriert also schon während der Schwangerschaft, dass die Schwester (und sogar das Patenkind) wichtiger sind und mehr Aufmerksamkeit erhalten als es selbst. Malika (ihr wirklicher Vorname - er bedeutet auch "die kleine Kranke") hat sich ihren Vornamen "ausgesucht", um doch noch eine Chance zu erhalten, diejenige zu sein, die alle Aufmerksamkeit auf sich zieht, um die man sich kümmert, um die man sich sorgt.

Wir erklärten Malika also, dass es absolut verständlich ist, dass eine Mutter sich sorgt, wenn ein Kind sehr krank ist; wenn das Kind dann aber wieder gesund ist, kümmert sie sich weniger um es - und trotzdem liebt sie es deswegen nicht weniger. Malika konnte sich auch daran erinnern, dass die Mutter sich einmal rührend um sie gekümmert hatte, als sie selbst krank war. Sie verstand, dass eben einmal das eine und einmal andere Kind die Aufmerksamkeit der Eltern braucht ...

Verena, 2 ½ Jahre alt. Die Mutter suchte mich mit ihr auf, weil sie absolut nirgendwo anders als im Bett der Eltern, zwischen den Eltern, schlafen wollte. Sie schlief dort ein, und sobald die Mutter sie hochhob, um sie in ihr eigenes Bett zu tragen, schlug sie die Augen wieder auf und protestierte. Sie war das erste Kind ihrer Eltern. Die Mutter war sehr verunsichert und wusste nicht mehr, was sie tun sollte.

Erfahrungsgemäß verhält sich ein Kind gern so, um auf diese Art und Weise zu verhindern, dass die Eltern ein weiteres Kind zeugen. Dies ist natürlich absolut unbewusst und natürlich genauso nutzlos, was mir dann auch Verenas Mutter schnell bestätigte: "Dann ist es aber zu spät, ich bin im 3. Monat schwanger!"

Wir suchten nach Informationen zum Thema in der Familie. Verenas Großvater mütterlicherseits war das älteste von elf Kindern (er war also Nummer eins in der Geschwisterreihenfolge, genau wie Verena), er war 1921 geboren. Die zwanziger Jahre waren eine sehr schwierige Zeit, es herrschte Armut, so wurde zum Beispiel eins der elf Kinder weggegeben, da einfach zu viele Mäuler zu stopfen waren. Für den Großvater war es also ein ungeheurer Stress, immer wieder ein Geschwisterchen nach dem anderen auf die Welt kommen zu sehen.

Plötzlich fiel der Mutter ein, was die Tagesmutter (die Mutter arbeitete halbtags) ihr erzählt hatte, nämlich dass Verena immer die Erste war, wenn es etwas zu essen gab. Wenn die Tagesmutter ihr dann ein Butterbrot in die Hand drückte, sagte Verena (auch wenn sie noch keine vollständigen Sätze formulieren konnte): "Nur für mich, kein Butterbrot für die anderen." (Die Tagesmutter betreute immer mehrere Kinder gleichzeitig.)

Verena war auch etwas pummelig, was ebenfalls darauf hindeutete, dass man besser seine Reserven dabei hat für den Fall, dass die Nahrungsmittel knapp werden ...

Charly, 3 ½ Jahre alt, wurde von seiner Mutter als sehr eifersüchtig beschrieben. Genauer gesagt war es aber so, dass er einfach nur das haben musste, was ein anderer hatte, oder das tun musste, was gerade ein anderer tat. Wenn die Großmutter zum Beispiel ein anderes Enkelkind auf dem Schoß hatte, dann musste er auch auf Omis Schoß sitzen. Wenn die Tante

den Kinderwagen mit seiner kleinen Schwester schob, dann musste er auch den Kinderwagen schieben.

(Diese beiden Beispiele wurden spontan von der Mutter erwähnt, als ich um Situationsbeispiele bat. Sie hatten natürlich einen direkten Bezug zu der prägenden Geschichte.)

Hier müssen wir etwas weiter ausholen: Noch bevor die Mutter schwanger war - es war zu Weihnachten -, nutzte die Schwester der Mutter die Familienzusammenkunft, um allen Anwesenden zu eröffnen, dass sie schwanger sei. Der Geburtstermin des Kindes war für Juni ausgerechnet. Bei der Gelegenheit sagte Charlys Mutter, dass sie und ihr Mann auch die Absicht hätten, ein Kind zu bekommen, dass quasi eines in Planung sei. Da sagte die Mutter der beiden Frauen (Charlys Großmutter): "Dann wartet aber noch etwas, damit es nicht im selben Jahr zur Welt kommt wie das deiner Schwester, sonst fallen ja immer alle Feste zusammen (Konfirmation ...)!" Charlys Mutter konnte die Bemerkung ihrer Mutter noch nachvollziehen, aber ihr Mann war sehr erbost darüber. Es war doch nicht die Schwiegermutter, die ihnen vorzuschreiben hatte, wann sie ihr Kind zeugen sollten und wann nicht! Er wollte absolut nicht einsehen, warum sie jetzt kein Kind haben sollten, nur weil seine Schwägerin schon schwanger war. Charlys Mutter erzählte mir dann, dass er es wie besessen darauf angelegt hatte, sie sofort zu schwängern, damit das Kind noch vor Ende des Jahres geboren würde, er hatte nur noch drei Monate Zeit! Und er hat es nicht geschafft. Charly ist Anfang Februar des darauffolgenden Jahres geboren worden.

Der Vater hatte also seine Genugtuung nicht gehabt und gab praktisch sein Verlangen an den Sohn weiter, der unter diesen Begleitumständen gezeugt wurde: Dieser versuchte nun mit allen Mitteln, sofort auch das zu bekommen, was ein anderer schon hatte (siehe auch die Beispiele, die zu Beginn der Sitzung gegeben wurden: auch bei Omi auf dem Schoß sitzen wollen, auch einen Kinderwagen schieben wollen)!

Der depressive Jugendliche

Sehr viele Jugendliche könnten durchaus als depressiv bezeichnet werden, man nennt sie aber eher lustlos oder ganz einfach demotiviert. Sie haben "keinen Bock". Was steckt dahinter? Natürlich eine Programmierung durch Eltern und Familie. Der Auslöser ist aber dann eine Konfliktsituation (Schule, Familie, Freunde), in der der Jugendliche praktisch keine Lösungsmöglichkeit sieht.

Wie schon von Henri Laborit beschrieben, haben wir immer zwei Reaktionsmöglichkeiten bei der Konfrontation mit einem äußeren Stressfaktor (oder Gegner): kämpfen oder flüchten. Wenn ein Jugendlicher beides nicht kann, verfällt er in einen depressiven Zustand und tut nichts mehr oder hat zu nichts mehr Lust, alles ist "scheiße"... Dieser Zustand ist in allen möglichen Abstufungen zu beobachten.

Ich möchte an dieser Stelle ein sehr beeindruckendes Beispiel geben, damit Sie, liebe Leser, das Prinzip verstehen, das vielleicht in manchen Fällen nicht immer so offensichtlich zu erkennen ist.

Felix, 11 ½ Jahre alt, war durch ein ärztliches Attest von der Schule befreit, nachdem ein Vorfall in der Schule die Eltern dazu gebracht hatte, ihn in die Notaufnahme der Kinderpsychiatrie zu bringen. Nun war er aber wieder zu Hause und weigerte sich weiterhin strikt, in die Schule zu gehen.

Er saß in meiner Praxis wie ein Häufchen Elend und war den Tränen sehr nahe, sein Blick war immer gesenkt. Er saß auch nicht zwischen seinen Eltern (in meinem Praxisraum stehen drei Sessel nebeneinander).

Die Eltern erzählten mir, dass er einen Lehrer habe, den er absolut nicht "riechen" könne. Dieser Lehrer nutze jede Gelegenheit, ihn - und nur ihn - vor der Klasse zu demütigen. Felix musste ihm zum Beispiel die Schnürsenkel zubinden. Der Junge erzählte mir noch weitere unglaubliche Geschichten ... Daraufhin war meine erste Bemerkung: "Wenn ein Lehrer das mit meinem Sohn machen würde, dann würde ich ihn augenblicklich die Dorfschule wechseln lassen, auch mitten im Schuljahr."

Felix richtete sich auf und fühlte sich verstanden, sein Gesicht erhellte sich ein bisschen.

Der Vater: "Die nächste Schule ist nur 5 Kilometer entfernt, das wäre kein Problem, aber ich bin dagegen. Felix muss lernen, auch mit solchen Leuten fertigzuwerden. Die Schule zu wechseln würde für mich einer Flucht gleichkommen, man kann nun mal im Leben nicht allen Problemen aus dem Weg gehen. Vielleicht trifft er in der anderen Schule auf einen Lehrer, der genauso oder noch schlimmer ist als der jetzige." (Der Vater ist relativ klein und war Landesmeister in einer Kampfsportart, in der er während der Schwangerschaft mit Felix besondere Erfolge erzielt hatte ...)

Felix: "Nein, Papa, ich weiß, dass die dort einen ganz coolen Lehrer haben, der sehr lieb ist und manchmal sogar Witze erzählt."

Die Mutter: "Es kommt aber auf keinen Fall in Frage, dass er die Schule noch vor Ende des Schuljahres wechselt." (Dies sagte sie Ende Februar, das Schuljahr geht bis Ende Juni.)

Was hatte das Fass zum Überlaufen gebracht? Drei Wochen vor unserer Unterhaltung hatte der Lehrer Felix morgens wieder dazu verdonnert, in der Pause drinnen zu bleiben, während alle anderen Kinder zum Spielen hinaus auf den Schulhof durften. Da lief Felix weg, aber nicht nach Hause. Der Schulleiter rief daraufhin die Mutter zu Hause an, diese machte sich in ihrem Auto auf die Suche nach ihrem Sohn. Als sie ihn fand, lief er auch vor ihr weg. Er war wie verrückt und lief in Richtung Wald. Die Mutter wusste sich nicht zu helfen und rief ihren Mann von der Arbeit. Dieser kam und konnte den Jungen einfangen. Anschließend brachten die Eltern ihn zur Schule zurück, redeten mit dem Lehrer und versicherten dem Jungen, dass alles in Ordnung käme. Der Lehrer sperrte ihn dann aber doch wieder für die Dauer der Mittagspause drinnen ein ... Der Vater meinte, das müsse dann wohl ein Missverständnis gewesen sein zwischen ihnen und dem Lehrer, er nahm vor mir den Lehrer praktisch in Schutz, und Felix muss sich ungeheuer verraten gefühlt haben. An diesem Tag kam er von der Schule nach Hause und für ihn stand fest, dass er nie mehr in diese Schule gehen würde.

Am nächsten Morgen versuchte die Mutter, ihn mit Gewalt aus dem Bett zu zerren, um ihn in die Schule zu bringen. Da sie es nicht schaffte - er klammerte sich an sein Bett -, rief sie den Arzt, der ihn für zwei Tage krankschrieb. Am dritten Tag wollte Felix immer noch nicht in die Schule; die Mutter wusste nicht, was sie tun sollte, und rief den Arzt erneut, der sie in die Kinderpsychiatrie schickte, und zwar in die Notaufnahme, da man ihn sonst so schnell nicht aufnehmen würde. Der Aufenthalt dort ging dann in die Karnevalsferien über, und nun sollte er am kommenden Montag doch wieder in die Schule, koste es, was es wolle. Felix hatte das aber nicht vor. In diesem Zustand brachten die Eltern mir ihren Sohn.

Ich sprach mit Felix unter vier Augen und erklärte ihm, dass er in einer ganz furchtbaren Situation sei, in der er eigentlich nichts tun (nur depressiv sein) könne: Es war ihm in der Konfrontation mit dem Lehrer weder möglich zu flüchten (die Eltern machten dies unmöglich) noch den Kampf aufzunehmen, da jeder Kampf aussichtslos wäre: Der Lehrer war und blieb der Stärkere, gegen ihn konnte er nichts ausrichten. Jeden Kampf würde er von vornherein verlieren. Der Lehrer war und blieb die Autorität. Auf die Hilfe und Unterstützung seiner Eltern konnte er in diesem Konflikt auch nicht hoffen.

Mit ihm zusammen (und mit Hilfe der Kinesiologie, ein Diagnose- und Therapieverfahren, bei dem bestimmte Muskeln des Patienten als Feedbackgeber genutzt werden) fanden wir auch die Erklärung des Verhaltens seiner Eltern: Die Großmutter väterlicherseits war in der Schule von ihrem Lehrer anscheinend unsittlich berührt worden, sie konnte sich nicht gegen ihn wehren ... Sie hatte Angst und er nutzte seine Autoritätsposition schamlos aus. Diese Situation konnte Felix durch das Finden einer Lösung für die Großmutter (mit Hilfe der Visualisierung) entschärfen. Er stellte sich ganz intensiv die Oma als kleines Mädchen vor. In seiner Vorstellung erzählte sie den Eltern, was der Lehrer mit ihr gemacht hatte, und die Eltern standen hinter ihr und suchten den Direktor der Schule auf, mit der Konsequenz, dass der Lehrer die Schule verlassen musste.

Felix's Vater war der fünfte Sohn und besagte Großmutter hätte so gern endlich ein Mädchen zur Welt gebracht, was aber nicht möglich war. Es war einfach zu furchtbar gewesen, ein kleines Mädchen zu sein. Es musste (wieder) ein Junge her - ein Junge, der sich verteidigen kann (Kampfsport), auch wenn er (noch) klein ist. Felix' Vater war eher klein.

Damit Felix nun seinen depressiven Zustand überwinden konnte, erklärte ich ihm, dass wohl der Lehrer eigentlich große persönliche Probleme haben müsse, um so gemein mit ihm umzugehen. Dies bejahte Felix sofort, er sagte, der Lehrer sei geschieden und habe wohl große Probleme mit seiner Exfrau ... Ich gab Felix den Rat, wenn nur eben möglich, sich vom Lehrer nicht mehr provozieren zu lassen, zu denken, dass der ihm einfach "den Buckel runterrutschen könne", dieser "Blödmann" (Felix musste merken, dass ich auf seiner Seite stehe). Wenn er es also schaffte, dem Lehrer innerlich oder in Gedanken (ja nicht wirklich) den Stinkefinger zu zeigen, dann würde dieser ihm nichts mehr anhaben können. Wenn der Lehrer nicht mehr das erreichen konnte, was ihm Spaß machte, würde er auf jeden Fall von Felix ablassen. Falls Felix das doch nicht schaffte, würde er auf seine Eltern zählen können, die ihm dann die Möglichkeit einräumen würden, die Schule noch vor Ende des Schuljahres zu verlassen. Ich würde den Eltern nochmals erklären, wie wichtig das sei. Wie von einem Zauberstab berührt, änderten sich der Blick, die Haltung und der Ausdruck des Jungen, er war wie von einer Lähmung befreit, da ich ihm die (theoretische) Möglichkeit der Flucht zurückgab, für den Fall, dass er nicht stark genug war, sich vom Lehrer nicht mehr beeindrucken zu lassen. Felix musste mir dann versprechen, dass er mich, wenn nötig, anrufen würde.

Nachdem die Eltern dann wieder hinzugekommen waren, erklärte ich ihnen diesen Sachverhalt und betonte, dass Felix die Fluchtmöglichkeit gegeben werden müsste, falls die ausgeheckte Taktik dem Lehrer gegenüber nicht funktionieren würde. Felix musste zur Toilette. In diesem Moment habe ich die Eltern gebeten, Felix gegenüber, auch wenn sie selbst - nach meiner Überzeugung - nach wie vor nicht dazu bereit waren, die Möglichkeit des Schulwechsels offen zu lassen. Die theoretische Möglichkeit alleine würde ihn nicht mehr in den depressiven Zustand zurückfallen lassen und es ihm somit ermöglichen, seinem Lehrer nun ganz anders entgegenzutreten. Als Felix zurückkam, sagten sie ihm dann, dass er die Schule wechseln könne, falls das mit dem Lehrer nicht wie besprochen klappte. Frohgemut und optimistisch verließ Felix die Praxis.

Ich halte es meist so, dass ich die Familie entlasse, indem ich ihnen (und auch dem Kind selbst ab einem gewissen Alter) sage, dass sie mich anrufen sollen, falls irgendetwas nicht klappt. Letztendlich ist es die Entscheidung eines jeden selbst. Meine Arbeit war damit getan. Ich habe nichts mehr von ihnen gehört.

Wie schon angedeutet, gibt es viele Jugendliche, die "depressiv" sind. Schon allein in ihrer Position als Kinder oder Halbstarke wären sie in einem eventuellen Kampf die Unterlegenen, nicht nur in der Schule, sondern auch zu Hause. Gibt es also einen Konflikt, wo weder Kampf noch Flucht möglich ist, so genügt dies, um den depressiven Zustand hervorzurufen.

Die Pubertierenden werden von uns Eltern nicht mit einem Fußtritt aus dem Nest gestoßen und in das Erwachsenenleben entlassen, so wie das im Tierreich oder auch bei manchen Naturvölkern der Fall ist. Unsere Jugendlichen würden in unserer heutigen Gesellschaft nur sehr schwer überleben, ohne Ausbildung, ohne Existenz. Sie brauchen ihre Eltern noch und sind so in gewissem Sinne darauf angewiesen, noch mit ihren Eltern zusammenzuleben. Sie können nicht einfach weglaufen. Daraus folgen unweigerlich Konflikte. - Ein fairer Umgang miteinander wäre also angesagt!

Rache an den Eltern

Nicht selten beobachte ich, dass Kinder, die "absolut fähig" sind, "nichts für die Schule tun wollen". Die Lehrer sagen: Wenn er (oder sie) wollte, dann könnte er (sie). Die Kinder sagen ihren Eltern: "Wenn ich nicht will, dann will ich nicht. Die Schule interessiert mich einfach nicht." In dem Fall ist nachzuprüfen, ob das Kind oder der Jugendliche nicht dabei ist, sich auf diese Weise an seinen Eltern zu rächen. Alle Eltern wollen natürlich, dass aus ihrem Kind etwas wird, sie wollen auf ihren Nachwuchs stolz sein können. Sie sind beruhigt, wenn das Kind einem geordneten und gesicherten Berufsleben entgegensehen kann, wenn es ihnen zeigt, dass es das Zeug dazu hat, im Leben erfolgreich zu sein.

Wenn das Kind in einer gewissen Situation eine Wut den Eltern gegenüber entwickelt, kann es sich meist - wie im vorigen Kapitel beschrieben - in diesem Augenblick nicht wehren, es kann nichts dagegen tun. Es grollt innerlich und schwört Rache. Sobald es kann, wird es sich rächen. Dies wird natürlich insbesondere die Eltern treffen, die vielleicht selbst aus akademischen Familien stammen und die große Hoffnungen in ihren Sprössling gesetzt hatten.

Eine wunderbare Rache ist es, den Eltern nicht die Gelegenheit zu geben, stolz auf ihr Kind zu sein.

Wir beobachten auch oft eine Kombination der verschiedenen Mechanismen: den Bedingungen, unter denen das Kind existiert (Zeugung), die Bedingungen, unter denen es leben darf (Geburt), sowie die Strategien, die ihm die Zuwendung seiner Eltern gesichert haben. Sehen wir uns einige Beispiele an:

Lorenz, 56 (konsultierte erst spät - krankheitshalber). Er war als Kind eigentlich ein guter Schüler. Seine Mutter war Lehrerin und dachte, dass seine Leistungen nicht gut genug seien, so schickte sie ihn Ende des 6. Grundschuljahres für drei Monate in ein entferntes Internat. Von Anfang Juli bis Ende September blieb er in der Obhut von Mönchen, die ganzen Sommerferien musste er dort verbringen, zusammen mit einigen Waisenkindern ... Das Essen war schrecklich und er durfte nicht ein Mal nach Hause. Er erzählte mir, dass er während dieser Zeit furchtbar wütend auf seine Mutter war, aber mit

11 Jahren konnte er sich nicht wehren und Widerworte waren nicht erlaubt.

"Im September hat meine Mutter mich dann wieder abgeholt, seit diesem Tage habe ich in der Schule (Gymnasium) nichts mehr getan, ich habe nicht mehr gelernt." Auf meine Antwort hin, dass er sich da aber wunderbar an seiner Mutter gerächt habe, grinste er, und erzählte weiter: "Nachdem ich dann dieses erste Jahr auf dem Gymnasium gerade noch so geschafft hatte – ich musste allerdings in die technische Abteilung wechseln, die niedriger eingestuft und nicht so gut angesehen war –, steckte mich meine Mutter dann für fünf Jahre ins Pensionat, und da war das Essen noch schlechter als bei den Mönchen! Ich durfte höchstens alle 8 Wochen nach Hause, obwohl dieses Pensionat nur acht Kilometer von meinem Zuhause entfernt war. Meine Mutter kam zwischenzeitlich, um die Wäsche auszutauschen, aber ich durfte nicht mit nach Hause. Wenn dann die Zeit gekommen war, dass ich ein Wochenende bei meinen Eltern verbringen durfte, musste ich auf dem Flur in einem Klappbett schlafen, da mein Zimmer inzwischen wieder von meiner großen Schwester belegt war, deren Mann sie geschäftlich viel allein ließ. Ich erinnere mich noch gut daran, dass es keine Süßigkeiten und auch kein Taschengeld für mich gab. Einmal genehmigte ich mir abends etwas Leckeres aus dem Kühlschrank, am anderen Morgen wurde ich dafür bestraft ..."

Ich daraufhin: "Das müssen fünf harte Jahre gewesen sein! Und die Rache folgte auf dem Fuß?"

"Meine Mutter wollte, dass ich unterrichte. Ich sollte Lehrer werden wie sie. Das Vorbereitungsjahr schaffte ich dann noch, aber im ersten eigentlichen Studienjahr versagte ich und gab das Studium auf." Lorenz lächelte und wurde rot, als er jetzt bewusst erkannte, dass er sein Studium nur vermasselt hatte, um sich erneut an der Mutter rächen zu können. Zwei Studienjahre hatte er sie bezahlen lassen! So kann man es auch nennen. Die Kinder lassen ihre Eltern bezahlen für das, was sie ihnen angetan haben. Sie bezahlen, sei es in Form von Nachhilfestunden, von Ehrenrunden in der Studienzeit, sei es in Form von Psychotherapie, Homöopathie oder allen möglichen Schritten, die unternommen und von den Eltern bezahlt werden müssen.

Ein Kind merkt auch sehr schnell, dass es durch schlechte Resultate in der Schule die Eltern - in der Regel die Mutter - dazu bringt, mit ihm Hausaufgaben zu machen. Dieses Mittel nutzt es auch ganz genial, um sie zu ärgern und an den Rand der Verzweiflung zu treiben. Da merkt es, dass es eine ungeheure Macht über die Eltern hat. Klar ist aber in jedem Fall, dass man sich als Kind oder als Jugendlicher mit diesen Praktiken natürlich immer ins eigene Fleisch schneidet, das heißt, man schadet sich mit diesen Rachefeldzügen letztendlich selbst am meisten. Sehr oft haben diese Maßnahmen auch nicht den gewünschten Effekt, was dann natürlich zusätzlich frustriert und die unterschwellige Wut immer nur noch größer werden lässt.

Benedikt, 13 Jahre, war gewalttätig und verhielt sich sehr unangenehm in der Klasse, so dass er bereits mehrmals der Schule verwiesen wurde und die Eltern immer wieder eine andere Schule für ihn finden mussten.

Die Mutter: "Er bringt sich durch sein Verhalten immer wieder in Schwierigkeiten." Große Probleme hatte er in Mathematik. Er meinte, dass das aber hauptsächlich daran liege, dass der Lehrer die wichtigen Dinge nicht gut erkläre. Er gebe zwar jede Menge Erklärungen, die aber unnötige Details seien. Probleme gab es auch in der Rechtschreibung, Benedikt schrieb phonetisch.

Benedikts Eltern sind beruflich sehr ehrgeizig. Zu Beginn der Schwangerschaft, die absolut gewollt war, lief alles noch bestens, "das Leben war leicht und angenehm". Dann gab es einen Familienurlaub zusammen mit den Großeltern. Dort ärgerte sich die Mutter furchtbar über ihren Vater, sie wollte aber die Urlaubsatmosphäre nicht zerstören und machte deshalb eine Faust in der Tasche. Als sie nach diesem Urlaub zu Hause ankamen, musste der Vater unerwartet einen beruflichen Wechsel in Kauf nehmen, wenn er die Karriereleiter erklimmen wollte. Er musste von heute auf morgen nach Paris (500 Kilometer entfernt). Die Mutter kündigte ihre Arbeit, die sie zwar liebte, ihr aber auch keine weiteren Perspektiven bot. Sie war bereit, in ein neues Leben aufzubrechen. Beide zogen nach Paris in dem Glauben, dass sie vielleicht nach zwei oder drei Jahren wieder zurückkommen würden, so hatte man es ihnen vermittelt bzw. schmackhaft gemacht (inzwischen lebten sie aber bereits seit fast 15 Jahren in Paris – die Realität sah also anders aus als das, was man sie hatte glauben lassen: phonetische Rechtschreibung).

In Paris angekommen, musste die Mutter sich zunächst akklimatisieren, sie blieb noch 18 Monate nach Benedikts Geburt zu Hause, die (ältere) Tochter ging in den Kindergarten. Dann ergab sich für die Mutter eine einmalige Gelegenheit, beruflich wieder einzusteigen und Karriere zu machen. Sie gab Benedikt in eine Kinderkrippe, in die er sichtlich nicht gerne ging. Er weinte und er tat der Mutter leid, wie sie sagte. Bald wurden die Eltern hinbestellt, da er sich den anderen Kindern gegenüber sehr gewalttätig verhielt. Die Leiterin fragte, ob sie dem Kind ihre Entscheidung nicht erklärt hätten. Das hatten sie nicht, die Mutter holte es nach und erklärte ihm liebevoll, warum er in die Krippe musste. Daraufhin besserte sich sein Verhalten erst einmal. Bei ihm kam aber eine doppelte Information an: Man sagte ihm, dass man ihn liebe, aber gleichzeitig schob man ihn in die Kinderkrippe ab, zumindest war das sein Gefühl. Auch hier ist es so, als ob die Realität (Kinderkrippe) nicht dem entspricht, was er hört. Durch seine Gewalttätigkeit hatte er es geschafft, dass seine Mutter sich ihm zuwandte und sich gleichzeitig schuldig fühlte. Er erhielt Zuwendung und konnte sich gleichzeitig an ihr rächen. Denn wenn es ihm nicht gut ging, ging es der Mutter auch nicht gut; das hatte sie nun davon! Immerhin hatte die Mutter schon Einiges bezahlt: Nachhilfe, Kinderpsychologen, Homöopathie ...

Bemerkung zur Familiengeschichte: Die Mutter der Mutter hatte ihren Mann verlassen, ohne der Tochter (Benedikts Mutter, damals 7 Jahre alt) dies vorher zu erklären. Das Schlimmste war, dass sie das Haus verlassen musste und nie mehr zurückkehren konnte. Auch hier war die Mutter (in den Augen ihrer Tochter) sehr egoistisch gewesen. Letztendlich war sie aber froh gewesen, ihren Vater nicht wiederzusehen, sie hatte Angst vor ihm, er war sehr streng (Rechtschreibung - Vater- und Autoritätsproblem) und sie konnte sich nicht wehren.

Ein weiterer Mechanismus kam zum Tragen: Benedikt musste sich immer wieder in Schwierigkeiten bringen. Warum? Benedikts Vater war der 2. Sohn seiner Eltern, es gab keine Tochter, sein Großvater väterlicherseits hatte nur vier Söhne, keine Tochter. Der ältere Bruder von Benedikts Vater hätte bereits unbedingt ein Mädchen werden müssen, er ist homosexuell und wird so doch von Männern geliebt. Benedikts Vater musste unmittelbar nach der Geburt wiederbelebt werden, er hatte Atemschwierigkeiten. Dadurch war den Eltern bewusst geworden, dass es letztendlich nur wichtig ist, dass das Kind lebt, egal ob Mädchen oder Junge. Die Tatsache, dass er diese Schwierigkeiten zu atmen (im Leben) hatte, erlaubte es ihm also, als Junge (doch) geliebt zu werden, dennoch Zuwendung zu bekommen - im Gegensatz zu seinem Bruder. Dadurch konnte Benedikts Vater seine Männlichkeit doch leben und Kinder zeugen. Benedikts Schwierigkeiten bedeuten also für ihn eine Existenzberechtigung. Außerdem hatte er schon eine ältere Schwester, so dass er, das zweite Kind, als Junge sehr willkommen war.

Benedikt selbst kam auch wieder nur unter Schwierigkeiten zur Welt, in seiner Nabelschnur war ein Knoten, die Herztöne fielen stark ab und er wurde mit Gewalt (!) auf die Welt gebracht. Die Zange hatte ihn sogar an der Schläfe verletzt. Also auch er lebt nur durch die Gewalt.

Mit Lorenz und Benedikt habe ich wieder Beispiele geschildert, die sehr dramatisch waren. Doch so heftig muss es nicht immer sein. Dieses Phänomen ist oft auch in kleinerem Maßstab zu beobachten. Kinder finden sehr vieles ungerecht und erleben sehr häufig Situationen, in denen sie ihre Wut - vorläufig - einfach nur unterdrücken können. Die Hoffnung auf Rache gibt dann eine Energie, die das Kind diese Situation durchstehen lässt. Aber vergessen wir nicht: Wenn die Betroffenen es nicht schaffen, sich zur Genüge oder mit dem gewünschten Resultat an ihren Eltern zu rächen, so übernehmen ihre Kinder den Auftrag und legen dann meistens “noch eins drauf”, das heißt, sie kämpfen dann mit härteren Bandagen - nur rächen sie sich dann an ihren Eltern, nicht an den Großeltern, die die eigentliche Zielscheibe sind.

In der Praxis sieht das dann so aus, dass man als Therapeut das Kind spüren lässt, welches Vergnügen oder welche Genugtuung es mit einem Verhalten oder Versagen verbindet, meist, wie gesagt, den Eltern gegenüber. Wenn man einen solchen Mechanismus entlarvt, wird er vor allen erklärt und folglich aufgehoben. Da ja nun alle Beteiligten die “Masche” erkannt haben, zieht sie nicht mehr. Gleichzeitig können wir dem Kind oder Jugendlichen vorschlagen, ein anderes Vergnügen, das er auskosten kann, als Ersatz zu finden, da er sonst dieses erprobte Vergnügen nicht bereitwillig aufgibt. Er muss eine brauchbare und lohnende Alternative erkennen können, zum Beispiel das Vergnügen, seine Fähigkeiten in guten Resultaten widergespiegelt zu sehen oder nach getaner Arbeit (Schulaufgaben) freie Zeit zu haben ...

Das hatte man ihm vielleicht auch schon hundertmal versucht zu erklären, aber solange das unterschwellige Verlangen nach Rache nicht aufgedeckt ist, versteht das Kind zwar, was man ihm sagt, kommt aber im entscheidenden Moment nicht über das negative (bis dahin Vergnügen bringende) Verhalten hinweg.

Jonas, 14 Jahre, hochbegabt! Jonas war hochbegabt, konnte bereits mit zwei Jahren lesen und bald auch rechnen. Er besuchte eine Schule für Hochbegabte, er fand aber alles furchtbar langweilig, und seine Resultate ließen mehr und mehr nach. Die Eltern (besonders aber die Mutter) machten sich Sorgen, da er seine Begabung nicht ausschöpfte. (Seine Geschichte sei hier nur unter dem Aspekt Rache behandelt.)

Jonas wird als zweites Kind gezeugt, weil "es mit einem Kind langweilig ist - und im Fall, dass dem ersten Kind etwas passiert, hätte man ja sonst kein Kind mehr". Während der Schwangerschaft hatte die Mutter Blutungen gehabt und sich Sorgen gemacht, dass aus diesem zweiten Kind nichts würde (ihr Gynäkologe hatte ihr im Vorfeld ohnehin schon gesagt, sie werde wegen ihrer hormonellen Probleme wohl kein zweites Kind haben können).

Jonas sitzt also quasi auf der Reservebank, wo es bekanntlich langweilig ist. Er kann daher nur hoffen, dass seinem großen Bruder etwas zustößt. In der Zwischenzeit kämpft er um die Zuwendung seiner Mutter, indem er es schafft, dass sie sich große Sorgen um ihn macht. Immerhin war es das, was ihn (während der Schwangerschaft) hat spüren lassen, dass seiner Mutter doch etwas an ihm liegt. Er vergewissert sich auf diese Weise, dass man noch an ihm interessiert ist, sonst würde er wie ein Fußballer, der immer nur auf der Bank sitzt, den Verein wechseln. Zu diesem Zweck kommt er einmal alle zwei Wochen aus dem Internat nach Hause. Er rächt sich an seinen Eltern (besonders an seiner Mutter) für sein langweiliges Leben, indem er einfach ihre Erwartungen enttäuscht und ihr gleichzeitig Sorgen macht, was ihm wiederum Zuwendung bringt.

Er ist das "Opfer seiner Eltern", genauso wie seine Mutter das Opfer ihrer Eltern war, die vor ihr einen Sohn kurz nach der Geburt verloren hatten. Sie kam anschließend als zweites Mädchen auf die Welt - welch eine Enttäuschung! Die Zuwendung, die sie erhielt (und die Zuwendung, die sie geben kann), war folglich immer mit Enttäuschung verbunden.

Es geht also darum, keine Erwartungen zu haben, für alle Möglichkeiten offen zu sein – dann wird man als Eltern auch nicht enttäuscht.

Wenn ich nichts Spezielles erwarte (wenn ich ein Kind erwarte und nicht unbedingt einen Jungen), dann kann ich auch nicht enttäuscht werden. Das sollte sich jede Mutter bewusst machen, und das galt auch für Jonas' Mutter. Im ersten Moment war es schwierig für sie, sich vorzustellen, einfach nichts mehr von ihm zu erwarten. Je mehr sie von ihrem Sohn erwartete, umso mehr enttäuschte er sie und hatte somit gleichzeitig das Vergnügen, sich an ihr zu rächen. Er hat eindeutig die Fähigkeiten, sie nicht zu enttäuschen. (Die brauchte er auch noch aus anderen Gründen.) Er nutzte aber nun gerade diese Fähigkeiten, die die Mutter hat testen und sich bestätigen lassen, um sie besser zu bestrafen. Wäre er nicht so hochbegabt, wäre auch die Rache nicht so wirksam.

Im Beisein des Sohnes erklärte ich der Mutter, dass sie ihn loslassen könne. Seine Begabung und Intelligenz reichten wohl aus, dass er doch irgendwie einen Job bekommen würde, dass er also nicht mit sechzig Jahren obdachlos unter einer Brücke hausen müsse, alle Habseligkeiten in einer Plastiktüte, mit einer dicken Pappunterlage für die Nacht. Es sei zwar schade, wenn er seine Fähigkeiten nicht ausschöpfe, aber dass es nun mal an ihm liege, dass es seine Entscheidung sei und dass man das als Eltern akzeptieren müsse. Eltern müssten ihr Kind so akzeptieren, wie es ist, und ohne Erwartungen annehmen, was aus ihm wird (das konnten ja schon die Eltern der Mutter nicht)! Positive Neuigkeiten kamen zwei Monate später.

Auch hochbegabte Kinder haben "ein Programm", das sie zu hochbegabten Kindern macht. Ihre spezielle Begabung geht ebenfalls als Bedürfnis aus der Familiengeschichte hervor: Jonas konnte bereits im Alter von zwei Jahren die Hinweisschilder an Kreuzungen lesen. Als Jonas' Mutter zwei Jahre alt war, sind ihre Eltern ohne sie in Ferien gefahren, das war für sie ganz schrecklich. Wenn sie den Weg dorthin gewusst hätte, wäre sie den Eltern am liebsten nachgelaufen.

Rebellion

Bei den sogenannten Indigo-Kinder (siehe Bibliografie) wird allgemein angenommen, dass diese Kinder sehr intelligent sind und dass sie auf die Welt kommen, um bestehende Strukturen zu verändern und die Tendenz zur menschlichen Selbstzerstörung und zur Zerstörung unseres Planeten Erde umzukehren. Diese Kinder sind ausgeprägte Rebellen. Sie haben große Schwierigkeiten mit Autoritäten (Vater, Lehrer ...). Sie haben diese Prägung, und die macht ihnen das Leben schwer. Am besten entwickeln sie sich, wenn man ihnen erklärt, dass sie in ihrem jetzigen Alter noch nichts ausrichten können und es deshalb in ihrem Interesse ist, sich momentan mit der bestehenden Autorität abzufinden, bis sie alt genug sind, um wirklich etwas bewirken zu können, auf ökologischer oder politischer Ebene ...

Sehr positive Erfahrungen damit habe ich zumindest bei unserem Jüngsten gemacht. Das Herz tat mir weh, als ich mit ansehen musste, wie er sich mit aller Macht (und aller Manipulation) gegen seinen Vater auflehnte, der damals absolut überfordert war. Keine Erziehungsmethode fruchtete. Mit drei ging er in den Kindergarten, dort war er der King, der Anführer. Sogleich fing er an, die Dinge umzukehren, die Buchstaben seines Vornamens schrieb er spiegelverkehrt. Nachdem ich ihm dann erklärt hatte, dass er mit seiner Rebellion warten solle, bis er zumindest 18 ist, da er bis dahin nichts ausrichten könne und sich auf diese Art eher nur Feinde mache, hat sich die Lage entspannt. Und seinen Vornamen (oder sonstige Buchstaben) hat er seit diesem Tag nie wieder spiegelverkehrt geschrieben.

Nägelkauen

Fragen wir uns zunächst einmal, wozu wir unsere Fingernägel (oder auch die Zehennägel) eigentlich brauchen. Meistens fällt uns sofort ein, dass wir sie brauchen, um unsere Aggressionen auszuleben oder um uns zu verteidigen. Sie sind tatsächlich unsere Waffen.

Wir reden hier vom Menschen "in freier Natur". Im Zuge der Evolution hat sich unser Gehirn über Millionen von Jahren entwickelt. Und es funktioniert heute noch nach dem "alten", aber doch relativ jungen Modell des Menschen, der in seiner natürlichen Umgebung lebt. Als Menschen sind wir im Grunde Beutetiere, die sich praktisch nicht verteidigen können, wir haben kein prächtiges Gebiss, mit dem wir uns Respekt verschaffen könnten, wir können nicht schnell laufen, wir haben eigentlich nur unsere Arme und an deren Ende die Fingernägel, die wir zur Verteidigung einsetzen können.

Ferner brauchen wir Fingernägel, um uns irgendwo festkrallen zu können. In eindrucksvollen Reportagen aus der Tierwelt wurde uns gezeigt, dass zum Beispiel die Affenmutter ihrem Baby zuallererst beibringt, wie es sich in ihrem Fell festzukrallen hat. Die Mutter braucht ihre vier Gliedmaßen, um sich fortbewegen zu können, und trotzdem trägt sie ihr Baby immer mit sich herum. Bei drohender Gefahr muss die Mutter sich darauf verlassen können, dass das Kleine sich festkrallt, damit sie sich ganz auf die Flucht konzentrieren kann.

Dann benötigen wir unsere Nägel auch, um in der Erde zu graben, um zu buddeln. In der freien Natur können wir wohlgemerkt nur unsere Hände und besonders unsere Fingernägel benutzen, um zu graben. Wir haben weder Schaufeln noch Bagger ... Sehen wir uns nur die Maulwürfe an: Sie haben enorme "Fingernägel"! Versuchen Sie mal, ohne Fingernägel oder mit abgeknabberten Fingernägeln ein Loch zu graben, es wird Ihnen nicht gelingen.

Jemand, der also seine Fingernägel kaut, sollte überlegen, welcher der drei folgenden Punkte für ihn in Frage kommt, oft ist es auch eine Kombination von zwei oder sogar drei Informationen. Auf die Person trifft also zu ...

... dass sie ihre Aggressivität nicht auslebt oder sich nicht verteidigen darf,

... dass sie sich besser nirgendwo festkrallt oder sich besser nicht mit Gewalt an etwas festklammert oder festhält,

... dass am besten kein Loch (für sie) gegraben wird.

Nach meiner Erfahrung ist der letzte Punkt der wichtigste.

Die Person, die ihre Nägel kaut, möchte meist einfach nicht beerdigt werden bzw. einen lieben Menschen nicht beerdigen müssen.

Von einigen Ausnahmen abgesehen, graben wir ein Loch in die Erde, um einen Menschen - in einem "GRAB" (von graben) - zu beerdigen, der gestorben ist. Es ist nicht so, dass die Person Angst hat zu sterben, nein, sie möchte nur auf keinen Fall beerdigt werden. Die meisten Betroffenen möchten auch tatsächlich nach ihrem Tod eingeäschert werden.

Biologisch gesehen ist das Nägelkauen die einzige Möglichkeit, dies zu verhindern. Es ist so, als ob wir dem Totengräber die Schaufel aus der Hand nehmen und sie verstecken wollten, die Schaufel, die es "in der Natur" nicht gibt. Das Gehirn kann also nur eine Lösung auf körperlicher Ebene vorschlagen: die natürlichen Grabutensilien zu sabotieren.

Mit weichen Fingerkuppen ist es unmöglich, in der Erde zu graben. Es ist natürlich klar, dass wir auf keinen Fall unser eigenes Grab schaufeln werden, aber wir können ja auch schlecht die Fingernägel der Leute abbeißen, die vielleicht später einmal unser Grab ausheben werden. Wie gesagt, es bleibt dem Gehirn immer nur die Lösung am eigenen Körper.

Nachdem sie einen meiner Vorträge zu diesem Thema besucht hatte, schrieb mir eine Frau: "Unsere älteste Tochter (26) kaute ihre Fingernägel schon seit dem Kleinkindalter, eigentlich schon immer. Als ich von diesem Vortrag nach Hause kam, fragte sie mich, was ich denn Interessantes erfahren habe. Ich erklärte ihr das Prinzip, und dann sagte ich ihr, dass ich die Lösung für ihr Problem habe: Dass sie fortan nicht mehr ihre Nägel kauen müsse, nur weil während der Schwangerschaft mit ihr mein Schwiegervater gestorben und auch beerdigt worden ist. Ich erklärte ihr, was ich während der Beerdigung empfunden hatte, meine Gefühle und meine Trauer, weil er relativ jung gestorben war. Drei Tage später fragte sie mich, ob es normal sei, dass sie keine Lust mehr verspüre, die Fingernägel zu kauen. Seitdem war dieses Problem abgehakt."

Yannick, 10 Jahre alt, kaute seine Fingernägel seit dem Alter von 4 Jahren. Als er vier war, starb sein kleiner Vetter mit nur fünf Monaten. Yannick hat dessen Beerdigung beigewohnt. Unbewusst wollte er dann nicht beerdigt werden wie sein Vetter, der in einem kleinen weißen Sarg in dieses Erdloch hinabgelassen worden war. Die Mutter erzählte mir, dass er damals sehr aggressiv und gewalttätig wurde. Dies hat man ihm natürlich verboten, so etwas darf man nicht. Man darf also die Waffen nicht gebrauchen.

Hier sehen wir sehr schön, wie mehrere Mechanismen ineinander verwoben sind: In dem Augenblick, in dem Yannick mit dem Tod konfrontiert wird, vergegenwärtigt sich das Gehirn die Informationen, die es bei der Geburt gespeichert hat (siehe ab Seite 73: *Die Geburt - Beginn des Lebens*).

Yannick ist mit Gewalt auf die Welt geholt worden; nach großem Dammschnitt sind Saugglocke und letztendlich auch noch Zange zum Einsatz gekommen. Den Vater hatte man auch hier gewaltsam aus dem Kreißsaal entfernt. Die Gewalt hat Yannicks Leben ermöglicht. Bei oder nach der Konfrontation mit dem Tod wird Yannick also automatisch gewalttätig und beginnt seine Waffen (siehe Saugglocke und Zange) zu gebrauchen.

Nachdem er diese Zusammenhänge verstanden hatte, hat auch er aufgehört, seine Nägel zu kauen.

Cindy, 5 Jahre alt, adoptiert. Sie kam aus Äthiopien. Ihre Adoptivmutter Mathilde suchte mich mit Cindy auf, weil sie Nägel kaute und einen sehr traurigen Blick hatte. Sie war ein

sehr liebes und unproblematisches Kind. (Die Adoptivmutter nagte ebenfalls seit ihrer Kindheit an ihren Nägeln.) Über die Umstände ihrer Geburt und ihre Freigabe zur Adoption war nichts bekannt.

Frage an die Adoptivmutter Mathilde: "Aus welchem Grund haben Sie denn adoptiert?"

Mathilde: "Wir haben ein Kind im Alter von zweieinhalb Jahren verloren. Dieses kleine Mädchen starb an einer spinalen Atrophie. Als sie zwei Jahre alt wurde, sagte man uns, dass ihr Zustand sich drastisch verschlechtere und dass sie nicht mehr lange zu leben habe. Da es sich bei dieser Krankheit um eine unheilbare und erbliche Krankheit handelt, riet man uns sehr stark davon ab, weitere Kinder zu zeugen, das Risiko wäre zu groß, wieder ein Kind mit dieser Krankheit zu bekommen. Damals ließ ich mich sofort sterilisieren und wir unternahmen alles, um möglichst schnell ein Kind zu adoptieren. Am Tag der Beerdigung unserer Tochter lag die Zusage, dass man uns bald ein Kind aus Äthiopien vermitteln könne, im Briefkasten."

"Warum ein Kind aus Äthiopien?"

"Dort herrschen Armut und Krankheit, die Kindersterblichkeit ist dort sehr hoch. Wir wollten einem Kind die Chance geben zu überleben. Ein paar Monate später bekamen wir Cindy."

Hier wird deutlich, dass es um den Tod und die Beerdigung des Kindes ging. Sie hatten adoptiert, um nicht wieder ein Kind beerdigen zu müssen und um gleichzeitig ein Kind vor der Beerdigung zu retten. Auf der anderen Seite hatte die leibliche Mutter aller Wahrscheinlichkeit nach ihr Kind abgegeben, um ihm in Europa eine Lebenschance zu bieten. Wir haben dies kinesiologisch getestet und der Test sagte uns, dass die Mutter wohl kurz vor Cindys Geburt bereits eines ihrer Kinder beerdigt hatte. Daher auch Cindys traurige Augen. Die Mutter trauerte um ihr totes Kind und trennte sich auch nur schwer von dem Neugeborenen, von Cindy.

Ich erklärte Cindy die Zusammenhänge, aber nichtsdestotrotz kaute sie weiter an ihren Fingernägeln. Beim nächsten Termin zeigte mir dann aber Mathilde (ihre Adoptivmutter) ganz stolz ihre mittlerweile schönen Fingernägel. Ihr hatte die Information gereicht, sie hatte verstanden und aufgehört zu kauen.

Cindy war dann diejenige, die mir zeigte, dass man auch seine Nägel abbeißen kann, um sich nicht festkrallen zu können. Ihre Information war: Ich darf mich nicht an meiner Mutter festklammern, wenn ich überleben will. Die Mutter selbst durfte sich auch nicht zu sehr an das Kind binden (es festhalten), damit es die Chance bekommen konnte, anderswo zu überleben. Dies erklärten wir dann auch Cindy und sagten ihr, dass sie sich jetzt durchaus an ihrer Ersatzmutter "festkrallen" könne, ohne dass sie dadurch in Lebensgefahr käme. Dies hat dann gewirkt, denn auch sie hat daraufhin aufgehört, ihre Fingernägel zu kauen.

Angst im Wasser

Manche Kinder (und auch Erwachsene) wollen nicht ins Wasser und werden von einer regelrechten Panik ergriffen, wenn sie im Schwimmbad den Boden unter den Füßen verlieren. Dies führt unter anderem dazu, dass sie mit allen Mitteln versuchen, nicht am Schwimmunterricht teilzunehmen.

In der Arbeit mit solchen Kindern habe ich erkannt, dass das Kind, wenn es keinen festen Boden unter den Füßen hat, wieder an die Zeit erinnert wird, als es noch ohne Halt rundum von Wasser umgeben war, das heißt an die ersten Schwangerschaftsmonate. War das Kind in dieser Zeit keiner Gefahr ausgesetzt, so wird es sich später auch im Wasser pudelwohl fühlen.

Eine Fruchtwasserpunktion kann vom Kind selbst und/oder von der Mutter (oder auch vom Vater) als Bedrohung angesehen werden. Dies war in vielen Fällen der Grund für die spätere Panik.

Mike, 5 Jahre alt, kam mit seiner Mutter zu mir, weil er große Angst vor dem Wasser hatte. Das Planschbecken war in Ordnung für ihn, aber auch mit guten Schwimmhilfen ausgerüstet wollte er nicht ins tiefere Becken, dann schrie er wie am Spieß.

Seine Mutter erzählte mir, dass der Gynäkologe damals auf einer Fruchtwasserpunktion bestanden habe, da sie bereits über 35 war. Sie ließ sich dann überreden und mit gemischten Gefühlen – man hatte ihr gesagt, dass es nach einer solchen Punktion leider einen gewissen Prozentsatz an Fehlgeburten zu beklagen gebe –, ging sie zu dieser Untersuchung. Als sie dann schon sehr verängstigt auf dem Untersuchungstisch lag, sagte der Arzt ihr, sie solle sich nur nicht bewegen, da er sonst vielleicht den Fötus treffen und verletzen könnte. Wir können förmlich die Angst dieser Frau spüren. Sie hat sich fast nicht mehr getraut zu atmen. (Obschon die Aufforderung des Arztes unsinnig war, da der Fötus selbst sich innerhalb der Fruchtblase frei bewegen kann.) Später wird Mike es praktisch so erleben, als wenn er im tiefen Wasser jeden Augenblick aufgespießt werden könnte. Nachdem wir ihm diesen Zusammenhang erklärt hatten, verstand er, wo seine Angst herrührte und dass sie völlig unsinnig war, da ihm jetzt im Schwimmbad niemand etwas zuleide tun wird. In der nächsten Schwimmstunde hat er sich auch völlig angstfrei im tieferen Wasser vergnügt.

Als ich in einem Seminar dieses Thema behandelt hatte, kam anschließend eine Dame in der Pause zu mir und erzählte mir, dass ihre achtzehnjährige Tochter wie ein Fisch im Wasser schwimme, sie tauche wunderbar, aber sie wolle auf keinem Fall mit dem Kopf über Wasser schwimmen. Sie fragte mich, was das wohl zu bedeuten habe. Ich überlegte kurz und entgegnete: "Dann haben

Sie ihr wahrscheinlich während der Schwangerschaft ein Gefühl von Sicherheit vermittelt. Aber was ist geschehen, als sie dann den Kopf rausgesteckt hat, als sie geboren wurde?"

Die Antwort: "Sie haben Recht, ich war damals schon fast vierzig. Der Arzt bestand auf einer Fruchtwasserpunktion, die ich aber Gott sei Dank verhindern konnte. Als sie dann geboren wurde, habe ich es als furchtbar erlebt, als man sie in die Kopfhaut gepikst hat (Elektrode des Wehenschreibers). Ich wollte das nicht, habe es aber nicht verhindern können, sie hat dann an der Stelle geblutet ..."

Ich sagte, sie solle ihrer Tochter die Sache erklären und sie somit gleichzeitig beruhigen, dass sie nun nichts mehr zu befürchten habe, wenn sie mit dem Kopf aus dem Wasser komme. – Ein Jahr später habe ich dieses Mädchen kennengelernt, und sie hat mir bestätigt, dass sie nun ohne Probleme den Kopf aus dem Wasser halten kann.

Myriam, 29 Jahre, kam eigentlich zu mir, weil sie eine ganz spezifische Angst hatte. Über mehrere Jahre war sie als Beifahrerin mit ihrem Freund Motorrad gefahren. Das machte ihr so großen Spaß, dass sie sich eines Tages selbst ein Motorrad gekauft hat. Ihr Problem: Eine eigenartige Angst überfiel sie immer, wenn sie mit ihrer Maschine anhalten musste (zum Beispiel an einer Ampel). Panische Angst ergriff sie dann, die Maschine könnte in dem Moment, wo sie die Füße wieder vom Boden anhob, umkippen, und sie als sehr zierliche Person würde sie dann nicht mehr hochheben können.

Bei der Suche nach einer Erklärung für dieses Phänomen stießen wir auf einen Abtreibungsversuch der Mutter. Ein Abtreibungsversuch wird natürlich als der reinste Horror erlebt.

Myriam war als viertes Kind absolut nicht willkommen, die Mutter wollte nur zwei Kinder. Meine Frage war dann: "Wie hast du denn schwimmen gelernt?" Sie: "Ich kann eigentlich gar nicht richtig schwimmen. Ich hatte immer große Angst im Wasser, ich hielt mich nur am Rand auf, schwamm immer nur den Beckenrand entlang, so dass ich mich jederzeit dort festklammern konnte. Es war so, als ob in jedem Augenblick jemand den Pfropfen des Beckens herausziehen könnte, und ich würde dann in dem riesigen Sog verschwinden."

In beiden Situationen kam die Panik also immer, wenn die Füße keinen festen Boden mehr unter sich spürten, wie das zu Beginn der Schwangerschaft der Fall ist, wo noch kein Kontakt mit den Außenwänden besteht.

Ich könnte mir aber vorstellen, dass auch andere Gefahren, die das Kind in seiner Entwicklung bedrohen, ähnliche Ängste bei ihm auslösen können, wie zum Beispiel die Angst der Mutter, dass sich gewisse eingenommene Medikamente schädlich auf das Kind auswirken könnten, oder die Angst um das ungeborene Kind bei einem Verkehrsunfall.

Natürlich dürfen wir auch nicht vergessen, in der Familiengeschichte nach eventuellen Vorfällen zu suchen, die etwas mit Wasser zu tun hatten: Gab es ein Kind, das (fast) ertrunken ist? Hat sich vielleicht ein Vorfahr durch Ertrinken umgebracht?

VI. Adoptivkinder

Bei Adoptivkindern schien mir zu Beginn die Sache etwas schwieriger. Die Adoptiveltern wissen nur in seltenen Fällen mit Sicherheit etwas über die wahre Herkunft des Kindes, das sie adoptiert haben. Klar ist aber, dass in jedem Fall eine prekäre Situation vorgelegen haben muss, da das Kind ja nicht - wie es unter normalen Umständen der Fall gewesen wäre - von seinen leiblichen Eltern ernährt und erzogen wurde (oder werden konnte). Es ist also auch nicht verwunderlich, dass letzten Endes sehr viele Adoptivkinder Probleme bereiten, sei es in Bezug auf ihre schulischen Leistungen oder ihre Verhaltensweisen.

Für das Kind spielen natürlich seine Herkunft und auch besonders der Grund der Freigabe zur Adoption eine entscheidende Rolle. Sind seine Eltern tot (zum Beispiel durch Unfall oder Krieg), so ist dies für das Kind weniger problematisch, da es sich um eine "natürliche" Trennung von seinen Eltern handelt. Der Tod gehört zum Leben. Es gibt keine "Schuldigen". Sind die äußeren Umstände derart, dass die Mutter das Kind gerne behalten hätte, es aber tatsächlich nicht ernähren konnte oder sein Überleben bei ihr gefährdet gewesen wäre, so wird diese Situation vom Kind ebenfalls besser "akzeptiert". Manche Mutter verkauft eins ihrer Kinder schweren Herzens, um dadurch die anderen ernähren zu können. Eine andere hat gemerkt, dass man damit ein gutes

Geschäft machen kann ... Wird die Freigabe zur Adoption gewählt, obschon rein biologisch die Eltern bzw. die Mutter materiell und körperlich dazu in der Lage gewesen wäre(n), das Kind großzuziehen, so wird das Kind auch eher auf emotionaler Ebene einen Schaden davon tragen.

In jedem Falle spielen die Argumente und die Gründe, die zu der Adoption führten, eine entscheidende Rolle. Manche geben ihr Kind weg, weil sie es absolut nicht wollen. Sie wollen das "Objekt Kind" nicht. Andere geben ihr Kind weg, da sie sich absolut nicht vorstellen können, Eltern oder Mutter zu werden.

Im "Rucksack" der Adoptivkinder finden wir also zum Beispiel:

- ***Man hat mich im Stich gelassen.*** Also wird das Kind ständig Angst haben, wieder im Stich gelassen zu werden. Oft ist dies der Grund, warum viele Adoptivkinder es schwer haben, sich emotional zu binden.

- ***Ich habe meine Eltern verloren.*** Daraus resultiert die Angst, die (Adoptiv-)Eltern erneut zu verlieren.

- ***Ich muss anderswo aufwachsen, leben.***

- ***Ich bin der- oder diejenige, den oder die man im Grunde nicht will.*** Das Kind wird dies immer tief innen denken und fühlen.

- ***Wir können keine Familie sein.*** Sehr oft beobachtet man tatsächlich, dass auch die Adoptivfamilie nicht hält. Dies ist besonders oft der Fall, wenn ein Elternteil (meist die Adoptivmutter) die Adoption ganz stark möchte und der Partner sich letztendlich dazu überreden lässt, vielleicht sogar aus Schuldgefühlen heraus, weil er vielleicht derjenige ist, an dem es liegt, dass es mit der Zeugung eines eigenen Kindes nicht klappt. Über kurz oder lang kommt es dann sehr oft zu einer Trennung, der Überredete geht.

- ***Es ist undenkbar und unmöglich, Mutter zu werden oder zu sein.*** Dies kann beim Kind eine spätere Unfruchtbarkeit programmieren.

Diese Kinder werden adoptiert und treffen auf Adoptiveltern, die ihnen genau das Gegenteil vermitteln:

- Sie wollen unbedingt (noch) ein Kind.
- Sie wollen ihre Familienträume verwirklichen.
- Sie wollen unbedingt Mutter- und Vaterrolle übernehmen.
- Sie wollen ein Kind aufnehmen, um ihm alle Liebe der Welt zu geben.
- Sie wollen einem kleinen Wesen, das in Schwierigkeiten ist, helfen und es aufwachsen sehen ...

Es ist folglich genauso wichtig, die Motivation der Adoptiveltern zu ergründen. Aus welchen Gründen haben sie adoptiert?

Das Kind erlebt die verkehrte Welt, alles ist auf einmal umgekehrt, auf den Kopf gestellt. Hier haben wir auch eine Erklärung für das bei diesen Kindern sehr häufig beobachtete Verdrehen der Buchstaben (auch Dyslexie genannt). Die Sprache, die das Kind nach der Geburt hört und erlernen soll, ist oft nicht die, die das Kind während der Schwangerschaft registriert hat. Nichts entspricht mehr dem, was es kannte, es folgen daraus Probleme im Erlernen der "Muttersprache". Das Kind ist verloren und verliert den Orientierungssinn im wahrsten Sinne des Wortes. Besonders dann, wenn es "am anderen Ende der Welt" oder auf der anderen Hälfte der Erdkugel aufwächst, beobachtet man oft gewisse Schwierigkeiten, sich im Raum zurechtzufinden (Geometrie).

Bevor wir zu einigen Beispielen kommen, möchte ich noch etwas ganz Wichtiges loswerden: Die meisten Adoptiveltern machen oft den Fehler, sich als Eltern des Kindes zu sehen. Sie sagen "unser Sohn, unsere Tochter ..." Dabei ist dieses Kind absolut nicht ihr Kind. Man wäre so gerne seine Eltern, dass man sich praktisch dafür hält. Sie lassen sich auch mit Papa und Mama anreden. Dies führt dazu, dass das Kind bzw. sein Gehirn davon ausgeht, dass es seine (wirklichen) Eltern vor sich hat. Es wird anfangen, alle bewussten und unterbewussten Gefühle, die es seinen biologischen Eltern gegenüber hegt, an seinen Adoptiveltern auszulassen, sei es Wut, manchmal Hass, Enttäuschung, Trauer, Misstrauen oder Angst ... Es wird sich quasi an seinen Adoptiveltern für das, was seine biologischen Eltern ihm "angetan" haben, rächen. Es sind also die Adoptiveltern, die darunter zu leiden haben werden. Dieser Mechanismus führt dazu, dass die Atmosphäre in der Familie sich sehr verschlechtert, so dass die Adoptiveltern sich oft nicht mehr zu helfen wissen. Was mir dann besonders wehtut, ist die Tatsache, dass manche sogar zu dem Schluss kommen: "Wenn wir das geahnt hätten, hätten wir das Kind besser dort gelassen, wo es war." Und das Kind spürt dann, wie bereits oben erwähnt, dass es auch in dieser Familie nicht willkommen ist und dass man es am liebsten wieder loswerden möchte, auch wenn das nicht offen zugegeben wird.

Die Adoptiveltern müssen sich in ihrem Kopf ganz klar darüber sein, dass sie nicht die Eltern des Kindes sind - und das müssen sie diesem auch klar vermitteln. Sie ersetzen dem Kind die Eltern, sie machen die Arbeit von Eltern, aber sie sind nicht die Eltern. Es wäre von vornherein schon klarer, wenn das Kind trotz Adoption seinen eigenen Namen behielte.

Wenn wir absolut keine Möglichkeit haben, etwas über die Geschichte des Kindes zu erfahren, können wir auch einfach das Kind in die Familie der Adoptiveltern einfügen, so als ob es tatsächlich ihr eigenes Kind wäre. Die Motivation zur Adoption ist in dem Fall wie die Motivation zur Zeugung eines (weiteren) Kindes oder zu einer Schwangerschaft zu sehen. Die Vorfahren der beiden Eltern werden als Vorfahren des Kindes eingesetzt und so können wir auch die Kräfte erkennen, die auf dieses Kind wirken. Die Eltern sprechen ja sowieso meist von "ihrem" Kind, so dass sie alle Familienprogramme auf dieses Kind projizieren, als wäre es ihr leibliches Kind, sie verhalten sich ihm gegenüber, als wäre es ihr eigenes.

Da es inzwischen klar ist, dass es den Zufall nicht gibt, wird natürlich gerade dieses Kind auch nicht zufällig von eben dieser Familie adoptiert. Ich erkläre es den Eltern meist anhand eines Vergleichs, auch wenn dieser Vergleich vielleicht etwas hinkt: Wenn wir unser eigenes Haus bauen, tun wir dies nach unseren Wünschen und Vorstellungen, natürlich unter Berücksichtigung unserer finanziellen Mittel. Bauen wir aus irgendeinem Grund unser Haus nicht selbst und entschließen wir uns, eines zu kaufen, dann kaufen wir doch auch das Haus, das unseren Ideen und Vorstellungen am ehesten entspricht. Vielleicht verändern wir einige Kleinigkeiten, aber das gekaufte Haus entspricht schon möglichst dem Haus, das wir uns selbst gebaut hätten. Und genauso verhält es sich mit einem Adoptivkind, es entspricht auch unbewusst dem Kind, das wir selbst gezeugt und geboren hätten. - Ein Kollege aus Frankreich erzählte, dass er einmal mit Adoptiveltern gearbeitet hat, die zwei eigene Kinder durch einen Herzfehler im Babyalter verloren hatten. Sie adoptierten dann ein Kind aus Asien. Später stellte sich heraus, dass auch dieses Kind denselben Herzfehler hatte. Dies bedeutet also, dass Adoptivkind und Adoptiveltern sich gegenseitig suchen und finden.

Jenny, 8 Jahre, war das erste Adoptivkind, mit dem ich gearbeitet habe. Sie war kein ausländisches Kind. Sie hatte eine sehr

ausgeprägte Dyskalkulie, konnte praktisch zwei und zwei nicht zusammenzählen. Sie wiederholte bereits das erste Schuljahr, aber ihre Unfähigkeit zu rechnen war unverändert geblieben.

Ende Mai (nur ein Monat vor dem Ende des Schuljahres) rief mich ihre Adoptivmutter Monika an. Es gäbe für Jenny nur noch eine Möglichkeit: die Sonderschule für lernbehinderte Kinder. Ich fragte Monika, ob sie Informationen über Jennys Ursprungsfamilie habe. Sie sagte mir: "Ich weiß nur, dass sie das dritte Kind einer Familie war, und die Eltern wollten nur zwei Kinder." Daraufhin sagte ich, dass sie kommen könne und dass wir wahrscheinlich den Schlüssel schon hätten.

Monika erklärte mir dann ausführlicher: Der Vater wollte absolut kein drittes Kind, für die Mutter kam aber eine Abtreibung nicht in Frage. Der Vater war unerbittlich, er verlangte, dass seine Frau sich entschied: entweder das Kind oder er. Die Mutter entschied sich dann schweren Herzens, das Kind zur Adoption freizugeben. Dies verkraftete sie dann aber psychisch nicht und wurde kurz nach der Geburt in eine psychiatrische Klinik eingewiesen.

Jenny war gesagt worden, dass ihre Mutter zu krank gewesen wäre, um sich um sie zu kümmern und deshalb wäre sie in eine andere Familie gekommen. Behutsam und mit für sie verständlichen Worten erklärten wir ihr dann ohne Schuldzuweisung die wahren Gründe der Adoption. Das Programm: 2+1 durfte nicht 3 sein. Jenny war im Rechnen auf einem ganz niedrigen Niveau blockiert. Zu einer Familie von 4 Personen durfte niemand mehr hinzukommen. Mit diesen einfachsten Additionen wurde im ersten Schuljahr begonnen zu rechnen. Hier war sie schon blockiert.

Zwei Wochen nach unserem Treffen rief Monika mich an und berichtete mir von den erstaunlichen Fähigkeiten im Rechnen, die Jenny nun an den Tag legte. Sie rechnete mit Leichtigkeit und sogar die Division, die nun als Operation hinzugekommen war, bereitete ihre keine Schwierigkeiten. Wie wir ja nun wissen, hat die Division meist mit dem Auseinanderfallen der Familie zu tun. Dies war also absolut kein konfliktgeladenes Thema mehr bei ihr.

Richard, 13 Jahre, brasilianischer Herkunft. Er hatte Probleme in der Rechtschreibung und in der Grammatik. Hier ging es hauptsächlich um Probleme beim Erkennen und Benennen von Ergänzungen und Beifügungen (Attribute) in einem Satz.

Alles, was man den Adoptiveltern gesagt hatte, war, dass Richards Mutter nur zur Geburt in die Klinik gekommen war und diese sofort wieder verlassen hatte, so als hätte sie sich ihres Babys nur schnell entledigen wollen. Über den Muskeltest (Kinesiologie) versuchten wir dann, mehr zu erfahren. Demzufolge konnte sie das Kind nicht behalten, da sie nicht auf die Unterstützung ihrer Familie hoffen konnte. Bei uns Menschen ist es normalerweise zunächst die Großmutter, die sich um das Kind kümmert, wenn die Mutter aus irgendeinem Grund ihre Mutterrolle nicht übernehmen kann. Bei Richard war also auch die Großmutter nicht eingesprungen. Sie war vielleicht sogar diejenige, die ihrer Tochter geraten hatte, das Kind zur Adoption freizugeben. Auf jeden Fall bestätigte uns der kinesiologische Muskeltest einen großen Stress, der etwas mit der Großmutter zu tun hatte. Großmutter (*grand-mère*) bedeutet Grammatik (*grammaire*).

Richard hätte sehr gerne mehr über seine Mutter erfahren. Er konnte einfach nicht glauben, dass seine Mutter die Böse gewesen war, die nichts von ihm wissen wollte; er liebte auch seine Adoptivmutter sehr. Er sagte mir: "Das ist wie mit den Haien, sie werden als die grausamen Monster dargestellt, aber in Wirklichkeit sind die Haie nicht böse, sie tun keinem etwas, wenn sie nicht provoziert werden. Die Orcas, Wale, die gemeinhin als liebe Tiere (siehe *Free Willy*) dargestellt werden, sind die wirklichen Raubtiere des Meeres, sie jagen aus Spaß und sie sind die einzigen, die auch Haie fressen."

Richard hatte ein großes Hobby: tauchen. Er hatte bereits eine komplette Taucherausrüstung und nahm Tauchkurse, wann und wo er nur konnte. Sein Berufswunsch war Tiefseetaucher und Ozeanograf. Das Meer (*la mer*) hat symbolisch mit der Mutter zu tun (*la mère*). Der Ozean ist das große Meer, also ein Symbol der Großmutter (die "große Mutter"). Beifügungen und Ergänzungen (Attribute) sind die zusätzlichen Informationen eine Sache oder Person betreffend. Es fehlte ihm also ganz deutlich an Informationen über seine Mutter und Großmutter. Er wollte auch unbedingt nach Südamerika reisen, um seine Mutter kennenzulernen. Man sagte ihm aber, dass diese Suche ziemlich sinnlos sei, was seinen Konflikt nicht gerade minderte.

Sein Rechtschreibproblem hatte mit seinem Vater zu tun; von seinem biologischen Vater wussten wir nichts, außer dass er natürlich seine Vaterrolle nicht wahrgenommen und die Verantwortung nicht übernommen hatte (und auch nicht für einen Schutz gesorgt hatte). Zu seinem Adoptivvater befragt meinte Richard, dass dieser auch nicht sympathisch sei, er hatte die Familie verlassen, Richard mochte ihn nicht. Die Väter hatten sich also beide in seinen Augen nicht korrekt verhalten (korrekte Rechtschreibung).

Melanie, (angeblich) 9 Jahre alt. Sie kam aus Brasilien. Melanies Adoptivvater brachte sie zu mir, weil sie Probleme im Schreiben und im Rechnen hatte, sie konnte nichts mit Zahlen anfangen. Gleichzeitig verhielt sie sich sehr kindisch, was im krassen Gegensatz zu ihrer ausgeprägten körperlichen Größe und Reife stand.

Melanie lebte in ihrer Adoptivfamilie zusammen mit dem drei Jahre älteren Hugo - auch aus Brasilien adoptiert - und mit ihrem Zwillingsbruder Tom, sie beide waren damals zusammen adoptiert worden.

Erste Frage an den Adoptivvater: "Weshalb haben Sie adoptiert?"

Antwort: "Ich bin Arzt und habe meine Frau erst sehr spät kennengelernt und geheiratet, sie war zwar etwas jünger als ich, ich war damals aber schon fünfundvierzig. Wir fühlten uns schon zu alt, um Eltern eines Neugeborenen zu sein, wir wollten keine alten Eltern für unsere Kinder sein, so haben wir Kinder adoptiert, die auch nicht mehr ganz klein waren.

Der Älteste war sieben Jahre alt, als er zu uns kam. Die Zwillinge waren sechs, als wir sie in Brasilien abholten. Nachdem wir sehr froh mit Hugo waren, wollten wir ein zweites Kind aus Brasilien adoptieren, doch dann hat man uns die Zwillinge vorgeschlagen. Nach einigen Überlegungen haben wir uns dann doch dazu entschlossen, die beiden zu adoptieren, man sagte uns, sie seien (besonders Tom) von ihrer Mutter misshandelt worden, sie hatte ihn zum Beispiel mit einer Pfanne verbrannt. Er hat uns diese Geschichte sehr oft erzählt."

Melanie erzählte mir aber von ihrem kleinen Bruder, wenn sie Tom meinte. Der Vater sagte mir dann, dass Tom tatsächlich viel kleiner sei als Melanie. Es war auch nicht zu übersehen, dass Melanie bereits körperlich sehr weit entwickelt war, eigentlich zu weit für ein neunjähriges Kind. Da fiel bei mir der Groschen: Melanie und Tom waren in Wirklichkeit keine Zwillinge, Melanie war sichtlich mindestens zwei, wenn nicht drei Jahre älter. Damit aber das Mädchen trotz ihres Alters noch eine Chance auf eine Adoption hatte und damit Bruder und Schwester möglichst zusammen adoptiert wurden, hatte man Zwillinge aus ihnen gemacht, was bedeutete, dass zu diesem Zweck Daten und Papiere gefälscht worden waren. Dies erklärte die Probleme, die Melanie mit der Schrift und den Zahlen hatte, sie machte ständig Fehler. Melanie musste also immer viel jünger erscheinen, als sie in Wirklichkeit war, dies drückte sie auch in ihrem Verhalten aus: Sie wirkte sehr kindisch.

Es geschah auch nicht zufällig, dass der Adoptivvater mir zunächst ein falsches Geburtsdatum für Melanie angab. Er hatte sich um einen Tag geirrt, er hatte sie einen Tag älter gemacht und sich dann aber gleich korrigiert. In ihren Papieren stand jedoch, dass sie am selben Tag wie Tom geboren war. Auch hier haben wir also das zu hohe Alter, das bei beiden Parteien (Adoptiveltern und -kind) ein Problem darstellte. Dadurch, dass das Ehepaar Kinder adoptierte, die schon ein gewisses Alter hatten, war es praktisch so, als wären sie schon viel früher (jünger) Eltern gewesen.

Obwohl Arzt war dem Adoptivvater dieser krasse und sichtbare Unterschied aber nie aufgefallen. Mein Mann hatte dieses Mädchen ankommen und weggehen sehen. Ich fragte ihn dann, welches Alter er dem Mädchen geben würde. Er meinte, sie sei mindestens zwölf Jahre alt. Nach unserer Sitzung wurden Röntgenbilder von Melanie und Tom angefertigt, um einen Vergleich der Skelettentwicklung zu machen. Der Radiologe meinte, es wäre etwa ein Jahr Unterschied zwischen beiden. Der Adoptivvater meinte dann, dies wäre aber nicht unbedingt ein sicherer Beweis.

Ich weiß nicht, ob sich eine Besserung der schulischen Probleme von Melanie eingestellt hat, ich habe nie mehr etwas von der Familie gehört.

Louisa und Ernesto, 12 und 14 Jahre, beide stammen aus Venezuela. Die Adoptiveltern waren in Sorge, da beide absolut "nicht motiviert" waren zu lernen und somit die schulischen Resultate sehr zu wünschen übrig ließen.

Beide Adoptiveltern unterrichteten an einem Gymnasium. Sie hatten adoptiert, da sie von ihrer Arbeit so begeistert waren und plötzlich merkten, dass sie älter wurden, aber gleichzeitig ihr Berufsleben nicht hintanstellen wollten. Außerdem fanden sie es gut, Kindern aus sehr ärmlichen und benachteiligten Ländern eine gute Schulbildung zu ermöglichen. Sie reisten nach Südamerika und lernten dort auch jeweils die leiblichen Mütter von Louisa und Ernesto kennen. Diese konnten es sich nicht leisten, sich um ihre Kinder zu kümmern, sie mussten arbeiten und konnten ihre Kinder nicht versorgen. (Weiterzuarbeiten war also für die leiblichen Mütter wie für die Adoptivmutter wichtig.)

Die Aussicht auf bessere Chancen in Europa, auf einen besseren Beruf, war ausschlaggebend für die Freigabe zur Adoption. Die Adoptiveltern schickten auch jeweils der leiblichen Mutter ein Foto vom Tag der Einschulung ihres Kindes, welches das Kind mit Schultasche zeigte (und Tüte als Geschenk zum Beginn der Schulzeit). Die Bedingung der Adoption war also, dass die Adoptiveltern für die Schulbildung der Kinder sorgten. Und das taten sie besonders, so lange die beiden in der Schule Probleme hatten! Unbewusst mussten sie also diese Bedingungen aufrechterhalten, um in dieser Familie bleiben zu können.

Pedro, 15 Jahre, stammte aus Mexiko. Er versagte total in der Schule. Pedro hatte zunächst "keine Ahnung", warum seine Adoptiveltern mit ihm zu mir kommen wollten. Die Mutter: "Dann schau mal deine Zeugnisse an!" Zu mir: "Er hat nicht die nötigen Punkte erreicht, um versetzt zu werden, auch wenn er intelligent und fähig ist. Er tut einfach nichts, er lernt nicht, er weiß nicht, was es heißt zu arbeiten. Er ist faul, aber andererseits verfügt er über enorme Energie, wenn es um andere Aktivitäten geht. Das Ganze führt dazu, dass es überall rot ist!" (Sie meinte die roten Zahlen im Zeugnis.)

Wäre vielleicht eine Blutung mit Fehlgeburt die Lösung für seine leibliche Mutter gewesen?

Pedro war 5 Jahre alt, als er adoptiert wurde, der Adoptivvater war damals 48, die Adoptivmutter 54. Sie hatten 3 Jahre zuvor bereits einen anderen Jungen adoptiert, der ebenfalls aus Mexiko kam und damals auch 5 Jahre alt war. Laut Vater haben die beiden sich schnell in ihrer neuen Familie zurechtgefunden und eingelebt.

Frage: "Aus welchem Grunde haben Sie adoptiert?" (Diese Frage sollte man, wenn möglich, an beide Adoptiveltern getrennt richten.)

Die Mutter zunächst: "Wir haben Pedro adoptiert, damit sein Bruder (Enrico) nicht allein bleibt, ein Einzelkind zu sein ist kein Geschenk für ein Kind!" Hier fragt man als Therapeut dann sofort nach ihren Geschwistern. Sie ist das älteste Kind, gefolgt von Zwillingen (2 Jungen), die gegen Ende des 6. Schwangerschaftsmonats tot zur Welt kamen. (Die Adoptivsöhne kommen beide im Alter von fast 6 Jahren zu ihnen. Bei der Mutter gab es eine große Unklarheit bzw. Verwechslung, was die Adoptionszeitpunkte anging, sie konnte nur schwer das Alter der beiden bei der Adoption wiederfinden.) Den Zwillingen folgten 3 Schwestern, man hatte also sehr lange verzweifelt auf einen Jungen warten müssen (nach 4 lebenden Töchtern und zwei toten Söhnen). Pedros Adoptivmutter war 12 Jahre alt, als endlich ein kleiner Bruder zur Welt kam.

"Schon immer, seit ich 12 war, wollte ich adoptieren!" Schließlich kennt man das Geschlecht des Kindes vor der Adoption, man kann es sich sogar aussuchen! Es muss furchtbar für sie gewesen sein, ihre Eltern zu sehen, wenn jedes Mal immer wieder (nur) ein Mädchen geboren wurde.

Die Mutter führt weiter aus: "Wir haben uns sehr spät kennengelernt, wir haben spät geheiratet, ich war schon 36. Dann haben wir nichts für und nichts gegen Kinder unternommen." Dank der Tatsache, dass sie nicht verhütet (nichts getan) hatten, konnten die beiden Jungen von diesem Ehepaar adoptiert werden (Adoptionsbedingungen). Pedro muss also (unbewusst) "nichts dafür tun", dass es gelingt, dass er es schafft, weil diese Strategie es ihm damals ermöglicht hat, in diese Familie zu kommen, von dieser Familie aufgenommen zu werden. Dies war die Erlösung von dem ursprünglichen Gefühl, im Stich gelassen worden zu sein.

Der Adoptivvater: "Bei mir war es ähnlich. Wir hatten vorher schon einige Adoptionsversuche unternommen, aber es war nichts dabei herausgekommen, entweder weil wir schon zu alt waren oder weil es zu teuer war (für Pedro ist es also wichtig, dass man kein Geld hat, denn sonst wäre bereits ein anderes Kind von den Eltern adoptiert worden, er hatte auch schon gestohlen). Ich habe mir dann gesagt, dass sich etwas tun wird, wenn es sich tun muss - oder eben auch nicht. Es war nichts mit Vorbedacht geplant. Bevor wir Pedro adoptierten, war uns zunächst ein Mädchen vorgeschlagen worden, das aber bereits älter als Enrico war. Dieses Mädchen haben wir abgelehnt."

Sie wollten und "durften" natürlich kein Mädchen adoptieren, das dann auch noch die Älteste gewesen wäre (wie die Adoptivmutter). Es mussten also mit Sicherheit zwei Jungen sein, um den Verlust der Zwillinge auszugleichen! (Nur zwei Jungen konnten den Verlust der Zwillinge ausgleichen!) Hier haben wir die gleiche Information: Man muss darauf warten, dass die Dinge sich von alleine regeln, dass es von alleine gelingt! Pedro war also faul und trug nichts dazu bei, dass er es schaffte. All das, um sich seiner Adoptivfamilie sicher zu sein, um nicht wieder der Verlassene und im Stich Gelassene zu sein.

Nach dieser ersten Sitzung, in der dieser Mechanismus allen Beteiligten klar geworden war, stellte sich aber keine Besserung ein, im Gegenteil! Pedro schürzte nun auch noch Krankheit vor, um nicht zur Schule gehen zu müssen. Wir setzten einen zweiten Termin fest, um der Sache auf den Grund zu gehen. Es musste also ein anderer und noch wichtigerer Mechanismus am Werke sein. Ich fragte Pedro, ob er eine (positive oder negative) Veränderung seit unserer ersten Sitzung festgestellt habe. Er antwortete nicht, blieb stumm und schaute nur zu Boden, die Hände vor dem Mund. Dies dauerte sehr lange. Auch nachdem ich weitere kleine Fragen stellte, antwortete er nicht. Ich verstärkte seine Emotion: "Das muss ja etwas ganz Fürchterliches sein, was da sitzt. Es ist so schlimm und du kannst es nicht sagen!" Er errötete und ich bestätigte ihm, dass er wohl am liebsten heulen würde (weil ich es sah). Eine Träne rollte, aber immer noch Schweigen.

Die Adoptivmutter wollte für ihn antworten, ich ließ sie aber nicht zu Wort kommen und fragte sie stattdessen, welche Wirkung es auf sie habe, ihn so zu sehen. Sie: "Ich sehe, dass er leidet!" Das war es also, was er wollte: dass die Eltern endlich sein Leid sehen und anerkennen (Verwechslung zwischen leiblichen Eltern und Adoptiveltern). Indem es ihm so schlecht geht und es so problematisch in der Schule ist, zeigt er mit dem Finger auf seine leiblichen Eltern, aber gleichzeitig auch auf seine Adoptiveltern. Er rächt sich an seinen Eltern. Er wird doch nicht seinen Eltern die Möglichkeit geben, stolz auf ihn zu sein nach allem, was sie ihm angetan haben. Er zeigt allen, "wie fürchterlich seine Vergangenheit gewesen ist" (Adoptivvater).

Als er klein war - man weiß nicht, ob er bereits bei der Geburt oder erst später von der Mutter getrennt wurde (es hieß, die Mutter sei krank gewesen) -, hat er erlebt, wie es war, von der Mutter im Stich gelassen zu werden. Andere haben sich um ihn gekümmert, haben ihm das "Ersatzfläschchen" gegeben und ihn so daran gehindert zu sterben. In der Natur wäre er gestorben, man hatte ihn also gezwungen zu leben. - Pedro sitzt ganz still, hält den Kopf immer noch gesenkt, während ich ihm weiter ganz leise erkläre, dass er in seinem Innern davon überzeugt ist, dass er es nicht wert war zu leben. Er lehnte also dieses Ersatzfläschchen, das nicht von seiner Mutter kam, ab. Bemerkung: Im Gehirn arbeiten dieselben Nervenzentren, ob ich tatsächliche Nahrung aufnehme und verdaue oder ob ich intellektuelle Nahrung (die

Unterrichtsmaterialien) an- und aufnehme und verdaue, ja, sie mir aneigne und einen Nutzen daraus ziehe.

Da Pedro jetzt aber kein Baby mehr ist, hat er nun die Wahl: entweder weiterhin das Opfer seiner Mutter sein, das Leben ablehnen, indem er alles tut, um es im Leben zu nichts zu bringen (versagen, stehlen, um ins Gefängnis zu kommen, lebend zu Grunde gehen ...), oder sein Leben in die Hand nehmen und daraus etwas Vernünftiges, Wertvolles, ja etwas Außerordentliches machen. Realisieren und annehmen, dass es möglich ist, dass jemand ihn liebt und froh ist, dass er da ist. - Hier ändert er plötzlich seine Haltung, richtet sich auf, sein Gesicht hellt sich auf, sein Blick wird lebendig. Er beginnt zu reden. Er hat seine Entscheidung getroffen!

VII. Bettnässen

Das Bettnässen ist eine Wissenschaft für sich; es ist ein großes Problem und auf herkömmliche Art nur sehr schwer in den Griff zu bekommen. Deshalb möchte ich diesem Thema ein eigenes Kapitel widmen. Es gibt dazu verschiedene Hintergründe, und wir müssen verschiedene Aspekte betrachten.

1. Aspekt: Reviermarkierung

Die Tiere markieren ihr Revier mit Urin. Zunächst muss man also überprüfen, ob das Kind "sein Revier" zufriedenstellend markieren kann. Zum Revier des Kindes gehört alles, was es sein nennt: sein Zimmer, seine Spielzeuge, seine Mama, sein Opa, sein Hund, sein Fahrrad, sein Zuhause, sein Fräulein (Kindergarten), sein Platz am Tisch, sein bester Freund ... Klassische Beispiele: Das Kind hat kein eigenes Zimmer oder ist nicht Herr über sein Zimmer, wenn jeder dort hineinstürmen kann. Mit diesem Problem kam

Mirko, 9 Jahre alt, zu mir. Er war das älteste von 6 Kindern, er hatte 2 Brüder und 3 Schwestern. Es gab ein großes Zimmer

für die Mädchen und eins für die Jungs. Seine Brüder hatten ein Etagenbett, während er ein eigenes, allein stehendes Bett hatte. Er ärgerte sich sehr darüber, dass seine Brüder immer auf seinem Bett herumsprangen (das konnten sie nicht auf ihrem eigenen Bett). Er fühlte sich auch als Chef, da er das älteste Kind war, er konnte sich aber nicht behaupten. Es wurden strikte Regeln eingeführt, und die Eltern, die vorher nie eingegriffen hatten, achteten darauf, dass diese Regeln eingehalten wurden.

Interessant war auch die Geschichte um seine Zeugung. Mirko ist in der Hochzeitsnacht gezeugt worden, die Eltern hatten vor der Hochzeit zwei Monate Abstinenz eingehalten, die Hochzeitsnacht sollte etwas Besonderes sein. Das wirklich Besondere an dieser Geschichte: In unserer Gegend ist es üblich, dass man dem Brautpaar am Hochzeitstag einen Streich spielt. Freunde waren daher in die Wohnung des Brautpaares eingedrungen und hatten Zucker, Mehl, Salz und alles, was sie sonst finden konnten, in das Ehebett geschüttet. Die Eltern lachten, als sie daran zurückdachten. Sie waren der Meinung gewesen, dass sie ihre Wohnung vor den "Einbrechern" sicher geschützt hätten, aber die Freunde hatten es doch geschafft, in ihr *Revier einzubrechen*.

Ludwig, 7 Jahre, war mit ungefähr 3 Jahren trocken gewesen, dies hatte jedoch nur ein paar Monate angehalten, dann nässte er wieder ein. Seine Geschichte: Während der Schwangerschaft kümmerte sich die Mutter um den Haushalt ihrer Eltern, der jüngste Bruder wohnte auch noch bei den Eltern. Die Mutter war krank und starb 2 Monate vor Ludwigs Geburt. Der Großvater war nun Witwer, und es entstand eine besondere Beziehung zwischen ihm und seinem ersten Enkel.

Einige Zeit später lernte der Großvater eine andere Frau kennen, und als Ludwig drei Jahre alt war, zog der Großvater in das Haus seiner neuen Partnerin, 30 Kilometer entfernt. Ludwig hatte es gefühlsmäßig so erlebt, dass diese Frau in sein Revier eingedrungen war und ihm seinen Opa weggenommen hatte. Er hatte es also praktisch nicht geschafft, sein Revier zu markieren.

Gleichzeitig hatte er inzwischen ein Schwesterchen bekommen, so dass er auch seine Mama jetzt teilen musste, sie gehörte ebenfalls nicht mehr ihm allein.

2. Aspekt: Grenzen setzen

Fehlende Autorität (manchmal fehlender Vater) führt dazu, dass das Kind seine Grenzen nicht kennt. Das Kind kennt keine bzw. kaum Verbote.

Einmal rief mich eine Mutter an wegen ihres Sohnes. Sie hatte mich schon vorher wegen eines eigenen Problems aufgesucht, ich kannte also die Familiensituation, sie war alleinerziehend. Der Vater wollte das Kind nicht und hat sie bereits während der Schwangerschaft verlassen.

Am Telefon wollte sie einige Tipps haben, welche Gründe dafür verantwortlich sein könnten und wonach sie im Vorfeld schon suchen könne. Ich sagte ihr, dass es vielleicht mit der fehlenden Autorität des Vaters zu tun haben könne. Sie antwortete mir, dass sie ihrem Sohn sehr wohl Grenzen setze. Als die beiden dann ein paar Wochen später zum vereinbarten Termin erschienen, zeigte es sich, dass der Junge totale Freiheit hatte, er kletterte auf meine Möbel, nahm Bücher aus dem Regal, zog die Jalousien hoch und runter, öffnete die Schublade meines Büros, nahm einen Riegel Schokolade heraus, öffnete ihn, leckte an der Schokolade, meinte, sie schmecke nicht gut, und legte den Riegel wieder in die Schublade zurück ... Ich wartete darauf, dass die Mutter ihn in seine Grenzen wies, doch sie reagierte nicht.

Eine Kollegin – von Hause aus Psychomotorikerin – berichtete mir, dass sie einmal mit drei Halbgeschwistern gearbeitet habe, die allesamt Bettnässer waren. Es gab drei verschiedene Väter und die Mutter war alleinerziehend.

Den Kindern fiel es zunächst sehr schwer, innerhalb der vorgezeichneten Linien zu malen. Mit Hilfe von Spielen hat die Therapeutin den Kindern dann beigebracht und sie fühlen lassen, dass es Grenzen gibt, die zu respektieren sind.

Eine Mutter erzählte mir, dass ihr Sohn, inzwischen 9 Jahre alt, ganz normal mit 3 Jahren trocken war. Doch kürzlich habe er ein einziges Mal ins Bett gemacht.

Am Vortag war er den ganzen Nachmittag bei einem Freund spielen gewesen, und als er nach Hause kam, wollte er unbedingt auch so einen Gokart haben wie ihn sein Freund hatte. Zunächst hat er seinen Vater damit genervt, der sagte dann, er solle seine Mutter fragen. Dem Vater mangelte es also schon an Autorität. (Manche Väter können/wollen keine Grenzen setzen oder streng sein, weil sie glauben, dann von ihrem Kind nicht mehr geliebt zu werden, so wie sie ihren Vater dafür gehasst haben, dass er so streng war.) Die Mutter sagte dann kategorisch nein, das Teil hätte 750 Euro gekostet, und blieb dabei. Der Sohn war wütend, schrie und schlug die Türen zu ...

So hatte seine Mutter ihn noch nie erlebt. Sie hatte ihm erklärt, dass sie allein aus erziehungstechnischen Gründen nicht ja sagen könne, und wenn er später selbst Vater sein würde, wäre er bestimmt auch nicht gleich einverstanden, seinem Kind unter diesen Umständen einen Gokart zu kaufen.

In der darauf folgenden Nacht machte er dann ins Bett, wofür er sich sehr schämte. Anschließend war der Gokart kein Thema mehr.

3. Aspekt: Fruchtwasser

Es kann eine Prägung vorliegen, bei der es um das Fruchtwasser geht. Das Wasser soll in dem Fall einfach nicht drin bleiben.

Theo war 12 und machte jede Nacht eine regelrechte Pfütze ins Bett. Die Eltern hatten bereits alles Mögliche versucht. Auch wenn er nach 16 Uhr nichts mehr trank, schaffte er es doch immer wieder, sein Bett ordentlich nass zu machen. Seine ältere Schwester Jutta war hyperaktiv und bekam Ritalin, dieses Problem wurde bei der Gelegenheit auch gelöst.

Es gab für beide Symptome eine einzige Erklärung: Der Vater der beiden war das zweite Kind seiner Eltern, nachdem das erste zwei Stunden nach der Geburt gestorben war. Es war zwei Wochen übertragen, und als es dann endlich auf die Welt kam, war das Fruchtwasser ganz grün, das Kind war "vergiftet", hatte sich kaum bewegt und war gestorben. Der Tod des Kindes war ganz furchtbar für die Eltern, die Großeltern von Jutta und Theo. Jutta ist das erste Kind und musste sich aus diesem Grund ständig bewegen, um ihren Eltern zu zeigen, dass sie lebt.

Theos Vater war bis zum Alter von 8 Jahren auch Bettnässer gewesen. Als Theos Großmutter mit ihm schwanger war und auf die Geburt zuging, durfte sich das Drama auf keinen Fall wiederholen. Das Fruchtwasser durfte nicht so lange drin bleiben und es musste auch klar sein (nicht trüb und grün). Die zweiten Kinder konnten das Wasser (den Urin) also nicht lange drin behalten, da sie sonst unbewusst davon überzeugt waren, dass sie auch sterben könnten. Nachdem Theo klar war, dass er nicht sterben würde, wenn sein Urin drin bleibt und morgens auch dunkler gefärbt ist, war das Problem behoben.

Einmal kam ein Mädchen, das Bettnässerin war. Als ihre Mutter mit ihr schwanger gewesen war, hatte der ältere Bruder ein Problem: eine Entzündung der Harnleiter. Der Urin hätte unbedingt abfließen müssen ...

Es kann auch sein, dass das Kind ins Bett macht, um die wohlige Wärme des Fruchtwassers, von der es im Bauch der Mutter umgeben war, wieder zu fühlen.

4. Aspekt: Brandabwehr

Das Bettnässen kann auch den Sinn haben, sich zu benässen für den Fall, dass das Haus nachts abbrennt. Es ist der einzig mögliche körperliche Schutz dagegen, im Schlaf verbrannt zu werden. Im Schlaf würde man zunächst durch die Rauchentwicklung ersticken oder zumindest so bewusstlos werden, dass man nicht aufwachen und das Feuer selbst gar nicht mehr bemerken würde. Also lohnt es sich, in der Familiengeschichte nachzuforschen, ob nicht irgendwann ein Haus gebrannt hat.

Arthur, 11 Jahre, beginnt plötzlich mit dem Bettnässen. Kurz zuvor hatte es tagsüber im Zimmer seines Cousins gebrannt, die Familie wohnte im selben Dorf. Die Feuerwehr war gekommen, um den Brand zu löschen. In der Nacht war das Feuer dann wieder aufgeflammt und die Feuerwehr musste ein zweites Mal anrücken. Auf die Feuerwehr ist im Ernstfall also

auch kein Verlass, da sie das Feuer beim ersten Mal nicht richtig gelöscht hatte.

Nach dieser Geschichte bekam Arthur Angst, dass auch ihr Haus abbrennen könnte, zumal sein kleiner Bruder mit Vorliebe mit Streichhölzern spielte und bereits zum Spaß alles Mögliche in Brand gesetzt hatte. Im Fernsehen hatte Arthur eine Reportage über Feuerwehreinsätze gesehen, in der Feuerwehrleute im Einsatz Verbrennungen erlitten hatten, besonders im Gesicht, das dem Feuer und der Hitze relativ ungeschützt ausgesetzt ist.

Ich gab Arthur dann den Tipp, er solle abends ganz viel trinken, und wenn er zu Bett gehe, solle er ganz ausgiebig auf sein Kopfkissen pinkeln und sich dann mit dem Gesicht hineinlegen, um es auf jeden Fall vor Brandverletzungen zu schützen. Das kam ihm natürlich ganz blöd vor und er konnte sich nicht vorstellen, das wirklich zu tun. Es wurde ihm bewusst, dass ein nasses Bett ihn im Erstfall auch nicht schützen würde. So war sein Problem behoben.

Das Haus einer Großtante (die Patentante von Arthurs Vater) hatte etwa dreißig Jahre zuvor in Flammen gestanden, die Kinder mussten damals aus dem brennenden Haus gerettet werden. Arthurs Vater hatte ebenfalls das Haus seines Cousins brennen sehen ...

5. Aspekt: Vergnügen durch Schuldgefühle der Mutter

Lassen wir auch beim Thema Bettnässen den Aspekt des Vergnügens nicht außer Acht, den man durch das Hervorrufen von Schuldgefühlen bei einem Elternteil haben kann.

Julian, 12 Jahre, nässte seit jeher ein, selten war das Bett morgens noch trocken.

Nachdem wir die eigentlichen Gründe gefunden, bewusst gemacht und bearbeitet hatten, war es mit dem Bettnässen doch nicht vorbei. Auf meinen Vorschlag hin kommen er und seine Mutter ein zweites Mal zu mir in die Praxis, denn es musste einen Grund geben, weshalb Julian weiterhin in sein Bett machte.

Ich fragte ihn, wie der Morgen abläuft, nachdem er in dem nassen Bett aufgewacht ist. (Julian wollte strikt keine Windel tragen.)

"Ich stehe auf, dusche, ziehe mich an und frühstücke."

"Und wer zieht das Bett ab und macht das Nötige?"

"Das macht meine Mutter, sie steckt alles in die Waschmaschine, mittags kommt die Bettwäsche in den Wäschetrockner und abends bezieht sie mir das Bett neu."

"Na, das ist doch wunderbar. So legst du dich jeden Abend in ein frisch bezogenes Bett!"

Er grinste.

Die Mutter ist Ärztin, Rheumatologin in eigener Praxis, arbeitet sehr viel und hat Schuldgefühle, nicht genügend für ihren Sohn da zu sein. Durch das Bettnässen ihres Sohnes konnte sie quasi etwas bei ihm gutmachen, da sie ihm wenigstens jeden Tag sein Bett frisch bezog und in dieser Hinsicht auch sehr nachsichtig war. Dann fühlte sie, dass sie ihren Sohn liebte, und er fühlte sich gleichzeitig von ihr geliebt. Julian hatte die Mutter in der Hand. Mütter, die sich schuldig fühlen, sind ihren Kindern praktisch ausgeliefert. Das Kind erreicht alles, was es will.

Wir redeten über ihr Gefühl, eine schlechte Mutter zu sein. Manchmal ist man schon allein dadurch eine viel bessere Mutter als die Mutter, die man selbst gehabt hat, dass man wenigstens einsieht, was man als Mutter falsch macht oder falsch gemacht hat. Ich riet ihr, nun ihren Sohn jeden Morgen das Bett abziehen zu lassen, ihm zu zeigen, wie er Waschmaschine und Wäschetrockner bedient und ihn sein Bett jeden Abend selbst neu beziehen zu lassen. Der gute Vorsatz war da, doch als ich die Mutter ein paar Monate zufällig anlässlich eines Seminars wiedersah, merkte ich schon, dass sie mir auszuweichen versuchte. Beim letztendlich unvermeidbaren Gespräch stellte sich dann heraus, dass Julian immer noch ins Bett machte. Ich fragte, wer denn nun das Bettzeug wasche und das Bett neu beziehe. Und sie antwortete: "Ich!"

Benjamin, fast 6 Jahre alt, Bettnässer, konnte mal ein paar Tage nachts trocken bleiben. In der Nacht vor unserem Termin hat er wieder eingenässt, die drei Nächte vorher nicht.

Was war also am Vortag geschehen? Die Mutter erzählte: "Wir haben 3 Töchter und einen Sohn, Benjamin, er ist das dritte Kind. Gestern wollten wir alle, gemeinsam mit zwei Freundinnen unserer ältesten Tochter, in einen Tierpark. Mein Mann und ich mussten mit unseren zwei Wagen fahren, und als alle einsteigen sollten, wollte Benjamin unbedingt vorne neben mir sitzen. Er hat ein unglaubliches Theater gemacht, da eigentlich die älteste Tochter vorne einsteigen sollte. Mein Mann fuhr dann einfach schon mal los, ich hatte erwartet, dass er ein Machtwort spricht, aber er ist einfach vor dieser Situation geflohen, statt einzugreifen und die Situation zu klären. Damit wir losfahren konnten, habe ich dann Benjamin den Platz vorne gegeben." Sie fügte noch hinzu: "Benjamin geht gar nicht gerne in den Kindergarten, er mag es am liebsten, wenn ich mit ihm spiele. Seit dem Alter von 4 Jahren und 3 Monaten kaut er auch seine Nägel."

Benjamins Fall gibt uns die Gelegenheit, einige Mechanismen zu wiederholen. Die Mutter "hätte ihre Kinder immer gerne länger im Bauch getragen, fühlte sich schwanger immer ganz toll". Benjamin war 10 Tage zu früh geboren, nachdem die Mutter das Fruchtwasser verloren hatte. (Das Fruchtwasser war auch hier nicht drin geblieben. Damit er lebt, muss also praktisch das Wasser auslaufen - der Urin.) Bei der Geburt ging alles ganz schnell, die Hebamme hatte gar nicht gemerkt, dass er schon kam. Es war eine Geburt ohne Arzt.

Der Vater ist keine verlässliche Autorität, die Kinder fragen den einen und dann den anderen Elternteil, man lässt sich umstimmen und oft zieht man nicht an einem Strang.

Die Mutter hat einen vier Jahre älteren Bruder, der sie immer herumkommandiert hat, die Eltern haben ihn einfach machen lassen, und so konnte sie sich nie gegen ihn durchsetzen. Ihre Töchter haben nun das Kommando über ihren Sohn. Der Bruder (Benjamin) zieht also immer den Kürzeren. "Die älteste Tochter hat so einen Mutterinstinkt!" Der Spieß wurde demnach umgedreht. Benjamin ist es unmöglich, sein Revier zu markieren.

Die Mutter kann im Gespräch ihr Vergnügen nicht verbergen: ihr Vergnügen an der Tatsache, dass sie ihre Töchter darin unterstützt, nun den Bruder zu beherrschen. Die Töchter rächen sich praktisch an ihrem Bruder, beherrschen ihn, tun das, wovon ihre Mutter immer geträumt hatte, es aber nie zu tun wagte.

Benjamins Großmutter väterlicherseits hat auch die Hosen an, der Großvater hatte noch nie etwas zu sagen. Als Kind durfte diese Großmutter schon alles, ihre beiden Geschwister waren klein gestorben, sie war das einzige überlebende Kind. Ihr Vater sagte immer zu seiner Frau "Nun lass sie doch ...", kein Wunsch wurde ihr abgeschlagen. Der Großvater väterlicherseits von Benjamins Mutter war verheiratet und hatte bereits 4 Kinder, als seine Frau noch weitere Kinder von einem Gastarbeiter bekam, der bei ihnen arbeitete und wohnte. Hier war der Rivale buchstäblich in das Revier von Benjamins Urgroßvater eingedrungen. Dieser starb dann mit 32 Jahren an Krebs. Benjamins Vater sagt des Öfteren zu seiner Frau: "Wenn du mal fremdgehst, kannst du gleich gehen."

Als Kind hat Benjamins Mutter von der Schule aus das Haus ihrer besten Freundin abbrennen sehen. Tagsüber merkt man, wenn es brennt, und man kann sich nach draußen retten, aber nachts muss man sich schützen, indem man sich benetzt/einnässt. Benjamin möchte später entweder Polizist (Regeln, Grenzen, Autorität, sich Respekt verschaffen, das Kommando haben) oder Feuerwehrmann werden. Benjamin geht gar nicht gern in den Kindergarten, auch sonst geht er nicht gern aus dem Haus, am liebsten bleibt er bei der Mutter zu Hause. Die Gebärmutter ist das erste Haus, in dem man aufwächst, und die Mutter wollte Benjamin länger in der Gebärmutter (im diesem Haus) behalten. Benjamin macht nun der Mutter diese Freude, bleibt bei ihr im Haus. Dies tut er aber auch, weil der kleine Theodor, der Bruder des Großvaters mütterlicherseits, vor dem Haus überfahren wurde; er hatte draußen gespielt. Theodor war genau 4 Jahre und 3 Monate alt gewesen, und genau in dem Alter hatte Benjamin begonnen, seine Nägel abzubeißen.

Die beiden Schwestern der verwöhnten Großmutter väterlicherseits sind ebenfalls "vor dem Alter von 5 Jahren gestorben". Die beiden waren also auch vor dem Alter von 5 Jahren beerdigt worden, ein Grund mehr für Benjamin, seine Nägel zu kauen. Oft beobachte ich, dass ein solches Verhalten in dem Alter beginnt, in dem einem Vorfahr etwas Bedeutungsvolles widerfahren ist.

Benjamin hat nach unserem Gespräch aufgehört, seine Nägel zu kauen. Und er ist nachts trocken, auch wenn er hier und da erst noch kleine Rückfälle hatte. Die Mutter merkt aber immer gleich, woran es gelegen hat, was am Vortag geschehen war. So hat Benjamin seine Mutter dazu gebracht, mehr und mehr darauf zu achten, dass er seinen ihm zustehenden Platz unter den Schwestern einnehmen kann.

Die 4 Schritte beim Biologischen Dekodieren

Letztendlich bringen die Kinder immer ihre Eltern zu mir. Ich arbeite mit den Eltern, denn Sie, liebe Eltern, haben das Wohl Ihrer Kinder in der Hand. So, wie Sie Ihr Kind geprägt haben, können Sie es auch wieder von diesen Prägungen befreien. Gleichzeitig verstehen Sie, weshalb Sie als Eltern so handelten ... warum Sie so handeln mussten, denn auch Sie selbst wurden zu Beginn Ihres Lebens in gleicher Weise geprägt, wie es heute Ihre Kinder erleben.

Liebe Leserin, lieber Leser, nun sind *Sie* dran: Entschlüsseln Sie die biologischen Codes Ihrer Familie! Auch Sie können – ebenso wie die Eltern, von denen Sie in diesem Buch gelesen haben – Ihrem Kind helfen! Damit Ihnen das Dekodieren gut gelingt, habe ich eine ausführliche Schritt-für-Schritt-Anleitung verfasst, die ich Ihnen an dieser Stelle empfehlen möchte.

1. Schritt: Der Ist-Zustand

Beobachten und beschreiben Sie das Problem möglichst genau. Es ist enorm wichtig, sich die Zeit zu nehmen, das Problem und auch die Familiendynamik, die daraus entsteht, genau zu erfassen. So halte ich es auch in meiner Praxis. Je genauer Sie das Problem in all seinen Details kennen, umso gezielter können Sie anschließend nach den Ursachen forschen.

Das Problem/das Verhalten meines Kindes

Lassen Sie sich das Verhalten Ihres Kindes in der Schule (bei einem jüngeren Kind: bei der Tagesmutter, im Kindergarten) genauestens beschreiben. Lassen Sie sich nicht mit allgemeinen Floskeln abspeisen! Oft werden Sie zunächst Sätze hören wie: "Ihr Kind kann sich nicht konzentrieren." Oder: "Es stört den Unterricht." "Es hört nicht zu." "Es hat eine Lese-Rechtschreib-Schwäche."

Fragen Sie gezielt nach:

- "Welches Verhalten beobachten Sie bei meinem Kind?"
- "Wie läuft eine typische Situation ab?"
- "Wie reagiert die Klasse/die Gruppe?"
- "Welche konkrete Situation fällt Ihnen ein?"
- "Wie war es für Sie? Was waren Ihre Gefühle und Gedanken? Wie haben Sie reagiert?"
- "Wie hat mein Kind darauf reagiert?"
- "Was sagen die anderen Lehrer/Betreuer?

Sehen Sie sich auch die Schulhefte Ihres Kindes an! Achten Sie auf sich wiederholende Muster!

Nehmen Sie dieses Buch mit zu Ihren Gesprächen mit Lehrern und Betreuern, um die wichtigsten Informationen gleich notieren zu können.

Meine Beobachtungen (Mutter):

____

____

____

Meine Beobachtungen (Vater):

____

____

____

Eindrücke von Lehrern und Betreuern:

____

____

____

Die Gefühle meines Kindes

Ebenso wichtig ist es, dass Sie wissen, wie es Ihrem Kind mit seinem Problem geht. Fragen Sie Ihren Sohn/Ihre Tochter:

- In den Situationen, in denen ... (fügen Sie hier das Problem ein), wie geht es dir da?
- Was möchtest du dann am liebsten tun?
- Wie fühlst du dich dann?

- Wie erlebst du deine Klassenarbeiten und Prüfungen? Wie fühlst du dich im Vorfeld? Wie geht es dir während der Prüfung?
- Wie empfindest du deine Lehrer?

Das erlebt und fühlt mein Kind:

Notizen, Beobachtungen, bereits Erkanntes:

Meine Gefühle, Gedanken und Reaktionen als Mutter

Reflektieren Sie auch sich selbst. Beschreiben Sie möglichst genau und ausführlich, wie es Ihnen mit dem Problem Ihres Kindes geht. Fragen Sie sich selbst:

- Was denke ich über das Problem?
- Welche Befürchtungen habe ich?
- Welche Emotionen lösen die Schwierigkeiten bzw. das Verhalten meines Kindes bei mir aus? Wie reagiere ich dann?

- Ist das Problem des Kindes für mich ein Anlass, meinem Kind besondere Zuwendung zukommen zu lassen?

Notizen und bereits Erkanntes:

Meine Gefühle, Gedanken und Reaktionen als Vater

Reflektieren Sie auch sich selbst. Beschreiben Sie möglichst genau und ausführlich, wie es Ihnen mit dem Problem Ihres Kindes geht. Fragen Sie sich selbst:

- Was denke ich über das Problem?
- Welche Befürchtungen habe ich?
- Welche Emotionen lösen die Schwierigkeiten bzw. das Verhalten meines Kindes bei mir aus? Wie reagiere ich dann?
- Ist das Problem des Kindes für mich ein Anlass, meinem Kind besondere Zuwendung zukommen zu lassen?

Notizen und bereits Erkanntes:

Die Beziehungsdynamik zwischen Eltern und Kind

Fragen Sie sich:

- Wie sind die typischen Reaktionsweisen, die sich rund um das Problem bei uns ständig wiederholen?
- Was tun wir, wenn das Problem auftritt? Wie sind unsere Lösungsversuche?
- Wie würde ein Beobachter unsere aktuelle Familiendynamik beschreiben?

Beobachtungen und Erkenntnisse zur Familiendynamik:

____

____

____

Das Überlebensprogramm

Nun kennen Sie alle Aspekte des Problems Ihres Kindes. Welches typische Muster ist zu erkennen? Dies ist das Überlebensprogramm Ihres Kindes.

Um sein Überleben sicherzustellen, tut unser Kind Folgendes:

____

____

____

2. Schritt: Das Dekodieren

Während Sie die tieferen Ursachen des Problems Ihres Kindes erforschen, erkennen Sie die Zusammenhänge und sehen, dass Ihr Kind keine Wahl hatte. Sie verstehen: Es hat sich dieses Symptom nicht ausgesucht, sondern bringt ein früheres Problem der Eltern oder ein Erlebnis der Vorfahren zum Ausdruck. - Woran erkennen Sie, dass Sie den Mechanismus gefunden haben? Wenn Sie fühlen, dass das Ganze stimmig ist.

Bei der Suche nach den Ursachen ist es notwendig, systematisch die Vergangenheit zu erforschen und zu beleuchten:

a) die Familiengeschichte, die Erlebnisse und Erfahrungen unserer Vorfahren,

b) die Zeit um Zeugung, Schwangerschaft und Geburt und

c) die Kleinkindphase: Strategien, die es entwickelt, um Zuwendung zu bekommen.

a) Die Familiengeschichte: Unser Stammbaum

Bitte sagen Sie nicht gleich: "Ich weiß nichts über meine Familie!" Investieren Sie etwas Zeit, fragen Sie Ihre Eltern und Verwandten (beider Elternteile). Besuchen Sie Ihre alte Großtante oder die Cousine Ihres Vaters. Bringen Sie Kuchen zum Kaffee mit ... Die älteren Leute freuen sich, wenn sie von früher erzählen können! Fragen Sie nach Fakten, z. B. nach Geschwistern und deren Reihenfolge oder nach Geburtsjahren (die können Sie allerdings auch aus offiziellen Registern erfragen). Fragen Sie aber besonders nach schlimmen Ereignissen, wie frühe Todesfälle, Totgeburten, Krieg, Katastrophen, Krankheiten, Berufe, Familiendynamiken, Geheimnisse ... Alle möglichen Anekdoten und

Informationen sind willkommen. Auch wenn Sie schon einiges wissen, fragen Sie doch noch einmal nach!

Wenn Sie alle Fakten zusammengetragen und hier im Buch notiert haben, können Sie auf einem seperaten Blatt eine Stammbaumskizze anfertigen – eine Anleitung dazu finden Sie auf Seite 248 f. So haben Sie die Familie Ihres Kindes auf einen Blick vor sich. Mit dem Stammbaum als Überblick und dem gewonnenen Hintergrundwissen zu der Familie, in die Ihr(e) Kind(er) hineingeboren wurde(n), gehen Sie Schritt für Schritt alle Regeln und Gesetzmäßigkeiten durch, die ich in den vorigen Kapiteln ausführlich beschrieben habe. Eine Kurzübersicht über diese Gesetzmäßigkeiten finden Sie aber auch noch einmal auf den nächsten Seiten.

Nachfolgend einige Anregungen für Fragen, die Sie stellen können.

Fragen an Ihre Eltern

- Welche Schul- und Studienabschlüsse habt ihr gemacht? Was waren wichtige Stationen auf eurem Berufsweg? Welche Krisen gab es? Wie habt ihr sie gemeistert?
- Was waren eure schlimmsten Erlebnisse?
- Wer waren eure Geschwister, welche Berufe haben sie gelernt und im Laufe ihres Lebens ausgeübt? Wie waren ihre Geburtsdaten (eventuell Sterbedaten und Todesursachen)? Kennt ihr die Anzahl, Reihenfolge und das Geschlecht ihrer Kinder, die Dramen und schlimmen Situationen, die sie erlebt haben? Wie war euer Verhältnis als Geschwister untereinander während Kindheit und Jugend? Wie ist es heute?
- Gab es Fehlgeburten bei den Eltern, Großeltern? Kinder, die jung gestorben sind?

- Wie war die finanzielle Situation?
- Gab es sonstige Stresssituationen, z. B. mit den Schwiegereltern, mit Verwandten, mit den Nachbarn, gesundheitlich etc.?

Befragen Sie möglichst alle vier Großeltern Ihres Kindes und, wenn sie noch leben, auch die Urgroßeltern Ihres Kindes.

Erlebnisse und Erfahrungen der Vorfahren:

____

____

____

Erlebnisse und Erfahrungen der Vorfahren:

____

____

____

Erlebnisse und Erfahrungen der Vorfahren:

____

____

____

Erlebnisse und Erfahrungen der Vorfahren:

Für die Mutter: Fragen an Ihre Eltern zu Ihrer eigenen Kindheit

- War ich oder waren wir als Kinder geplant/gewollt?
- Wie sind meine Schwangerschaft und meine Geburt verlaufen?
- Wie war ich selbst als Kind?
- Hattet ihr Probleme mit meinem Verhalten?
- Wie war meine Schulzeit?

Notizen und Erkenntnisse:

Für die Mutter: Bedeutsames aus Ihrer eigenen Kindheit

- Wie war das Verhältnis zu meinen Eltern (während der Kindheit)?

- Wie haben sie auf meine schulischen Resultate reagiert?
- Worunter habe ich in meiner Kindheit am meisten gelitten? Wie wirkt sich das heute auf meinen Erziehungsstil aus?
- Wie bin ich mit meinen Geschwistern ausgekommen?
- Haben meine Eltern (gefühlte) Unterschiede zwischen ihren Kindern gemacht?
- Was habe ich meinen Eltern vorzuwerfen, z. B. in Sachen Erziehung (der Mutter, dem Vater)? Welche Konsequenzen hat dies bezüglich meiner Haltung? Hat es Auswirkungen auf die Art, wie ich meine Kinder erziehe?

Meine Erinnerungen und Erkenntnisse:

Für den Vater: Fragen an Ihre Eltern zu Ihrer eigenen Kindheit

- War ich oder waren wir als Kinder geplant/gewollt?
- Wie sind meine Schwangerschaft und meine Geburt verlaufen?
- Wie war ich selbst als Kind?
- Hattet ihr Probleme mit meinem Verhalten?
- Wie war meine Schulzeit?

Notizen und Erkenntnisse:

Für den Vater: Bedeutsames aus Ihrer eigenen Kindheit

- Wie war das Verhältnis zu meinen Eltern (während der Kindheit)?
- Wie haben sie auf meine schulischen Resultate reagiert?
- Worunter habe ich in meiner Kindheit am meisten gelitten? Wie wirkt sich das heute auf meinen Erziehungsstil aus?
- Wie bin ich mit meinen Geschwistern ausgekommen?
- Haben meine Eltern (gefühlte) Unterschiede zwischen ihren Kindern gemacht?
- Was habe ich meinen Eltern vorzuwerfen, z. B. in Sachen Erziehung (der Mutter, dem Vater)? Welche Konsequenzen hat dies bezüglich meiner Haltung? Hat es Auswirkungen auf die Art, wie ich meine Kinder erziehe?

Meine Erinnerungen und Erkenntnisse:

männlich weiblich Ehe/Verbindung

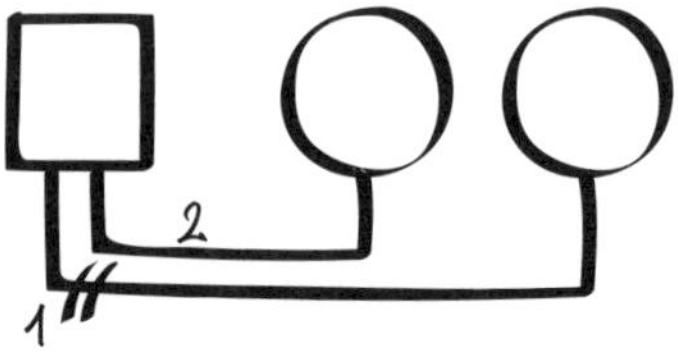

// : Trennung, Scheidung

1: erste Verbindung, 2: zweite Verbindung usw.

Kreis: **lebende leibliche Tochter**

Quadrat: **lebender leiblicher Sohn**

Mit gepunktetem Strich: **Adoptivkind**

FG: **Fehlgeburt**

A: **Abtreibung**

Ein Strich, der sich teilt: **eineiige Zwillinge**

Zwei Striche, die an einem Punkt beginnen: zweieiige **Zwillinge**

Familienstammbaum

Am besten kleben Sie einige Din-A4-Blätter auf der Rückseite zusammen und zeichnen den Stammbaum nach folgendem Muster. Falls Sie Fotos von den beteiligten Personen haben, kleben Sie sie auf, notieren Sie Namen, Berufe und andere wichtige Details. Hier ein Beispiel:

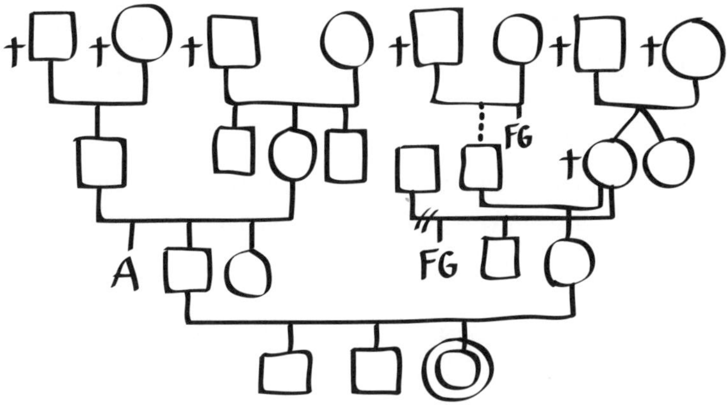

Genealogische Gesetzmäßigkeiten

Die Geschwisterreihenfolge

Das Kind wird besonders von den Erlebnissen der Vorfahren beeinflusst, die dieselbe Nummer in der Geschwisterreihenfolge haben.

Der Generationenwalzer

Ganz wichtig - besonders auf körperlicher Ebene - für das Kind sind die negativen Erlebnisse der Personen, die der Generation der Urgroßeltern angehören.

Der Vorname

Trägt das Kind einen Vornamen (auch als zweiten oder dritten Vornamen), den ein Vorfahr bereits getragen hat, so ist es auf diese Art und Weise mit ihm verbunden.

Die Vorbilder, Helden, "Heiligen" und die schwarzen Schafe der Familie

beeinflussen das Kind mit ihren Erlebnissen.

Die besondere Nähe zu einem Vorfahren

(z. B. die Großmutter, die das Kind versorgt, wenn die Mutter arbeitet) erhöht den Einfluss dieser Person.

Paten

sowie die große Ähnlichkeit mit einem Vorfahren können auch eine Rolle spielen.

Geheimnisse

Dinge, die in der Familie verheimlicht wurden, kommen in späteren Generationen zum Vorschein.

Welche genealogische Gesetzmäßigkeit könnte auf unser Kind zutreffen? Vermutungen:

---

b) Zeugung, Schwangerschaft und Geburt

Die Erfahrungen und Erlebnisse, die die Eltern während dieser Zeit machen, prägen das Kind meist am stärksten. Es ist folglich notwendig, dass Sie, Vater und Mutter, diese Zeit noch einmal Revue passieren lassen. Versetzen Sie sich in die Zeit zurück, in der Sie Ihr Kind gezeugt, getragen und geboren haben, und erinnern Sie sich! Fühlen Sie noch einmal, was und wie Sie damals gefühlt haben.

Die Zeit der Zeugung

- Welche Gedanken begleiteten die Zeugung Ihres Kindes?
- Ist das Kind geplant oder gewollt gewesen? Welche Motivation war vorhanden?
- Wie war die Beziehung zwischen Ihnen und Ihrem Partner? Welche Gefühle hegten sie füreinander zum Zeitpunkt der Zeugung?
- Gab es Probleme mit der Zeugung? Hat es gleich geklappt?
- Kam die Schwangerschaft in irgendeiner Weise ungelegen? Es nützt nichts, sich etwas vorzumachen, die Dinge müssen beim Namen genannt werden.

- Hat jemand in Ihrem Umfeld negativ reagiert, als Sie mitgeteilt haben, dass Sie (noch) ein Kind bekommen?
- Gab es andere wichtige Erlebnisse, die in den Fragen bisher nicht behandelt worden sind?

Unsere Erinnerungen und Erkenntnisse (Vater und Mutter):

___

___

___

Unsere Erinnerungen und Erkenntnisse (Vater und Mutter):

___

___

___

Die Schwangerschaft

- Welche Umstände begleiteten die Schwangerschaft?
- Gab es Ängste, dass etwas nicht in Ordnung wäre?
- Gab es vorherige Erlebnisse, die noch emotional nachwirkten, z. B. ein vorheriger Partner, eine Fehlgeburt, der Tod eines lieben Menschen?
- Hatten Sie finanziellen Stress?

- Wo und wie haben Sie gelebt und gearbeitet?
- Wie war die Beziehung zwischen Ihnen und Ihrem Partner?
- Wie ist die Schwangerschaft an sich verlaufen?
- Hatten Sie vorzeitige Wehen? Blutungen? Mussten Sie ruhen?
- Gab es Stress wegen der Gewichtszunahme, wegen der Figur?
- Hat man Ihnen bei einer Ultraschalluntersuchung das Geschlecht des Kindes mitgeteilt? Wie haben Sie reagiert?
- War es wichtig, das Geschlecht vorher zu kennen? Oder wollten Sie es nicht wissen? Warum nicht? (Vielleicht hatten Sie - aus Sicht Ihrer Eltern oder Großeltern - schon nicht das richtige Geschlecht, als Sie zur Welt kamen?)
- Welche Stresssituationen haben Sie während der Schwangerschaft erlebt? Mit Familienangehörigen, mit Freunden, bei der Arbeit, mit Katastrophen, die die Welt bewegten (wie zum Beispiel Tschernobyl, der Tsunami, der 11. September ...)? Was ist da in Ihnen vorgegangen? Wie haben Sie das alles emotional erlebt?

Unsere Erinnerungen und Erkenntnisse (Vater und Mutter):

Unsere Erinnerungen und Erkenntnisse (Vater und Mutter):

Die Geburt

- Hatten Sie Angst vor der Geburt?
- Wie ist die Geburt verlaufen? Gehen Sie die Geburt noch einmal ganz genau durch! Erinnern Sie sich ... Beachten Sie bitte, dass auch die Gefühle des Vaters das Kind prägen.
- Wenn Ihr Kind durch Kaiserschnitt zur Welt gekommen ist: Aus welchem Grund wurde ein Kaiserschnitt gemacht? War es, weil es dem Baby im Bauch plötzlich nicht mehr gut ging?

  Frage an die Mutter: Hatten Sie in dem Moment Angst um sich? Hatten Sie Angst um das Kind?

  Frage an den Vater: Hatten Sie in dem Moment Angst um Ihre Frau? Hatten Sie Angst um das Kind?
- Befand sich Ihr Kind zum Zeitpunkt der Geburt in Steißlage? Steißlage bedeutet, dass irgendetwas während der Schwangerschaft geschehen ist, dass dem Kind bedeutet hat, dass es wohl doch besser nicht (jetzt) kommt. Das Kind versucht kehrtzumachen.
- Wann und wie haben die Wehen angefangen? Wie haben Sie die Wehen ertragen?
- Hat die Geburt lange gedauert oder ging es vielleicht zu schnell? Gab es eine peridurale Anästhesie?

- Wie haben Hebamme und Gynäkologe sich verhalten?
- Welche ist die unangenehmste Erinnerung?
- Waren Sie bei der Geburt allein? Haben Sie sich unterstützt gefühlt oder hätten Sie mehr Unterstützung gebraucht?
- Wurden Dinge gesagt, die Sie gestresst oder geärgert haben, die Ihnen Angst gemacht haben?
- Wie hat sich der Muttermund geöffnet?
- Haben Sie wehenfördernde Mittel verabreicht bekommen?
- Gab es Stress wegen des Wehenschreibers?
- Ging es dem Kind während der Wehen gut?
- Wie war das Pressen? Ist die Saugglocke (Zange) zum Einsatz gekommen? Haben Sie sich dann als Versagerin gefühlt?
- Wurde ein Dammschnitt gemacht?
- Hat man Ihnen das Kind auf den Bauch gelegt?
- Wie ging es dem Kind?

Unsere Erinnerungen und Erkenntnisse (Vater und Mutter):

Unsere Erinnerungen und Erkenntnisse (Vater und Mutter):

Die Bindungsphase nach der Geburt

- Wie haben Sie das Kind in Empfang genommen?
- Gab es etwas, was Sie an seinem Aussehen beunruhigt hat? Hatte es das erwartete oder erhoffte Geschlecht?
- Haben Sie nach der Geburt ein Glücksgefühl gespürt? Waren Sie mit sich zufrieden oder nicht?
- Wie haben Sie sich anschließend aufgehoben und betreut gefühlt?
- Hatten Sie Vertrauen in sich als Mutter, als Vater?
- Haben Sie ganz natürlich gestillt oder gab es Probleme?
- Wenn Sie Ihr Kind nicht gestillt haben - weshalb nicht?

Begrenzen Sie bitte Ihre Überlegungen nicht auf diese Fragen, sie sollen Ihnen nur einen Anstoß geben. Vielleicht gab es Dinge und Aspekte, die hier nicht aufgeführt sind?

Unsere Erinnerungen und Erkenntnisse (Vater und Mutter):

Gesetzmäßigkeiten zu Zeugung, Schwangerschaft und Geburt

Die **Zeugungsbedingungen** werden festgehalten als die **existenziellen Bedingungen**, die es dem Kind erlauben, da zu sein.

Sprachverzögerungen können daher rühren, dass es Schwierigkeiten gab, **die Schwangerschaft mitzuteilen.**

Während der Schwangerschaft prägen **alle Gefühle und Erlebnisse der Eltern** das Kind.

Die **Bedingungen der Geburt** werden festgehalten als die **Bedingungen**, unter denen das Kind **sein eigenes Leben leben** kann.

Die **Geburtsstation** entspricht später der **Schule.**

Der **Verlauf** und das **emotionale Erleben** der Geburt beeinflussen das spätere **Arbeitsverhalten** des Kindes in der Schule.

Prüfungen entsprechen der **Geburt** - der Moment, in dem man sehen wird, ob das Kind durchkommt.

Der Verlauf der **Austreibungsphase** kann Probleme im verbalen **Ausdruck** begründen.

Welche Gesetzmäßigkeit könnte auf unser Kind zutreffen? Vermutungen:

____

____

____

c) Die Kleinkindphase

In dieser Phase werden die vorherigen Prägungen nur mehr bestätigt. Es kommt im Prinzip nichts grundlegend Neues hinzu. Aber gehen Sie diese Zeit dennoch durch, damit Sie das Erleben Ihres Kindes besser nachvollziehen können. Bei Schritt 3, wenn Sie das Überlebensprogramm auflösen, brauchen Sie Empathie, damit Sie Ihr Kind emotional erreichen.

Es gibt grundsächlich drei Ansatzpunkte:

1. Spiegelung

Das Kind spiegelt die Gefühle seiner Eltern. Wie haben Sie (Vater und Mutter) diese Phase erlebt? Was haben Sie erlebt in dieser Zeit? Wie sind Sie emotional mit Ihren Erlebnissen umgegangen?

2. Zuwendung

Wie hat Ihr Kind Sie erlebt? Welches Verhalten hat ihm die (nicht nur positive) Zuwendung der Eltern gesichert? Wenn ein Kind Glück hat, werden seine Bedürfnisse befriedigt. Werden die wirklichen Bedürfnisse nicht befriedigt, muss es in diesem Moment vorlieb nehmen mit der Art von Zuwendung, die es bekommt. Wenn es immer nur diese Ersatzzuwendung bekommt, lernt es sehr schnell, auch nur diese einzufordern.

3. Die ersten eigenständigen Erfahrungen des Kindes in Betreuungssituationen, im Kindergarten und in der Schule.

Fragen zur Spiegelung

- Ist das Kind gestillt worden? Wenn ja, wie haben Sie das erlebt? Welche Gefühle hatten Sie dabei?

- Wie haben Sie die nächtlichen Ruhestörungen erlebt? Wie haben Sie reagiert?
- Wie haben eventuell bereits vorhandene Kinder das Kind aufgenommen? Wie reagierten die Größeren auf das Kleine, und wie sind Sie als Mutter/Vater mit den kindlichen Reaktionen emotional umgegangen?
- Wie erlebten Sie Ihre Eltern als Großeltern? Wie waren Ihre Gefühle?
- Wie haben Sie, falls Sie berufstätig waren, Arbeit und Kind kombiniert? Wie war das für Sie? Wie war es für Ihr Kind?
- Wie würden Außenstehende Ihre Kommunikation mit Ihrem Kind beschreiben?
- Haben Sie Ängste gehabt bezüglich der Entwicklung Ihres Kindes?
- Haben Sie es eventuell mit einem älteren Kind verglichen? Von welchen Gefühlen waren diese Gedanken begleitet? Waren Sie zum Beispiel stolz? Oder haben Sie das Kind abgewertet?
- War es wichtig für Sie, Ihr Kind immer bei sich zu haben, zu tragen? War das für Sie ganz normal? Oder haben Sie es aus Angst um das Kind getan? Oder aus Schuldgefühlen, aus dem (übertriebenen?) Bedürfnis heraus, eine gute Mutter zu sein?
- Haben Sie sich als gute Mutter/guter Vater gefühlt? Oder hatten Sie Schuldgefühle?
- Wie haben Sie in der Trotzphase reagiert?
- Gab/gibt es Unstimmigkeiten zwischen beiden Eltern bei Erziehungsfragen? Wie macht das Kind sich das zunutze?
- Waren Sie in dieser Zeit mit einem Schicksalsschlag konfrontiert? Oder mit einer gewaltigen Stresssituation? Wie haben Sie diese Zeit emotional erlebt?

Meine Erinnerungen und Erkenntnisse:

Erinnerungen und Erkenntnisse zur Spiegelung zwischen Eltern und Kind:

Fragen zur Zuwendung

- Welches Verhalten des Kindes hat ihm Ihre Zuwendung gesichert?
- Schreien? Quengeln? Weinen? Wutausbrüche? Ungehorsam? Krankheit? Sorgen? Angst, dass ihm etwas passiert? Schuldgefühle, die es Ihnen machte? Provozieren von Geschwisterstreit?
- Was macht es heute noch, damit Sie ihm Zuwendung geben? Was tut es, damit Sie sich sorgen?

Erinnerungen und Erkenntnisse:

Fragen zu Tagesmutter, Kindergarten, Grundschule

Wenn Ihr Kind schon etwas älter ist, überlegen Sie: Als Ihr Sohn oder Ihre Tochter klein war, hatte er oder sie da auch schon dieses Problem?

- Hatte das Kind es damals schwer, sich von Ihnen zu trennen? Hatten Sie es schwer, sich von ihm zu trennen?
- Fand das Kind leicht Kontakt zu anderen Kindern?
- Ging es gern in den Kindergarten?
- Hatte es Angst?
- Konnte es sich durchsetzen im Umgang mit anderen Kindern?
- Wie waren die ersten Erfahrungen in der Grundschule?
- Wie kam es mit den Lehrern zurecht?
- Gab es einschneidende negative Erlebnisse?
- Gab es ein wiederkehrendes problematisches Verhaltensmuster?

Erinnerungen und Erkenntnisse:

____

____

____

Erkennen Sie den Code des Überlebensprogramms

An dieser Stelle ist es sinnvoll, die Fallbeispiele noch einmal zur Hand zu nehmen. Sicher lesen Sie sie jetzt ganz anders, und es werden Ihnen einige Lichter aufgehen.

**Nun fühlen Sie,
was Ihr Kind bewegt und was in ihm wirkt!**

Es ist an dieser Stelle wichtig, keine Schuldgefühle zu haben, denn Sie (und Ihre Vorfahren) haben dem Kind nicht absichtlich Schwierigkeiten mitgegeben auf seinen Lebensweg. Sie wollten doch immer nur das Beste für Ihr Kind. Freuen Sie sich, dass Sie ihm nun helfen können!

3. Schritt: Die Auflösung

Sie lösen das Problem, indem Sie mit Ihrem Kind sprechen. Bereiten Sie sich auf das Gespräch vor! Schreiben Sie die wichtigen Punkte, die Sie Ihrem Kind erklären wollen, in Stichworten auf.

Wählen Sie einen Moment aus, in dem Sie uneingeschränkt auf Ihr Kind eingehen können. Bringen Sie sich in eine entspannte

Haltung. Sagen Sie Ihrem Kind zunächst, dass Sie ihm ganz wichtige Dinge erklären möchten. Dass Sie verstanden haben, dass es überhaupt nichts für sein Problem kann. Dann erklären Sie ihm, wie es zu seinem Problem gekommen ist. Beschreiben Sie die Geschehnisse und die Gefühle der Betroffenen. Sagen Sie ihm, dass das alles nun aber vorbei ist und es seine Schwierigkeiten deshalb nicht mehr zu haben braucht. Und dann sagen Sie Ihrem Kind, dass nun alles gut ist, und nehmen es in den Arm!

Wenn das Kind bisher einen Gewinn aus seinem Problem gezogen hat, es mit Vergnügen verbunden hatte, erklären Sie ihm das bitte auch: "Früher hast du immer Sonderzuwendungen von mir bekommen, weil du immer Hilfe brauchtest ... (oder: weil ich mir Sorgen gemacht habe; weil ich immer ausgebügelt habe, was du angestellt hast), aber nun habe ich verstanden und werde dir auch weiterhin (nun positive) Zuwendung geben, wenn dein Problem behoben ist."

Ändern Sie die Art, wie Sie Ihrem Kind Zuwendung geben

Manchmal ist also auch eine Änderung bei Ihnen nötig. Vergessen Sie nicht, dass Ihre Haltung (und damit Ihr Verhalten) gegenüber Ihrem Kind sehr wahrscheinlich von Ihren schmerzlichen Kindheitserfahrungen geprägt ist, zum Beispiel wenn Sie als Kind zu kurz gekommen sind oder strenge Eltern hatten. Dann neigen Sie eventuell dazu, Ihrem Kind mehr als nötig zu geben, oder haben schnell Schuldgefühle, wenn Sie Grenzen setzen. Man tut unbewusst alles, um eine bessere Mutter oder ein besserer Vater zu sein als die oder der, den man gehabt hat. Wenn Ihre Eltern sich gar nicht gekümmert haben, wenn Sie als Kind Hausaufgaben gemacht haben, kann dies ein Grund dafür sein, dass Ihr eigenes

Kind Schulprobleme bekommt und Ihnen so die Gelegenheit gibt, es zu unterstützen und damit eine bessere Mutter oder ein besserer Vater zu sein.

Ist nun der Grund für die regelmäßigen Sonderzuwendungen weggefallen, weil das Problem Ihres Kindes gelöst ist, achten Sie darauf, dass Sie Ihrer Tochter oder Ihrem Sohn bei anderer Gelegenheit Zuwendung geben!

4. Schritt: Die Bestätigung

Manches lässt sich gleich erkennen (Lesen, Rechnen, Ruhe nach Hyperaktivität usw.); andere Veränderungen machen sich erst nach einiger Zeit bemerkbar. Da Sie nun das Programm, das bei Ihrem Kind am Werke ist, im Detail kennen, können Sie jetzt mit dem Dekodieren beginnen. Sie lösen das Problem auf, indem Sie mit Ihrem Kind sprechen. Bereiten Sie sich zunächst auf das Gespräch vor: Schreiben Sie die wichtigen Punkte, die Sie Ihrem Kind erklären wollen, in Stichworten auf. Es können verschiedene Punkte sein, z. B. die dazugehörige Geschichte der Vorfahren, während der Schwangerschaft Erlebtes und zusätzlich die Geburt. Nachdem Sie Ihrem Kind die familiären Verstrickungen und Prägungen erklärt haben, sehen Sie wahrscheinlich augenblicklich eine enorme Erleichterung bei ihm. Manchmal können Sie gleich die Bestätigung sehen und somit auch das Kind spüren lassen, dass das Problem nun behoben ist. Das geht zum Beispiel bei Rechenblockaden oder bei einer Lese-Rechtschreib-Schwäche. Lassen Sie das Kind gleich rechnen, lesen oder schreiben! Ganz leicht geht es auch bei Hyperaktivität, lesen Sie dazu das Kapitel im Buch noch einmal durch. Wenn Sie das Verhalten Ihres Kindes einige Tage beobachten oder seine schulischen Resultate sehen, werden Sie staunen. Ihr Kind blüht vor Ihren Augen auf. Die Lehrer werden Ihnen eine positive Rückmeldung geben ...

Etwas Wichtiges möchte ich hier noch anmerken: **Zweifel sabotieren den Erfolg.** Damit meine ich nicht, dass "man daran glauben muss, damit es funktioniert", nein. Was nötig ist, ist das absolut sichere Gefühl, das Sie haben, wenn Sie die Erklärung gefunden haben!

Manche denken vielleicht, dass es so einfach nicht sein könne, das Kind von seinem Problem zu befreien. Ist es aber! **Die Lösung liegt in Ihrer inneren Überzeugung.** Bitte lesen Sie folgende kleine Geschichte aus meiner Praxis. Sie werden dann ganz genau verstehen, was ich meine.

Zu mir kam eine Mutter mit ihrem vierjährigen Sohn Markus, bei dem die Ärzte im Alter von zwei Jahren eine Zöliakie (Glutenunverträglichkeit mit Darmkrämpfen und blutigem Durchfall) diagnostiziert hatten. Er musste eine ganz strikte Diät einhalten. Diese Krankheit ist "offiziell" unheilbar.

Wir gingen auf die Suche nach der Prägung und fanden sie: Dieser Junge ist das vierte Kind, die Eltern wollten eigentlich nur zwei Kinder. Mit Markus wurden sie zum zweiten Mal trotz Spirale schwanger. Es gab daraufhin zu Beginn der Schwangerschaft eine heftige Diskussion zwischen den Eltern, die Mutter verlangte nun vom Vater, dass er sie mehr entlasten und sich mehr um die Kinder kümmern sollte.

Der Vater betrieb neben seinem regulären Beruf eine kleine biologische Landwirtschaft, er hielt verschiedene Tiere (einige Kühe, Schafe, Truthähne, Kaninchen ...). Bevor er morgens zur Arbeit aufbrach, verbrachte er eine Stunde im Stall und abends war er ebenfalls lange Zeit mit den Tieren beschäftigt, während sie sich um die Kinder kümmerte. Die Mutter verlangte, dass er sein Hobby einschränkte, unter anderem sollte er nun nicht mehr sein eigenes Getreide aussäen und ernten, das allein war schon eine riesige Zeitersparnis. Markus wird dahingehend geprägt, dass "kein Getreide mehr eingefahren" werden darf. So konnte er kein Getreide essen.

Ich erklärte also der Mutter und auch Markus, warum er bisher kein Getreide essen durfte und dass derjenige, der tatsächlich kein Getreide mehr einfahren durfte, sein Vater war und nicht er selbst, dass er folglich nun Getreide essen dürfe. Ich empfahl der Mutter, ihm ab jetzt immer mehr glutenhaltige Nahrungsmittel zu essen zu geben (Brot, Nudeln ...). Das tat sie dann auch. Drei Wochen später hatte Markus' Vater einen Termin für sich, und bei der Gelegenheit bestätigte er mir, dass Markus dies alles ohne Probleme esse und verdaue. Er war also gesund.

Weitere drei Wochen später hatte die Mutter einen Termin für sich vereinbart. Sie brachte allerdings Markus mit und sagte, dass er einen Monat lang alles habe essen können, und dann sei die Krankheit wiedergekommen. Ich fragte sie, ob sie sich an den genauen Moment des Rückfalls erinnern könne.

"Ja, wir waren bei meiner Schwester eingeladen, und dort hat er ein sehr großes Brötchen gegessen. Eine halbe Stunde danach hatte er wieder Krämpfe und blutigen Durchfall. Am darauf folgenden Tag habe ich noch versucht, ihm ein bisschen was Glutenhaltiges zu essen zu geben, aber er hatte immer gleich Durchfall. Dann wollte er von sich aus nichts mehr davon essen."

"Haben Sie gesehen, dass er dieses große Brötchen gegessen hat?"

"Ja, ich war dabei."

"Was haben Sie denn in dem Augenblick gedacht?"

Stille ... Markus' Mutter wurde knallrot im Gesicht: "Ich habe gedacht: 'Ach je, wenn das mal nicht zu viel gewesen ist!'"

Gleich hatte sie verstanden, dass Markus durch ihren Zweifel einen Rückfall erlitten hatte. Und sie war ganz ehrlich: "Er sagte dann, er habe Bauchschmerzen, also bin ich mit ihm zur Toilette gegangen. Als ich dann den Durchfall sah, dachte ich an den Spezialisten in der Uniklinik, der uns immer wieder gesagt hat, dass diese Krankheit unheilbar sei. Ich habe an den Stapel Bücher (zum Thema Zöliakie) gedacht, den ich zu Hause habe. In jedem Buch steht drin, dass Zöliakie unheilbar ist. Ich hatte total ausgeblendet und vergessen, dass er doch einen Monat lang alles essen konnte."

Das Kind spiegelt seine Mutter! Die Mutter (und auch der Vater) entscheidet praktisch für das Kind mit, ob es gesund wird oder ob es sein Problem loswird.

Ich erinnerte sie daran, dass es vor unserer ersten Therapiestunde genügte, dass Markus auch nur einen Kekskrümel aß, damit er gleich Durchfall hatte, und dass es also im Prinzip unerheblich ist, wie groß das Brötchen ist. Ich erklärte Markus, aus welchem Grund er seinen Rückfall erlitten hatte. Dass seine Mutter gezweifelt habe und dass das, was die Ärzte und Spezialisten ihr gesagt hatten, so tief in ihr drin stecke. Ich sagte ihm, dass seine Mutter nun aber keine Zweifel mehr habe und dass das, was wir bei der ersten Sitzung besprochen hatten, immer noch Gültigkeit habe, dass er nun wieder ohne Probleme alles essen könne.

Irgendwann später erzählte mir die Mutter, dass er seitdem alles Mögliche esse, ob mit oder ohne Gluten. Einige Tage nach unserer Sitzung sei Markus nach der Schule bei einem Freund zum Spielen gewesen. Die Mutter des Freundes habe ihren Kindern Butterbrote gemacht, da habe Markus auch um ein Butterbrot gebeten. Die Mutter habe ihm keines geben, wollen und Markus habe dann nur gesagt, dass er jetzt alles essen dürfe. Die Mutter habe aber nicht nachgeben wollen, da habe Markus gesagt, sie solle seine Mutter anrufen. Das tat die Mutter, und er bekam sein Butterbrot. Somit hatte er seine Mutter dazu gebracht, laut zu wiederholen, dass er nun alles essen darf.

"Eine sehr große Gefahr besteht darin, all das zu ignorieren, was unsere bekannten Denkmuster für unmöglich halten, denn längst ist Unmögliches möglich geworden."

Karl Talnop

Kontakt zur Autorin

Lesertalk: Die monatliche kostenlose Telefonkonferenz mit der Autorin

Vielleicht haben Sie nun Fragen an mich, wünschen sich Hilfe beim Dekodieren oder möchten mit anderen Anwendern ins Gespräch kommen? Dann möchte ich Sie zum *Lesertalk Biologisches Dekodieren* einladen, meiner monatlichen Telefonkonferenz für alle Leserinnen und Leser. Hier finden Sie die Termin- und Themenvorschau sowie die Einwahldaten zum Lesertalk:

www.biologisches-dekodieren.de

Ihre Erfahrungen und Erfolge

Ich freue mich sehr über Post von meinen Leserinnen und Lesern. Bitte schreiben Sie mir von Ihren Erfahrungen und Erfolgen mit dem Biologischen Dekodieren! Meine persönliche E-Mail-Adresse lautet:

info@biologisches-dekodieren.de

Beratung

Falls Sie bei der Anwendung des Biologischen Dekodierens allein nicht weiterkommen oder falls Ihr Kind ein größeres, massives

Problem hat, können Sie gern mit mir Kontakt aufnehmen und die Adresse eines Therapeuten erfragen oder gegebenenfalls einen Termin in meiner Praxis vereinbaren:

www.biologisches-dekodieren.de

Bücher und Videos

Gérard ATHIAS: *Racines familiales de la "mal a dit"*. Pictorus 2010

Joachim BAUER: *Warum ich fühle, was du fühlst: Intuitive Kommunikation und das Geheimnis der Spiegelneurone.* Heyne 2006

Gregg BRADEN: *Im Einklang mit der göttlichen Matrix: Wie wir mit Allem verbunden sind.* Koha 2007 (zum Buch gibt es auch eine DVD)

Lee CAROLL & Jan TOBER: *Die Indigo-Kinder. Eltern aufgepasst: Die neuen Kinder sind da!* Koha 2010

Antonio R. DAMASIO: *Descartes' Irrtum: Fühlen, Denken und das menschliche Gehirn.* List 2004

Gerald HÜTHER & Jirina PREKOP: *Auf Schatzsuche bei unseren Kindern: Ein Entdeckungsbuch für neugierige Eltern und Erzieher*. Kösel 2006

Gerald HÜTHER: *Gebrauchsanweisung für ein menschliches Gehirn*. Vandenhoeck & Ruprecht 2010

Gerald HÜTHER & Inge WESER: *Das Geheimnis der ersten neun Monate - Unsere frühesten Prägungen*. Beltz 2010

Henri LABORIT: *L'inhibition de l'action : Biologie, physiologie, psychologie, sociologie*. Masson 2014

Jean LERMINIAUX: *Théorie de l'art thérapeutique.* O. A.

Bruce LIPTON: *Intelligente Zellen. Wie Erfahrungen unsere Gene steuern*. Koha 2016 (zum Buch gibt es auch eine DVD)

PEMBREY & BYGREN: *Ein Gespenst in unseren Genen (BBC-Dokumentation bei Youtube)*

Claude SABBAH: *Kursbücher.* O. A.

Rupert SHELDRAKE: *Sieben Experimente, die die Welt verändern könnten*. Goldmann 1997

Über die Autorin

Angela Frauenkron-Hoffmann, Jahrgang 1959, ist Mutter von drei Kindern. Ihr Berufsweg begann in Belgien, ihrem Mutterland, als diplomierte Kinesitherapeutin (eine Kombination aus Physiotherapie, Krankengymnastik und Massage). Nach ihrem Studium hat sie sich für fernöstliche Heilmethoden (chinesische Medizin, Shiatsu) interessiert, während sie in einer Klinik als Kinesitherapeutin auf selbstständiger Basis arbeitete. Wenig später hat sie sich zur Kinesiologin ausbilden lassen und in eigener Praxis dann mehr und mehr mit Kindern, Jugendlichen und Erwachsenen an deren Verhaltensproblemen und stressbedingten Symptomen gearbeitet.

Ausschlaggebend waren für sie die Begegnungen mit Dr. Claude Sabbah (1995 - Die allumfassende Biologie der Lebewesen), mit Dr. Gérard Athias (ab 2001 - Psychogenealogie) und mit Dr. Jean Lerminiaux (ab 2002 - Neurobiologie; psychotherapeutische Ausbildung), die sie in die Welt der Biologie eingeführt haben, in die Welt des Wissens um die wahren und faszinierenden Mechanismen, die in unserem Innersten, in unserem Körper und in unserem Gehirn wirken und unser Verhalten (und auch unsere körperlichen Symptome) steuern.

Seit 2000 gibt Angela Frauenkron-Hoffmann ihr Wissen und ihre Erfahrung im französischen Sprachraum weiter (Belgien, Frankreich, Kanada), hauptsächlich auf dem Gebiet der Arbeit mit Kindern und Jugendlichen, die schulische Blockaden oder Verhaltensstörungen aufweisen. Seit 2002 gibt sie auch im deutschen Sprachraum Seminare. In Frankreich und Deutschland bildet sie Therapeuten aus.

Danksagung

Danken möchte ich zunächst meinen Eltern, die mir das Leben schenkten. Auch wenn es nicht ganz einfach war, so haben sie mir doch alles gegeben: meine Existenz, meine (ihre) Lebensprogramme, die mich mein Leben lang das tun ließen und lassen, was ich bisher getan habe und noch immer mit Begeisterung tue.

Ich danke meiner Familie, meinem Mann Karl-Josef und unseren Söhnen Willem, Mathy und André, dafür, dass sie mir erlaubt haben, sie so oft und so lange allein zu lassen, um meinen beruflichen Weg zu gehen.

Ich danke auch meinen Lehrmeistern, u. a. Dr. Claude Sabbah, Dr. Gérard Athias und Dr. Jean Lerminiaux, die mich gelehrt haben, die Kinder und Jugendlichen in ihrer Funktionsweise zu verstehen. Sie haben mir einen Einblick in die biologischen Vorgänge in unserem Körper vermittelt. Ich schätze sie sehr als Menschen und als Mediziner/Neuropsychiater.

Ich möchte nicht versäumen, den unzähligen Kindern und Jugendlichen zu danken, die mir zu Beginn meiner therapeutischen Tätigkeit gezeigt haben, dass das, was ich gelernt hatte, auch mit Erfolg anwendbar war. Ich war fasziniert von meiner Arbeit, und die Erfolge, aber auch die Misserfolge haben mich angespornt, immer weiterzusuchen. Viele ihrer Geschichten werden in diesem

Buch erzählt; sie sind leicht abgeändert in den Bereichen, die es dem Leser vielleicht erlauben würden, die beschriebenen Familien wiederzuerkennen.

Allen Leserinnen und Lesern, die dieses Buch im Kollegen- und Bekanntenkreis weiterempfohlen oder es durch eine Leserrezension bei Amazon unterstützt haben, möchte ich an dieser Stelle ganz herzlich danken!

Weiterführende Informationen zu
Büchern, Autoren und den Aktivitäten
des Silberschnur Verlages erhalten Sie unter:
www.silberschnur.de

Natürlich können Sie uns auch gerne den
Antwort-Coupon aus dem beiliegenden
Lesezeichenflyer zusenden.

Ihr Interesse wird belohnt!

136 Seiten, broschiert
ISBN 978-3-89845-615-9
€ [D] 14,00

Angela Frauenkron-Hoffmann

Frei von Migräne

Durch Biologisches Dekodieren

Mit dem Biologischen Dekodieren lässt sich der persönliche und familiäre Hintergrund, der dieser Erkrankung zugrunde liegt, systematisch entschlüsseln ... verstehen ... fühlen ... und beheben.
Mit dieser sehr effektiven Selbsthilfemethode werden Sie dank einer Schritt-für-Schritt-Anleitung endlich migränefrei, damit Sie wieder voll am Leben teilnehmen können. Viele Fallbeispiele veranschaulichen die unterschiedlichen Ursachen der Migräne und helfen Ihnen so, dem Auslöser auf die Spur zu kommen.

120 Seiten, broschiert
ISBN 978-3-89845-639-5
€ [D] 14,00

Angela Frauenkron-Hoffmann

Frei von Allergien und Unverträglichkeiten

durch Biologisches Dekodieren

Die Therapeutin Angela Frauenkron-Hoffmann stellt das Biologische Dekodieren, eine äußerst erfolgreiche Methode gegen Allergien, vor.
Mit den Erkenntnissen, die Ihnen dieses Buch liefert, können Sie sich sogar selbst von Ihrer Allergie befreien. Da die Nebenwirkungen und die Risiken gleich null sind, bedeutet diese neue Therapieform eine echte Chance für Sie – die Chance auf ein Leben ohne Allergie.

192 Seiten, broschiert
ISBN 978-3-89845-681-4
€ [D] 14,00

Angela Frauenkron-Hoffmann

Frei von Schmerzen bei Bewegung und Belastung

durch Biologisches Dekodieren

Die Lösung für ein schmerzfreies und aktives Leben.
Mit dem Biologischen Dekodieren finden und verstehen Sie die psychisch-emotionalen Gründe für Ihre Schmerzen, die Sie außer Gefecht setzen.
Die Autorin legt eindrücklich dar, dass körperlicher Schmerz immer von einem emotionalen, seelischen oder moralischen Schmerz, erzählt. Mit dieser Methode verstehen Sie, welche tiefer liegenden Gründe angegangen werden müssen, um sich von Ihren Schmerzen zu befreien.
Biologisches Dekodieren bringt wieder Bewegung in Ihr Leben!

176 Seiten, broschiert
ISBN 978-3-89845-595-4
€ [D] 17,00

Stefan & Werner Hartung

»Problemkinder« – was ist schon normal?

Alternativen aus ganzheitlicher Sicht

Das Potenzial unserer Zeit liegt in unseren Kindern, doch wir unterdrücken sie mit zweifelhaften Diagnosen wie AD(H)S, Medikamenten und oft hilfloser Erziehung. Dieses Buch zeigt, dass nicht unsere Kinder problematisch sind, sondern ihr direktes Umfeld mit seinen fragwürdigen Normen und Überforderungen. Entdecken Sie, welchen Beitrag ganzheitliche Alternativen leisten können, um Kindern und Jugendlichen Wege zu sich selbst zu öffnen und die sie begleitenden Erwachsenen zu sensibilisieren.

224 Seiten, durchg. farbig, broschiert
ISBN 978-3-89845-406-3
€ [D] 19,95

Seena B. Frost

SoulCollage® – Kreativbilder deiner Seele

Das neuartige Arbeitsbuch zur Selbstfindung

SoulCollage® ist die neue, sehr kreative Art, sich selbst besser kennenzulernen. Alles, was Sie dafür brauchen, sind eine Schere, Fotos oder ein paar Magazine und Klebstoff. Seena B. Frost hat mit SoulCollage® eine ungewöhnlich individuelle Methode entwickelt, um Bilder Ihrer Seelenlandschaften zu schaffen.
Die kreierten Seelencollagen spiegeln unseren ganz persönlichen Archetypus wider und geben uns die Möglichkeit, unserer eigenen, intuitiven Weisheit zu lauschen, die durch die Bilder der Karten auftaucht. Und so entdecken wir unsere Seele mit ihren Schatten sowie ihren angeborenen Fähigkeiten und können unsere Ziele im Leben erfolgreich verfolgen.

180 Seiten, durchgehend farbig, inklusive CD, Flexocover
ISBN 978-3-89845-408-7
€ [D] 19,95

Véronique Aïache

Die Schnurr-Therapie

Wie Katzen uns heilen

Das sanfte Schnurren einer Katze verbreitet nicht nur Wohlbehagen und Wärme, es hat auch eine wohltuende Wirkung auf Körper und Seele. Schnurren ist ein Anti-Stress-Faktor, kurbelt das Immunsystem an, gleicht den Blutdruck aus und unterstützt die Psychomotorik.
Entdecken Sie die Geheimnisse dieses natürlichen Heilmittels und die Heilkräfte des Schnurrens. Neben praktischen Übungen, Fallbeispielen und vielen Fotos enthält dieses einmalige Buch eine 30-minütige CD mit Katzenschnurren, damit auch Menschen ohne Katze die wohltuende Wirkung des Schnurrens erleben können.

Seit über 15 Jahren bringen die "Elfenhelfer für Kinder" Kindern auf der ganzen Welt schwierige Themen nahe und helfen ihnen, sich in ihrem Leben besser zurechtzufinden.
Endlich gibt es die "Elfenhelfer für Kinder" auch in deutscher Sprache.
Zu vielen Themen, die Kinder bewegen und interessieren, gibt es im Silberschnur-Verlag Bücher von den "Elfenhelfern für Kinder":

- Selbstbewusstsein
- Schule
- Umgang mit dem Tod eines nahestehenden Menschen
- Angst
- Gruppendruck von Gleichaltrigen

Entdecken Sie alle Titel der Reihe unter: **www.silberschnur.de/elfenhelfer**

Anderen mit Achtung begegnen
ISBN 978-3-85466-042-2

Den Stress loslassen
ISBN 978-3-89845-562-6

Du bist gut, so wie du bist
ISBN 978-3-89845-493-3

Du musst nicht sein wie alle anderen
ISBN 978-3-89845-496-4

Fit sein macht Spaß
ISBN 978-3-89845-535-0

Hab keine Angst vor deiner Angst
ISBN 978-3-89845-495-7

Heute mal ohne Computer, Handy & Co.
ISBN 978-3-89845-523-7

Leben in der Patchworkfamilie
ISBN 978-3-89845-522-0

So macht Schule Spaß!
ISBN 978-3-89845-475-9

Was geschieht, wenn jemand stirbt?
ISBN 978-3-89845-472-8

Wütend sein ist okay!
ISBN 978-3-85466-041-5

jeweils durchgehend farbig, broschiert
€ [D] 9,95

45 runde, farbige Karten,
Ø 10 cm, mit Begleitbuch,
160 Seiten, broschiert, in Box
ISBN 978-3-89845-363-9
€ [D] 22,00

Scott Alexander King

Krafttiere für Kinder

Ein Kind in unserer modernen Welt zu sein, ist manchmal schwierig, wenn man eine Entscheidung treffen muss, es einem nicht gut geht oder man traurig ist. Krafttiere können dich unterstützen, dir helfen und dich beraten. Schon die alten Kulturen wussten, dass wir mit den Tieren kommunizieren und von ihnen lernen können. Auch du kannst mit den Tieren sprechen, und dieses wunderschön illustrierte Kartenset hilft dir dabei, die Botschaften der Tiere zu verstehen. Wann immer du den Krafttieren deine Sorgen und Ängste mitteilst, werden sie dir Antwort auf deine Fragen geben, dir Kraft und Vertrauen spenden und dich auf deinem Weg durch das Leben begleiten.

45 farbige Karten, mit
Begleitbuch, 128 Seiten,
broschiert, in Box
ISBN 978-3-89845-367-7
€ [D] 25,00

Lucy Cavendish &
Jasmine Becket-Griffith

Shadows & Light-Orakel

Faszinierende Wesen aus Licht und Schatten

Bei diesen wunderbar exzentrischen Karten von düsterer und bittersüßer Schönheit erwarten dich mürrische Feen, freche Hexen, verwegene Geister und andere kühne Wesen. Sonderbar und betörend süß weisen dir diese faszinierenden Boten des Schattens und des Lichts den Weg durch die vielfältigen Weggabelungen des Lebens. Sie helfen dir dabei, in Kontakt zu kommen mit deinem tiefen Wesen, das aus Schatten und aus Licht gemacht ist. Finde Antworten auf deine Fragen, und entdecke das Glück und den Glauben an dich selbst als einzigartiges, wertvolles Wesen.

21 runde Engelkarten
mit Buch, 202 Seiten,
brosch. in Box
ISBN 978-3-89845-065-2
€ [D] 26,00

Ingrid Auer

Engelsymbole für Kinder

Liebevolle Begleitung im Alltag

Integrieren Sie die Engel in den Alltag Ihrer Familie!
Mit diesem Set aus 21 neuen Engelsymbolen unterstützen Sie die spirituelle Weiterentwicklung Ihrer Kinder, denn Kinder lieben Engel – und Engel lieben Kinder. »Engelsymbole für Kinder« ist gleich doppelt verwendbar: Als gemeinsames »Spiel« für Erwachsene und Kinder und als »spirituelles Aufklärungsbuch« für Erwachsene.

88 Seiten, gebunden
ISBN 978-3-89845-532-9
€ [D] 9,95

Fin Zinn

Bewusst malen – Reise in die Anderswelt

Mit Ausmalen entspannen: In diesem Buch werden dir bezaubernde und geheimnisvolle Wesen wie Drachen, Einhörner, Elfen und andere mystische Gestalten sowie wunderschöne poetische Texte begegnen.
Tritt ein in diese fantastische Welt und gönn dir jetzt eine kreative Ruhepause im Alltag. Du wirst sehen, dass dies nicht nur eine Menge Spaß macht, sondern negative Gefühle und Stress einfach verschwinden lässt und positive Energie spendet.

Weitere Titel der Bewusst-malen-Reihe:

Engel, Elfen und mystische Wesen – ISBN 978-3-89845-509-1
Heilige Geometrie – ISBN 978-3-89845-510-7
Kraftsymbole – ISBN 978-3-89845-533-6
Krafttiere – ISBN 978-3-89845-530-5
Yoga Göttinnen – ISBN 978-3-89845-531-2

336 Seiten, broschiert
ISBN 978-3-96933-062-3
€ [D] 22,00

Birgit Rusche-Hecker

Seelenhunde – Therapeuten mit dickem Fell?

Der Hund verhält sich auffällig? Dann kann es ratsam sein, einmal genauer bei sich selbst zu schauen. Indem ein Hund auf verschiedene Weisen die Traumatisierungen seines Menschen spiegelt, macht er ihn auf diese aufmerksam, damit sie bewusst werden und heilen können.
Die Autorin stellt uns ein 6-Schritte-Programm vor, mit dem wir unser Leben und das unseres Hundes in harmonische Bahnen lenken können.

96 Seiten, farbig mit Abbildungen, broschiert
ISBN 978-3-89845-666-1
€ [D] 10,00

Klaus G. Lieg

Entspannung auf den Punkt gebracht mit der Akupressurmatte

Das 4-in-1-Konzept für wirkliche Tiefenentspannung!
Beruflicher Druck, Zeitnot oder emotionale Belastungen sind allgegenwärtige Stressquellen, die krank machen und zu denen wir ein Gegengewicht schaffen sollten.
Klaus G. Lieg zeigt dir, wie du mit der innovativen Kombination aus klassischen Entspannungstechniken mit der Akupressurmatte endlich Ruhe und Entspannung findest, psychische Beschwerden linderst, seelische oder körperliche Blockaden auflöst und neue Kraft tankst.